中国旅游与
高等职业教育研究
理论、方法与案例

梅振华 著

- ■ 文化旅游融合
- ■ 旅游市场策略
- ■ 旅游产品开发
- ■ 乡村旅游发展

九州出版社
JIUZHOUPRESS

图书在版编目（CIP）数据

中国旅游与高等职业教育研究：理论、方法与案例／
梅振华著 . --北京：九州出版社，2018.1

ISBN 978 - 7 - 5108 - 6666 - 1

Ⅰ.①中… Ⅱ.①梅… Ⅲ.①旅游教育—高等职业教育—中国—文集 Ⅳ.①F590 - 05

中国版本图书馆 CIP 数据核字（2018）第 033549 号

中国旅游与高等职业教育研究：理论、方法与案例

作　　者　梅振华　著

出版发行　九州出版社

地　　址　北京市西城区阜外大街甲 35 号（100037）

发行电话　（010）68992190/3/5/6

网　　址　www. jiuzhoupress. com

电子信箱　jiuzhou@ jiuzhoupress. com

印　　刷　三河市华东印刷有限公司

开　　本　710 毫米×1000 毫米　16 开

印　　张　17. 5

字　　数　295 千字

版　　次　2018 年 5 月第 1 版

印　　次　2018 年 5 月第 1 次印刷

书　　号　ISBN 978 - 7 - 5108 - 6666 - 1

定　　价　58. 00 元

记录·感恩·前行
（自序）

2001年的夏天，高考失意的我误打误撞进了曲园历史文化学院，开始了旅游管理专业四年的学习生活。命运似乎总是爱在关键时刻开玩笑，硕士没中、心灰意冷的我毕业后迈进了淄博职业学院，记得那是2015年的夏天。

十三年的时光倏忽而过，七年的旅游管理专业教师，六年的旅游管理专业负责人，期间被派到北京、上海、广州、杭州等诸多旅游企业学习实践经验，亦读完了青岛大学旅游管理硕士，到陕西师范大学完成了一年的访学……一路走来，十分感谢命运帮我做的选择，这本书首先就是我个人的成长记录。同时，我是幸运的，无论是上学还是工作期间，总是遇到热心无私帮助我的老师、同事和朋友，他们的理解、支持和帮助让我始终充满前进的动力，因此，本书又是带着一种感恩的情怀。再者，十三年的努力，文字虽浅陋，但亦是不断前行的鞭策。习总书记在2018年新年贺词中说："九层之台，起于累土，要把这个蓝图变为现实，必须不驰于空想，不骛于虚声，一步一个脚印，踏踏实实干好工作。"

幸福都是奋斗出来的，这本书是前行的开始。

二〇一八年元月一日

目 录
CONTENTS

游客体验视角下的淄博乡村民宿发展研究

为了解淄博市乡村旅游民宿发展状况和游客对淄博市乡村旅游民宿的看法，调查组于 2017 年 7 月至 8 月在淄博市对市民和旅游者进行了问卷调查和现场访谈。调查结果显示：淄博市乡村旅游发展已经有了良好的市场基础并进入提质升级阶段，民宿发展潜力巨大；乡村民宿建设能有效拉长游客消费链，可以发挥稳增长、促消费、减贫困、惠民生等方面的积极作用；游客体验认为淄博乡村民宿富有特色但仍有巨大提升空间。

习总书记曾强调："新农村建设一定要走符合农村实际的路子，遵循乡村自身发展规律，充分体现农村特点，注意乡土味道，保留乡村风貌，留得住青山绿水，记得住乡愁。"近年来，淄博市城郊观光农业、农家乐旅游等蓬勃发展，为了解淄博市乡村旅游民宿发展状况和游客对淄博市乡村旅游民宿的看法，对市民和旅游者进行了问卷调查和现场访谈。

1　调查方法及基本情况

1.1　调查方法

为了真实地反映淄博市乡村旅游民宿发展状况和游客对淄博市乡村旅游民宿的看法，推论出有价值的评价意见，本次调查方法和原则如下：

第一，问卷调查对象是淄博市民和旅游者，通过问卷星设计问卷，利用微信、球球等方式获得问卷结果。调查随机性强，须对统计数据进行甄别确定样本，保证统计数据能基本准确地反映调查情况。

第二,调查组人员以旅游者身份进入乡村民宿住宿体验,与游客交谈,观察游客反映,掌握游客真实看法。

第三,利用问卷星软件将问卷调查所得资料进行统计、分析,并以统计图表形式体现出来。

1.2　调查、回收和数据整理

实地访谈于 2017 年 7 月至 8 月在淄博博山乐瞳、中郝峪、上小峰村、南沙井村,淄川牛记庵、梦泉村等地进行。问卷调查通过走访以上村落并辅助微信、球球完成。

1.3　有效样本构成情况

经过统计整理,我们确认有效样本 629 份。由于调查随机,问卷样本的年龄构成情况如下:

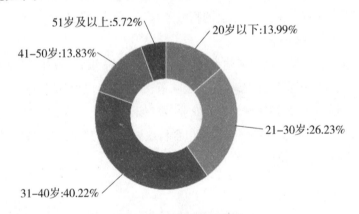

图 1　问卷年龄分布情况

女性占 62.16%,男性占 37.84%;企事业职员、公务员、私营业主、教师、学生等各行各业都有,月收入集中在 2000 - 6000 元之间,4000 - 6000 元/月占比 31.16%。

2 调查结果

2.1 淄博乡村旅游及住宿情况

调查显示,被调查者绝大多数参与过淄博乡村旅游,但在住宿的选择上存在较大个体差异:有 56.28% 的人选择乡村民宿,32.59% 的人选择连锁酒店,4.93% 的人选择星级宾馆,6.2% 的人选择其他。

39.11% 的被调查者从未住过乡村民宿,54.69% 的人偶尔入住,6.2% 的人经常入住。

2.2 游客消费行为情况

2.2.1 选择住淄博乡村民宿的理由

游客选择乡村民宿的理由多是因为亲近自然,欣赏田园风光(69.95%);体验乡村生活,感受当地民俗文化(60.41%);放松身心、缓解压力(50.24%)。

2.2.2 订购民宿的渠道

网络预定(36.09%)和直接到前台办理(29.25%)居多,通过旅游机构(13.35%)和电话预定(11.61%)较少。

2.2.3 到达淄博乡村民宿的交通方式

自驾车(75.52%)占绝对优势,公共交通、自行车等占比小。

2.2.4 入住的乡村民宿住宿价位情况

价位集中在 100 元以下/人/天(48.81%)和 100-200 元/人/天(43.08%),200-300 元/人/天(6.36%)和 300 元以上/人/天(1.75%)占比小。

2.3 游客体验

2.3.1 认为淄博乡村民宿最具吸引力的地方

一半以上的游客认为可以品尝到当地特色的美食(67.89%),规模小、安静优雅(57.87%),独立干净的公共庭院(52.31%)以及体验特色的农活采摘等项目(53.38%)是淄博民宿最具吸引力的地方。

2.3.2 认为淄博乡村民宿亟须改进的地方

游客认为淄博乡村民宿亟须改进的地方见多,见下图:

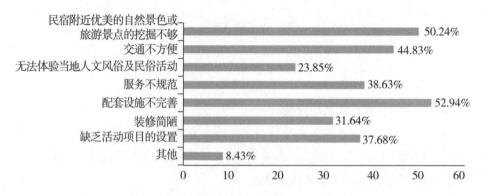

图2　游客认为淄博乡村民宿亟须改进的地方

2.3.3　住乡村民宿最担心的问题

房间卫生及洗漱问题(65.66%)最为突出,人身财产安全(19.71%),男女混住现象(7.31%),其他(7.31%)。

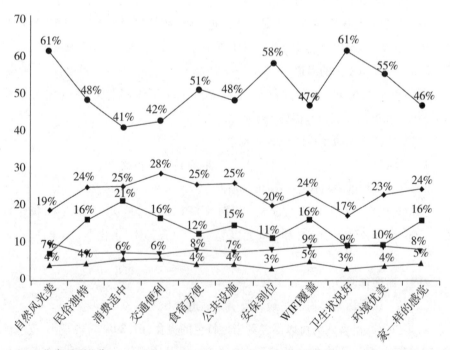

图3　游客理想中的乡村民宿

2.3.4 通常在淄博乡村民宿停留时间

停留 2 – 4 天(60.1%)最多,其次是一天之内(35.77%),5 – 7 天(2.23%)和一周以上(1.91%)者较少。

2.3.5 游客理想中的乡村民宿

认为"自然风光美"与"卫生状况好"非常重要占比 61%;安保到位、环境优美、食宿方便次之。

2.3.6 可以接受的民宿离景区(城区)的路程

1 小时以内(46.26%),1 – 2 小时(39.75%),2 – 3 小时(12.4%),3 小时以上(1.59%)。

2.3.7 游客的常住地

淄博市内区县游客(74.09%)占绝对优势,省内其他地市(20.03%),省外(5.88%)。

3 结论、分析和建议

3.1 结论

(1)淄博市乡村旅游发展已经有了良好的市场基础并进入提质升级阶段,民宿发展潜力巨大。乡村民宿游客为各地户外团、亲子游、自驾游、培训学校组织的文化之旅、旅行社旅行团等,尤其是山东省周边及淄博市民已明确表现出对乡村民宿高涨的热情,年龄集中在 25 岁到 50 岁之间,女性偏多,实际访谈中发现,暑期、周末、节假日带孩子到淄博周边乡村旅游的市民较多。

(2)乡村民宿建设能有效拉长游客消费链,可以发挥稳增长、促消费、减贫困、惠民生等方面的积极作用。乡村民宿游客自驾游偏多,停留时间 1 – 4 天,选择的价位不高于 200 元/人/天。60% 的游客选择乡村旅游民宿是出于"亲近自然,欣赏田园风光"和"体验乡村生活,感受当地民俗文化"的想法,被"当地特色美食","民宿规模小、安静优雅","体验特色的农活采摘等项目"所吸引,但是得到的实际满足仍有待提高。实际访谈中发现,乡村旅游民宿不能脱离乡村旅游,丰富多彩的乡村旅游项目是民宿客源的重要推动力。

(3)游客体验认为淄博乡村民宿富有特色但仍有巨大提升空间。最具吸引力的地方是"可以品尝到当地特色的美食","规模小、安静","体验特色的农活采摘等项目"以及"独立干净的公共庭院"等。认为淄博乡村民宿亟须改进的地方是"配套设施不完善"、"附近优美的自然景色或旅游景点挖掘不够"、"交通不方便""服务不规范"以及"缺乏活动项目设置"等。住民宿最担心的是房间卫生及洗漱问题。多数游客理想中的乡村民宿"自然风光美"、"卫生状况好"、"安保到位"以及"环境优美"十分重要。

3.2 分析

同时在调查中也暴露出一些问题。

(1)民宿建设目标低,不能满足游客需求。

目前,大多数淄博乡村旅游民宿的开发与建设基本以农家乐为目标,卫生及洗漱等基本问题成为游客最担心的问题。同时缺乏活动项目设置,大多数游客只能从事吃农家饭、散步、聊天、打牌等活动,不能满足游客旅居休闲度假、养生、养老、亲子、研学、体育运动等多层次提高生命质量的需求。

(2)软硬件配套不足,影响游客的回头率。

民宿附近的自然景色或旅游景点的挖掘不够,公共交通不方便,服务不规范,配套设施不完善,当地的人文风俗和民俗活动体验度差,游客逗留时间短、重游率低。

(3)整体与个体缺乏科学有效的规划,地域特色不明显。

有的村"腾笼换鸟",将原住民迁离,整体改造原住民房子给游客住,缺少了乡情、乡音、乡俗和乡礼的乡村只剩单调的空壳;有的村过分追求迎合城市化,原有的乡野情趣荡然无存;诸多村子生搬硬套"慢生活"招牌,没有摸清自己的特色。

(4)村民环保意识欠缺,可持续发展亟须提上日程。

游客对良好的生态环境的追求越来越迫切,清新空气、清澈水质、绿色食品、清洁环境等越来越珍贵,大量游客涌入为乡村带来巨大的垃圾,道路和河流中随处可见空瓶、塑料袋等,环境可持续发展问题必须得到重视。

(5)从事乡村旅游的人才缺乏,导致发展后劲不足。

从事乡村民宿的大多是中老年人,年轻人都外出打工,受劳动力限制,许多乡村民宿经营者无力从事农业生产,以乡村旅游为核心带动餐饮、住宿、娱乐、观光、购物、种养、手工业等相关产业也缺乏人才支撑,长此以往,发展后劲不足,很容易被模仿和超越。

(6)市场营销局限性大,亟待尽快融入地方旅游业。

多数民宿靠的是散客直接电话或网络预定,缺乏与旅游机构尤其是旅行社的合作。游客获取乡村民宿信息的渠道少,市场推广力度小。中郝峪在与旅游同行合作营销方面走在了前列。

3.3　建议

(1)树立"打造精品"的理念,创造乡村民宿品牌产品。

针对山东省内尤其是淄博市民休闲度假消费特征,改进民宿产品质量,完善设施条件和配套条件、提高服务水平,改善公共交通,在保持环境真实性的同时,增加学习性、参与性、趣味性,让游客在旅游过程中学习知识、了解当地文化、风俗、传统制作技术等,打造乡村民宿精品。

(2)依托附近景区资源,"以景带村"优势互补。

淄博众多的、地方特色浓郁的乡村常常分布在风景名胜区周围。但目前由于种种原因,各自为政,极少数民宿异军突起,但后劲不足。随着市场由观光型向度假型过渡,能够满足游客"自然体验 + 文化体验"的精心设计乡村体验式旅游活动将更受青睐,民宿与景区可以资源优势互补。

(3)多方联动,拓宽营销渠道。

乡村民宿的发展可以依托附近成熟景区迅速打开市场,树立自己的品牌。也可以依托广告宣传、旅游经销商、线上线下等多渠道宣传推广。还可以通过区域内的旅游企业联合,有效占领市场份额。

(4)加强对规划的统一调度和审核,突出特色

各个乡村的民宿应该因地制宜,避免生搬硬套、崇洋媚外。依托各自乡村的文化、自然资源,根据市场细分需求,指定科学合理的旅游规划,设计不同层次、特点鲜明的民宿产品,从而实现整个区域内乡村旅游民宿的健康、协调、可持续发展。

(5)加强政府的指导与监督,调动财智资源进入乡村旅游的积极性。

加强政府的指导,改善乡村旅游基础设施和配套服务;建议政府对各点的乡村旅游民宿发展给予指导与帮助,并监督其发展过程中乡村生态环境和乡村风貌的保护,保证环境效益与经济效益并行。发挥政府作用,调动财力、人力资源进入乡村旅游,为乡村旅游发展形成助推力。

4 结束语

　　淄博乡村旅游市场需求旺盛、富民效果突出、发展潜力巨大,其民宿发展状况和游客对淄博市乡村旅游民宿的看法有一定的代表性。本调研报告如能为淄博市乡村旅游发展提供参考,我们将感到十分高兴。同时,我们深感自己见解肤浅,人力物力有限,对调查工作和数据统计分析也缺乏经验,在此恳请大家指正。

古商城文化旅游开发研究

——以周村古商城为例

摘　要：周村古商城是明清时期发展到现在唯一活着的古商业街市，与中国南方的佛山、景德镇、朱仙镇齐名，成为无水路相通的全国四大旱码头之一。乾隆南巡时御赐周村为"天下第一村"。1904 年，周村正式开埠后，商业更加繁荣，成为辐射鲁中、跨江越河的著名商品集散地，被誉为"金周村"、"旱码头"，是我国近代资本主义经济萌芽的典型代表。作为鲁商文化的代表，拥有丰富的文化旅游资源。前期旅游开发只着眼于古商城物质遗产的开发与保护，其自身宝贵的文化资源优势没有充分发挥利用，其原因脱离不了非物质性的文化遗产开发保护这个难题。为了提高古商城的文化品位，深入、立体地挖掘古商城历史文化资源，本文从非物质文化遗产角度对古商城文化进行评析，探讨古商城开发的模式、价值评估、载体研究以及古商城文化资源的有形化利用，分析宣传与推广措施，最后得出具有研究结论与启示。

本文首先比较分析了国内外众多学者对非物质文化遗产基础理论的相关研究、讨论，随着近期《中华人民共和国非物质遗产法》的颁布，非物质文化遗产的概念、内涵之争尘埃落定；之后综述了非物质文化遗产特征与价值，提出与物质文化遗产相对比的既不是物质又不能完全脱离物质的特性，在肯定其文化价值的基础上也肯定其经济价值；对相关概念进行整合性研究，肯定了开发利用即为有效保护，继而拓展研究了非物质文化遗产的开发保护利用。其次，对古商城文化及其特征进行梳理。将古商城文化概括为鲁商文化和民风民俗两部分。从时间角度、空间维度评析鲁商文化的形成与发展、地域传播，并介绍受鲁商文化熏陶下形成的民风民俗。再次，通过多次实地考察，总结出周村古商城文化旅游发展中存在的问题；同时提出开发时的原则及应注意的事项。最后通过问卷调查，分析游客对古商城不同类型文化的感兴趣程度及认可的开发模式,经过数据统计分析,确定周村古商城文化旅游的开发思路及宣传推广策略。

文章的结语部分,总结了本文的研究结果和启示,提出研究中存在的不足及将来进一步努力的方向。

关键词:非物质文化遗产、古商城文化、旅游开发

1 导 言

1.1 研究背景

2009 年 12 月 1 日,国务院出台了《国务院关于加快发展旅游业的意见》国发 (2009)41 号文件,首次从国家层面明确了中国旅游业的产业定位和发展目标,并对中国旅游业的健康有序发展提供了一系列保障政策,标志着旅游业正式进入国家战略体系。2010 年 7 月 23 日,国务院办公厅又印发了《贯彻落实国务院关于加快发展旅游业意见重点工作分工方案》的通知,在深化旅游业改革开放、优化旅游消费环境、倡导文明健康的旅游方式、加快旅游基础设施建设、推动旅游产品多样化发展、培育新的旅游消费热点、提高旅游服务水平、丰富旅游文化内涵、推进节能环保、促进区域旅游协调发展、加强规划和法制建设、加强旅游市场监管和诚信建设、加强旅游从业人员素质建设、加强旅游安全保障体系建设、加大政府投入、加大金融支持和完善配套政策和措施等十七个方面做出了具体要求。中国旅游业的发展迎来了前所未有的发展政策机遇和发展环境。

随着国民人均收入的不断增加,旅游者已经不再满足于"走马观花"式的旅游方式,在注重旅游产品质量的同时,更加注重情感的愉悦和满足。旅游者从注重产品本身转移到注重接受产品时的感受,追求旅游产品的文化价值和内涵,逐渐形成了文化偏好。以鉴赏异国异地传统文化、追寻文化名人遗踪或参与体验旅游目的地举办的各种文化活动为目的的文化旅游已成为当前旅游者的一种风尚。但是,在目前形式多样的文化旅游中,旅游开发局限于景点景区的物质资源,在旅游策划中均以坛庙、寺观、博物馆等建筑静态展示,反映物质对象内涵的、历史真实和沉淀的、宝贵的无形文化资源变成了遥远的、可敬不可亲的、可拜不可爱的鸡肋,无法落脚到人们现实的幸福生活上,无法融入区域旅游和社会经济发展中,失

去了时代价值和意义。游客们只是浏览了景点景区的表层躯壳,内涵体验远远不能满足。景点景区缺乏文化供给深度挖掘,也就成了"有说头,没看头,更没玩头"的地方,已经难以满足游客们当下的文化需求。如何发掘景点景区的非物质文化内涵,将其文化价值合理多样的表现出来,提供给消费者高品位文化又富有参与性、体验性的难忘经历,同时生成具有保护意义的认知扩大,是非物质文化遗产旅游开发保护研究的重要课题。

周村区是淄博市辖区。"十二五"期间,淄博要继续坚持文化兴旅战略,创新开发文化旅游资源,深化旅游产品的文化内涵,积极推进文化资源的旅游产业化进程,使文化成为淄博旅游的灵魂,使文化旅游成为淄博旅游的主体和持续发展的动力源泉。强调通过"三个创新"——即创新文化旅游的发展思路、创新文化资源的利用方式、创新文化资源的经营模式,改变淄博老旧的文化资源利用方式,真正实现文化资源的产业化利用。

周村古商城在明清时期成为我国北方的重要商镇,是封建社会后期经济转型中兴起的手工业、商业重镇,是中国北方丝绸之路的源头所在,素有"天下第一村"、"金周村"、"旱码头"、"丝绸之乡"的美誉。周村资源众多,具有浓郁地方特色,具有唯一性和不可替代性。作为较新的旅游目的地,古商城没有根本摆脱老旧的文化资源利用方式,没有真正实现文化资源的产业化利用。前期已经重点对古建筑进行修缮整治,并恢复建设十余处景点,形成完整的历史文化街区体系;定期举办旱码头文化节,政府和周村古镇景区工作人员组织各种各样的宣传活动,如周村古镇征文比赛、周村旅游月、摄影大赛、在电视台做专题节目等,类型丰富多样,但没有真正抓住古商城文化内涵,没能深度利用文化旅游资源。游客所期待的符合时代性的多功能旅游产品没有出现,缺乏深度体验和欣赏,文化资源优势没有足量地发挥,致使这些活动都如昙花一现,相关带动和后续效应较差。

1.2 研究意义

文化与旅游密不可分,文化赋予旅游产品以旺盛持久生命力,旅游产品是文化的外在表现形式。文化遗产资源所具有的特殊价值对旅游者有着强烈吸引力,而文化内涵缺乏的空壳旅游目的地必定不会有强大的影响力和长久的生命力。只有将非物质文化活化到载体中转化为旅游资源,较好地维系遗产文化的原真性,开发具有吸引力的旅游产品项目,同时注重与保护相结合,才能充分表现地域文化遗产的魅力,发扬传承地域内独特的文化,从而促进地区经济、社会的可持续发展。

1.2.1 理论意义

非物质文化遗产关注的主要是精神、技艺和创造等服务形态的因素,有形的表达形式其本身并不是非物质文化遗产。但是,非物质文化遗产一般是作为艺术或文化的表达形式而存在的,如表现为具体的行为方式、民风民俗、物质成果等。要研究非物质文化遗产的保护与利用,必须借助于载体,人便是传承保护精神文化的载体类型之一。没有载体的动态传承与保护,非物质文化遗产便会消亡;没有非物质文化遗产,各种物质载体便失去了意义。

本文研究的理论意义如下:

(1)载体研究

通过研究非物质文化遗产与物质文化遗产的区别,给出非物质文化遗产的特征、概念界定,可作为载体研究的重要支撑。为周村古商城文化遗产的研究奠定基础。我国非物质文化遗产众多,但宣传保护工作起步较晚,开发与利用水平不高,还没有发挥出资源本身所应有的价值。本文将对非物质文化遗产的旅游开发进行探讨。

(2)生产保护

关于非物质文化遗产的保护与利用有各种观点,如保护第一,让保护大于开发;开发第一,先开发后保护;两者兼顾,将两者作为对立的双方而寻求适度等。本研究认为非物质文化遗产异于物质文化遗产的一大特点是其没有物质实体并以"活态"传承,对它的开发利用就是一种保护传承。积极保护、合理开发利用,以生产性方式进行保护,以期将巨大的开发成本投入变成投资,体现非物质文化遗产价值,更好地传承和发展具有生命力和开发潜质的非物质文化,取得多方面效益。如何找到生产性开发的模式就显得十分重要。

1.2.2 现实意义

周村古商城展现了传统的商埠文化和鲁商文化,体现了周村作为传统商贸中心的历史地位和独特风采。在淄博市十一五、十二五旅游规划中都被列为重点开发建设项目。但是作为中国唯一"活着的"明清时期的古商业街市,它的价值无论从影响力还是挖掘度都没有充分展现出来,也缺乏能让游客产生愉悦体验的非物质文化遗产项目。因此,发掘周村古商城文化内涵,提高古商城的旅游产品层次和质量,是本次研究的动力。本文研究的现实意义如下:

(1)周村古商城在几百年的商业兴衰过程中,形成了独特的鲁商文化、百年老字号文化、丝绸及建筑文化、名人文化等,得到了"天下第一村"、"金周村"、"旱码头"等享誉海内外的品牌,具有很强的文化旅游价值和开发体验潜力,通过对古商城文化内涵的挖掘,探索非物质文化遗产类景区景点开发模式,寻找创新思路,促进周村古商业文化的可持续发展。

(2)使周村古商城成为名副其实的"活着的"商业街市,生产性地保护古商城资源。

(3)通过周村古商城的研究与保护,以期对其他古商城、古镇的发展提供思路,共同继承发扬我国优秀地方传统文化。

1.3 文献综述

近十年来,国内外都越来越重视非物质文化遗产保护利用研究。检索中国知网,自 2000 年至 2011 年,题名涉及"非物质文化遗产"的文献已达 3821 篇,与旅游开发相关的文献 129 篇,主要发表于 2003 年之后,2011 年文章非常多。究其原因,与我国 2004 年正式加入联合国教科文组织《保护非物质文化遗产公约》,2011年又公布实施《中华人民共和国非物质文化遗产法》,引起了社会对非物质文化遗产的广泛关注有关。内容主要集中在非物质文化遗产的概念、内涵等基础理论研究、特征与价值研究,开发保护与合理利用研究、国外成功借鉴及优秀个案研究上。诸多研究中,非物质文化遗产的开发保护、合理利用研究一直是学者们讨论的热点,主要集中在非物质文化遗产保护理论与保护措施等方面探讨。由此可见,人们对旅游资源的认识开始有了新的转变,非物质文化遗产作为一个民族古老的文化基因在市场经济条件下,其旅游价值正被广泛认可和发掘。这也必将带动非物质性的旅游资源的开发利用。

1.3.1 非物质文化遗产概念、内涵

1.3.1.1 联合国教科文组织对非物质文化遗产概念、内涵的界定

非物质文化遗产是全世界的宝贵财富。联合国教科文组织在《第二个中期规划 1984 - 1989》中用"非物质的文化遗产"来界定"文化遗产"的扩展部分:"'非物质的'文化遗产包括通过艺术、文学、语言、口头传说、手工艺、民间传说、神话、信仰、道德准则、习俗、礼仪和游戏等流传的标记和符号",[1]并于 1987 年把非物质文化遗产确定为保护对象。两年后通过《保护民间创作建议案》,以立法的形式明确了对非物质文化遗产的保护。2003 年,在《保护非物质文化遗产公约》中,使用"非物质文化遗产"概念来代替 1999 年"人类口头和非物质文化遗产条例"中的

"口头与非物质文化遗产",并对基本内容作了比较权威的界定,即:"非物质文化遗产指被各群体、团体、有时为个人,视为其文化遗产的各种实践、表演、表现形式、知识和技能,以及有关的工具、实物、工艺品和文化场所(文化空间)。包括以下方面:①口头传统和表述,包括作为非物质文化遗产媒介的语言;②表演艺术;③社会民俗、礼仪、节庆;④有关自然界和宇宙的知识和实践;⑤传统的手工艺技能;⑥与上述表达形式相关的文化空间。"[2]

1.3.1.2 国内对非物质文化遗产概念、内涵的界定

国内许多学者也对非物质文化遗产内涵进行了研究探讨。王宁(2003)分析教科文组织对"非物质文化遗产"的界定,认为对中国非物质文化遗产的保护缺乏可操作性,需要建立科学的评估体系确定其概念。[3] 杨怡(2003)对"非物质文化遗产"的概念的缘起、现状等相关问题进行了探讨。[4] 向云驹(2004)详细论述非物质文化遗产概念的缘起、界定、内涵、外延等,并对研究中尚存的问题进行了剖析。[5] 吴馨萍《无形文化遗产概念初探》介绍了"无形文化遗产"这一概念的由来、基本含义、表现形式及存在特征,并对这类遗产的本质和文化性征做了初步分析和探讨。[6]

2005 年,我国在《关于加强我国非物质文化遗产保护工作的意见》中将非物质文化遗产界定为:"各族人民世代相承的、与群众生活密切相关的各种传统文化表现形式(如民俗活动、表演艺术、传统知识和技能,以及与之相关的器具、实物、手工制品等)和文化空间。[7]" 齐爱民(2007)《非物质文化遗产的概念及构成要件》介绍非物质文化遗产的概念及历史沿革,比较与之相关概念,得出五大特征和三大构成要件。[8] 梁保儿、马波(2008)认为联合国教科文组织于 2002、2003、2005 年三次宣布"人类口头和非物质遗产代表作",2006 年我国也公布了 518 项国家级非物质文化遗产,以权威文件和实际操作搁置了内涵之争。[9]

2011 年 2 月 25 日公布的《中华人民共和国非物质文化遗产法》第二条中称:"非物质文化遗产,是指各族人民世代相传并视为其文化遗产组成部分的各种传统文化表现形式,以及与传统文化表现形式相关的实物和场所。包括:(一)传统口头文学以及作为其载体的语言;(二)传统美术、书法、音乐、舞蹈、戏剧、曲艺和杂技;(三)传统技艺、医药和历法;(四)传统礼仪、节庆等民俗;(五)传统体育和游艺;(六)其他非物质文化遗产。"自此,我国对非物质文化遗产的概念、内涵界定已经清楚明晰,保护将走向法制化。

1.3.2 非物质文化遗产的特征、价值

1.3.2.1 特征

非物质文化遗产概念产生较晚,界定也不十分明确时,国内诸多学者试图借助特征的界定,完善非物质文化遗产基础理论。王宁从保护口头和非物质文化遗产的难易度方面,研究其特点并认为非物质文化遗产的特点为:高度的个性化、传承的经验性和浓缩的民族性。[3]贺学君(2005)认为非物质性是非物质文化遗产的最大特性。[10]龙红(2005)非物质文化遗产的本质属性是不可再生性,文化和精神活动方面高度个性化,传承和发展方面持续经验化、文化形态上浓缩的民族化等特征。[11]宋俊华(2006)从非物质文化遗产内在规定性和外部形态上总结出传承性、社会性、无形性、多元性和活态性等特征。[12]龙先琼(2006)分析非物质文化遗产的内涵和传承方式,认为本土性、民族性、整体性和传承性是其基本特征。[13]申小红(2011)通过教科文组织的定义分析,认为大众性、活态性、相对性是非物质文化遗产的三个基本特征。[14]笔者认为,非物质文化遗产的特征是区别于物质文化遗产,又不能完全脱离物质的,具有无形性、活态性、多元性与亟待保护性等特征。

1.3.2.2 价值

伴随着非物质文化遗产研究的开展,对非物质文化遗产价值的认识也趋于全面,带来的研究也日益深入。尹国有(2004)认为非物质文化遗产在现代社会中传递了某种传统文化价值。[15]刘魁立(2005)从旅游者的角度,认为非物质文化遗产可以满足其认知世界、历史、特色文化的需求。[16]陈天培《非物质文化遗产的经济价值》指出非物质文化遗产的经济价值依附于文化价值,具有间接性、潜在性和权属的个体性。[17]叶舒宪《非物质经济与非物质文化遗产》、黄胜进《从"文化遗产"到"文化资本"——非物质文化遗产的内涵及其价值考察》等文都肯定了"非物质文化遗产"的经济价值。[18]非物质文化遗产的文化价值早已公认,众多学者从非物质文化遗产的文化价值出发,提出了社会功用价值、经济价值等,在文化价值是其根本价值的基础上肯定了经济价值。

1.3.3 非物质文化遗产的保护

近年来学者们关于非物质文化遗产开发保护利用的研究较多,主要集中在非物质文化遗产保护理论与保护措施研究等方面。

1.3.3.1 保护理论研究

非物质文化遗产的保护理论研究主要集中在保护原则问题上。刘魁立《关于非物质文化遗产保护的若干理论反思》一文中,论述了非物质文化遗产保护的整体性原则,既要保护非物质文化遗产事象本身,也要保护其生命之源,重视其产生的背景和环境,在具体操作过程中要整合和协调各方面的利益诉求。[16]贺学君(2004)认为整体原则、创新原则、人本原则、命名原则和教育原则是保护文化遗产要坚持的原则。[19]李淑敏、李启荣(2005)认为原真性、整体性、可解读性、可持续性等原则是保护中应坚持的原则。[20]刘永明(2006)分析了非物质文化遗产保护理论基础和工作实践,认为权利原则、发展原则是应坚持的基本原则。[21]苑利《非物质文化遗产保护的十项基本原则》列出非物质文化遗产保护的"物质化"、以人为本、整体保护、活态保护、民事民办与多方参与、原真性保护、多样性保护、精品保护、濒危遗产优先保护、保护与利用并举等十项基本原则。[22]万建中(2011)认为整体性原则除强调保护其赖以生存的文化空间和生态环境外,还应包括不同地域的同一种非物质文化遗产,以保持这一遗产形态的多元性。[23]

笔者认为,非物质文化遗产保护中被诸多学者所公认的"原真性"、"整体性"原则是必须坚持的原则。"原真性"确保了非物质文化遗产的本身不变质,整体性强调了无形文化赖以生存的有形空间和环境的保护。既依托于物质,又可将属性相同、地域不同、时间不同的非物质文化整合,而不是僵化孤立的认识非物质概念,更具启发意义。

1.3.3.2 保护措施研究

非物质文化遗产的保护措施研究大致有以下四个方面:

(1)立法保护

我国的非物质遗产保护法律法规出台得较晚。2003 年,《中华人民共和国民族民间传统文化保护法(草案)》通过。之前,只有少部分保护民间美术和民间艺术的地方性法规制度条例。学术界对此问题却研究较热。何星亮(2005)认为全球化的背景下保护口头和非物质文化遗产措施之一是采用法律手段,加强立法保护,建立专门的保护机构。[24]李梅(2006)认为可以利用现代知识产权制度,并辅以特别法和其他法律形式来加强和完善非物质文化遗产保护工作。[25]李晓秋(2007)学习借鉴韩国的立法模式和"人类活的珍宝制度"构建非物质文化遗产保护法。[26]齐爱民(2008)论述了非物质文化遗产保护的具体知识产权制度,包括专利权保护、著作权保护、商业秘密保护、商标权保护等专门知识产权保护模式。[27]经过多年的努力,《中华人民共和国非物质文化遗产法》于 2011 年 2 月 25 日颁布,从法律上确认和规范了非物质文化遗产的概念内涵、调查保护、传承传播及法律责任。

（2）开发与保护

开发与保护一直被认为是一对矛盾体，然而，学术界在对"活态"的非物质文化的开发与保护问题上，有了新的认知。

一种观点认为，要在保护的前提下合理谨慎地开发。如刘建平（2007）认为旅游开发对非遗保护具有双面性，既不能因经济利益过度开发，也不能因其消极作用停止利用。[28]顾金孚（2008）肯定旅游开发对保护与传承的积极意义，提出要警惕开发过程中的异化和不良倾向，冷静思考，以实现保护、传承与开发的良性互动。[29]

另一种观点认为开发利用可促进对其的保护。如张晓雁（2005）通过案例分析论证了旅游开发对非物质文化遗产可持续发展的推动作用。[30]肖曾艳（2006）认为保护和开发可实现良性互动：开发可以为非遗保护注入资金，促进旅游的深度开发，实现非遗独特的价值魅力。[31]宋欢（2006）认为旅游开发是保护非物质文化遗产的有效途径之一，并具体阐述了开发和保护措施。[32]王松华（2008）认为可通过市场扩大规模、集聚资金等产业化手段促使非物质文化遗产保护和利用实现良性循环。[33]

以上两种观点，都认识到非物质文化遗产保护的重要性与急迫性，多是站在保护的角度去研究开发，或是泛泛而论保护和开发，笔者认为，非物质文化遗产保护毋庸置疑，但保护的方式、开发的模式不能一概而论，需要结合文化遗产本身的特质具体情况具体分析，对于有些文化资源来说，开发利用本身就是一种保护。

（3）博物馆保护模式

刘卫国（2006）认为民族博物馆在非遗保护中发挥着不可替代的永久机构作用，应该大力发展。[34]韩双斌（2007）提出静态开发模式（专题博物馆、传习机构及教育基地的设立）、活态开发模式（文化生态保护区和生态博物馆）和综合开发模式等是抚州非物质文化遗产保护性旅游开发的主要模式。[35]魏爱霖（2011）结合河南省安阳市民间艺术博物馆的工作实践，论述民俗类博物馆在非物质文化遗产保护、研究、收藏、展示中应发挥的重要作用。[36]安长华认为博物馆作为非物质文化的主要介体，对于其保留、收藏和传承起到很好的保护作用。[37]王冬梅认为艺术研究院、图书馆及文博系统经验丰富、基础较好，应充分发挥其原有的保护和研究基础。[38]博物馆保护模式是较传统的保护方式，笔者认为，时至今日，博物馆在非物质文化遗产保护中仍具有不可替代的作用。作为非物质文化载体的物质形态的保护，博物馆无疑是良好的方式。

(4)其他

随着非物质文化遗产研究的深入和多元化认识,保护模式的讨论更加激烈,措施更加具体完善。杜丹阳(2005)提出了主题公园开发保护模式尤其适用于"有较为明确核心的文化遗产"。[39]连冕(2005)提出了"生态文化圈"模式,建议以"生态"代替"活态",动态保护存在的、动态放弃过时的。[40]罗茜(2006)提出了"民族生态旅游村"思路。[41]贾鸿雁(2007)将非物质文化遗产开发模式归纳为原生地静态开发、原生地活态开发、原生地综合开发、异地集锦式开发等。[42]范玉娟(2007)提出形象经营、节事旅游、休闲演艺和旅游商品开发等四种旅游开发模式。[43]乌兰察夫提出建设草原文化生态保护区是保护少数民族非物质文化遗产的有效方式和保护模式。[44]辛儒、张淑芬(2010)通过对曲阳石雕个案的分析发现,产业化和产业升级是非物质文化遗产保护和开发的重要途径。[45]罗澍以火把节为例,分析民俗类非物质文化遗产知识产权保护的成功模式,认为其成功在于将火把节及其知识产权作为经济发展的基础,并形成了中心辐射型垄断模式。[46]

非物质文化遗产保护的研究已经从民间走向了官方,从无序走向了法制化进程。《中华人民共和国非物质文化遗产法》是保护工作的里程碑,也是中国非物质文化遗产保护的转折点。前期的许多保护是试探性、讨论性却带有公共普及性的,是较粗放的,而今往后的保护应是尊重文化本身的多元性,对每一个具体的保护项目进行区别对待,不搞一刀切,也不再妄图用放之四海而皆准的模式去套用在具体的文化资源上。

2　古商城文化及其特征

2.1　古商城文化

古商城历史悠久、资源丰富,是集政治、经济、历史、军事、宗教、文化大全的活性博物馆,其商业功能尤为显著。由于历史上商业功能的带动和当地民风民俗的影响,形成了地方特色鲜明的商业文化气息。古商城是历史上的人类聚居地,是当地物质和精神财富的集聚地,交通便利,是当地与外界联系的重要通道,当地的物资通过古商城交易到各地,各地的物资、商人的进入也促进了古商城经济发展,更促进了古商城文化的发展。古商城是物质的,更重要的却是以其物质形态承载着的丰富多样的活态文化。这些文化是代代传承下来的,由于历史、地域等原因,我国许多古商城文化已经消失或濒于丧失,对它的保护和传承刻不容缓。

2.2 古商城文化的特征

2.2.1 无形性

古商城文化包括物质和非物质两部分,二者是不可分割的,有时在空间和时间上相互重合。古商城就其存在本身来说,是具体而有形的,其中的建筑、店面、街道、民居、特产、小吃等都是以物质形态存在着的,但是它却是一定时期人类的实践创造和意识的体现,承载了丰富的非物质、无形的精神文化遗产,而古商城的价值充分体现在其无形的文化价值中。如古商城的建筑是有形的、具体的物质文化遗产,但建筑的选址、环境设计、宗教信仰、风水观念、布局设计、建筑材料、装饰陈设等都蕴含着丰富的地方特色和非物质的精神文化。这些建筑的重新修复,需要依靠传统的建筑艺术等非物质文化遗产。许多曾一度失传的手工艺制作技术、戏曲表演艺术、传统工艺技能等,大多是由于物化的遗物和书中记载而得以重见天日。因此,古商城有形的、物质的遗产正体现了无形的、非物质的文化遗产,无形的非物质文化是其灵魂,是古商城延续发展的根本所在,具有稀缺性、濒危性和突出的普遍价值等属性。

2.2.2 活态性

古商城文化是产生在一定历史时间和特定地域空间的,由人类集体、群体或个体代代享用、继承或发展的,并随着时间流逝和地域传播不断发生变化的活态文化。非物质文化遗产不是历史遗留下来的僵化的"文化化石",而是文化的主体在与孕育文化的"社会环境"和"自然环境"相互作用的过程中产生,并在自然、社会、历史和人文环境的变化中"创新",具有延续性和变化性的活态存在物。[47]古商城文化作为非物质文化与物质文化遗产有着很大的不同:物质文化遗产仅是古商城文化的历史证明和物质载体,离开了静态遗留的有形物质就不复存在,而非物质文化则是依托于"人"而存在,以语言教育、亲自传授等方式将技艺、技巧由前辈那里流传到下一代,并随着社会发展而变化发展;物质文化遗产受限于其本身的形态,只能保存保护其原貌,非物质文化遗产的生命在于传承中的自然变化与创新,是人类实践过程中的社会的、价值的、多元的综合体,可以进行保护性开发;物质文化遗产在空间上是不可移动的,非物质文化遗产虽依托于一定地域空间,但资源却可以流动。

2.2.3　多元性

古商城作为民间文化与官方文化、当地文化与外来文化、历史文化与现代文化的荟萃地,文化具有多元性的特点。从古商城文化形态上来说,包括口头传承、表演艺术、传统手工艺技能、社会风俗礼仪、节庆活动及特殊活动等多种多样的形态。即使同一文化形态,在不同历史时期表现出来的形态也不同。如戏曲表演艺术,在不同的历史时间段里,它的影响力和受众面不同,就会发生相应的自然变化。为了顺应时代的变化,戏曲表演艺术也呈现多样变化,传播到不同地域,与异地文化融合,多元化地并存于各地,也是古商城文化可持续发展的重要原因之一。

2.2.4　亟待保护性

古商城文化的无形性、活态性及多元性容易使人产生错觉:古商城文化是无形的,没有具体的保护对象,难以提出保护措施;古商城文化不需要保护,任其自生就可以实现保护等。这些观点并没有全面深入地了解古商城文化的特征,许多古商城文化如不重点保护,就走向了灭绝。

2.2.4.1　作为载体的物质亟待保护

古商城文化依托的物质载体,如传说故事、音乐舞蹈、戏曲游戏、民俗等文化所依托的建筑、景点亟待保护。古商城如果仅就其自身建筑来讲,价值有限,旅游资源的保护力度较小,许多古商城街道、店铺、庙宇、碑刻、宅院等已经被岁月的风尘湮没。随着社会历史的演化和人们生活环境的改变,古商城文化的物质载体乃至生存空间不可避免地会受到威胁。近年来,人们认识到保护古商城的重要性,采取一系列措施抢救保护,但情形仍不容乐观。许多逝去的街景、建筑艺术、民风民俗是无法根本复原的。对于古商城文化,旅游开发即保护,既能加强人们的重视,又能为古商城文化的生存和繁衍创造更好的原生态"土壤"。

2.2.4.2　活态的文化亟待保护

古商城文化是一个地区的人们在生活实践中通过创造并积淀下来的,蕴涵了独一无二的智慧,是宝贵的精神财富。首先,受时间和空间因素的影响,古商城文化的传播范围限于本地区和与本地区有商业贸易往来的特定地区和人群,以口传心授的方式传承,这些文化直接或间接体现出来的思想、情感、意识、价值观是难以模仿和再生的。在本地区外,受到当地文化的融合兼并、特殊历史事件等因素的影响,生命力很脆弱。受当时生产力水平的制约,许多活态文化诸如传统生产工艺、戏曲表演、民风民俗缺乏详细记载,一旦消失将难以恢复。再者,兼具文化的共同特点——综合性强,与一定时空下的社会生活密不可分,宗教信仰、政治环境、经济状况、民风民俗、环境状况等都是文化形成的不可缺少的组成部分。且古商城文化具有欣赏、娱乐、历史、教育等多方面的功能,综合性极强,如失去则难以恢复其原貌。最后,古商城文化的传承是以人为载体的,"人"极易受到外部客观环境、内部主观意识等侵袭,具有很强的不稳定性,一旦破坏很可能面临消亡的危险。如某些传统技艺因时代变迁成为冷门,没有继承发扬的传承人,随着身怀绝艺的老人去世而消失。因此,古商城文化只有保护才能让其"活"着。

3 周村古商城文化资源评析

周村古商城是中国古商业文化的代表,在非物质文化视角下主要包含两大部分:一部分是以周村独特的商埠文化、丝绸文化、建筑文化、名人文化等为代表的鲁商文化,另一部分是延续下来的商业文明的载体——民风民俗。其享誉海内外的"天下第一村"、"金周村"、"旱码头"的城市品牌具有很高的文化旅游价值。周村烧饼、周村芯子被列入国家非物质文化遗产,在国内外具有较高的知名度和影响力。

3.1 鲁商文化资源

周村是一座因商而兴的历史文化名城,周村古商业是在各种手工业、农副业的基础上发展起来的。鲁商是中国近代五大著名商帮之一,在几百年的商业兴衰过程中,形成了独特的鲁商文化。周村的商埠文化和商帮是对齐文化、儒文化、民俗文化和外地文化的传承,集中体现了齐文化积极开拓进取的精神和注重发展工商业的思想。

3.1.1 鲁商文化的内容与结构

(1)百年老字号文化

据清初周村《关帝庙碑文》和《肃仪殿碑文》中记载,明末清初一批善于经营的中国早期的工商业者在周村崛起了,如明代的范永观、清初邱尚德、乔贵发、孟毓溪、孟毓瀚等,并形成了具有中国传统特色的完整的商业经济文化。清光绪三十年(即公元1904年),时任直隶总督的袁世凯和山东巡抚周馥奏请周村自行开埠,之后"天下之货聚焉"。繁荣鼎盛时,商号、作坊多达五千余家,成为盛极一时的"旱码头"。之后周村商业经济贸易发展更加迅速,丝绸业、铜响业、皮革业、金融业、粮油业、布匹业、医药业、出版业等百花齐放。[48]

下表中列举出的只是一小部分,仅就票号来说,清道光年间,山西票号来此开设店面,部分山东当地商人也陆续投资银钱业。仅山西商人在周村设立的银号最多时达二十多家,如山西祁县复盛公的大德通、大德恒、三晋源,平遥的日升昌、新泰厚,太谷的协成乾、大德玉、大德川等,主要分布在周村的丝市街、银子市街、保安街等处,周村商业之繁荣,由此可见一斑。

表3.1　周村百年老字号

行业	百年老字号	开设时间	地点	创办人
金融业	复盛公(大德通)	道光年间	保安街北首路西	山西祁县商人乔致庸
	日升昌	道光三十年	保安街、银子市等处	山西平遥商人
	蔚字银号	1850年前		山西介休市侯氏
	三晋源	道光初年		山西祁县渠源浈
	志成信	道光十五年		山西太谷村富户
	阜祥银号	乾隆年间	状元新街中段路北	旧军孟氏
	福诚义银号	道光末年		周村大姜乡石金庵
	益泰瑞银号	同治初年	大街中段路东	周村人张氏
丝绸业	永和丝店	光绪三十二年	丝市街路北	王秀斋和沈兴垣
	裕茂公绸布庄	不详	大街隅头北路东	长山县五大家族的省庄刘氏
	谦祥和绸缎批发庄	光绪十八年	福鹤街北首路西	邹平县大临池镇薛子玉
	鸿昌义绸布店	光绪二十年	绸市街路东	淄川人谭祝
	谦祥益绸布庄	道光初年	大街南首	旧军孟氏后人孟传珠
医药	天德堂	明隆庆年间	银子市街路西	章丘张氏
	世泽堂	明正德年间	云麓街路南	樊氏
	广和堂	道光年间	下沟街南头	周村史家塘坞村王氏

行业	百年老字号	开设时间	地点	创办人
工商业	福顺(大顺玉)杂货店	清中期	大街北首	桓台李氏
	福东广货店	清末	后街路西	周村东郊李家庄徐氏
	三益堂书坊	不详	大街中段路东	
	信芳园酱菜店	清代	丝市街路北	章丘徐氏
	丰记木场	清代	棉花市街88号	济南人高氏

资料来源:郭济生.周村百年老字号.鲁淄新出准字(2002)B-046号.2002,7

(2)丝绸文化

周村是中国桑蚕丝绸业重要的发源地之一,被誉为"丝绸之乡"。丝绸业是周村工商业繁盛的源头,也是周村古商城的肇始。至今周村古商城内仍保存完好中国独有的古代丝绸专业街市丝市街、绸市街。自於陵算起,已有两千多年的历史。

表3.2 周村丝绸文化历史

时间	概述
汉代	全国共有管理从事丝织品加工的三服官两处,以於陵为代表的齐国占到了国内产量的绝大多数。
唐代	大量的名贵丝绸,通过驮队或车队,源源不断地送向西安,再经过河西走廊运往西域及西方各国。中国海外交通史的研究成果表明,相当数量的丝绸还通过周村东面的海港运往国外,是最早的海上丝绸之路的起点。
明代	山东纺织业尚不发达,加之政府征调任务繁重,本地所产棉布不敷需求,每年需从江南大量输入棉布。
清代初期	棉花经济的格局发生了很大的变化,山东棉花种植面积迅速扩大。形成了鲁西北、鲁北、鲁西南三大棉产区,其中鲁北地区的棉花种植发展最为迅速,超过了鲁西南地区,这些地区的棉业的棉织技术也有了提高。[49]
清代中期	周村境内丝绸作坊繁多,形成较大规模的蚕茧交易市场,周村逐渐成为国内知名的丝绸加工基地。所产丝织品,运销新疆、内蒙古等地,甚至国外市场,周村因此而闻名海内外。
清末民国	周村机械制造业比较发达,仅制造的先进织绸木机就达两千余台。丝绸印染兴起,周村逐渐成为全国著名的丝绸加工基地。
洋务运动	各地丝商纷纷到周村投资办厂,周村发展成山东丝绸中心。

1936 年出版的《现代本国地图》介绍："周村丝织业之盛，所织绢、绸、绸、绫之属，称山东第一。"各种服务南来北往客商衣食住行的商铺如食品店、茶庄、烟草公司、杂货铺、药房、票号等也应运而生。

20 世纪 20 年代，周村有丝织业户 3000 家，产值达 410 万元。至 50 年代前，周村经营丝绸贸易的先后有商家近百家。瑞蚨祥绸布庄便是丝绸业百年老字号中较有代表性的一个。清道光初年，章丘旧军镇孟毓瀚之四子孟传珊娶本县名门之女高即蕙为妻。高氏知书达礼、聪明贤惠，在苦劝孟传珊仕进无效后，劝他走经商实业之路。高氏拿出出家时带来的私房钱 3000 两银子，助他在周村鱼店街路北、大车馆南首购地建房，开设了万蚨祥杂货店，主要经营生活、生产用品，物美价廉，买卖十分红火。之后收购了一家倒闭布店，重建店堂，增加绸布零售业务。孟毓瀚死后，弟兄四人分家单过，孟传珊自立堂号矜恕堂，并在老店址大车馆街与鱼店街路口，成立了专门经营绸布的商号——瑞蚨祥，将大街门市改为泉祥茶庄。后在济南开设了第一家分号，专门经营大批量绸布业务。1896 年，孟传珊之子孟雒川将周村泉祥总号和瑞蚨祥总号迁往济南估衣市街，周村成为分号。1910 年，孟雒川又在北京、天津、青岛、烟台等地陆续设立了分号。瑞蚨祥后来发展成为我国规模最大的民族商业老字号。1916 年，袁世凯复辟帝制，特地在瑞蚨祥定制了皇帝袍服。1949 年中华人民共和国成立前夕，周恩来总理指定瑞蚨祥制作了第一面中华人民共和国国旗——五星红旗。

（3）建筑文化

周村古商城主要由大街、丝市街、银子市街等古街组成，古迹众多、店铺林立、街区纵横，在建筑形式、商铺格局、民居风貌等方面具有独一无二的地域特征，历经数百年风雨保存至今且仍在发挥其商业功能，被中国古建筑专家阮仪三教授誉为"中国活着的古商业街市博物馆群"。周村古商城是我国北方唯一保存的古城镇集群，作为真实的历史文物，它见证了鲁商文化兴起和发展，在国内是稀有和珍贵的。至今泉祥、德生堂等许多百年老字号仍"活"在古镇的街面上。

除此之外，周村棉花市街、杆草市街、蓝布市街、小炭市街、石灰市街、鱼店街、油坊街、木货市、骡马市、山果市、粮食市、大车馆、红市、油店街等都是主要街道兼市场。

表3.3　周村的商业古街

街道名称	形成时间	简介	主要店铺
大街	宋元时期	全长1300多米,自丝市街至朔易门	以经营杂货为主的福顺老店、泉祥茶庄、南洋兄弟烟草公司、万年春药房、润生医院、福东广货店、民生药房、三益堂、成文新文具店、英美烟草公司同庆号、瑞林祥绸布庄、鸿祥茶庄……
丝市街	明代	全长300米左右,自福鹤街至大街南首,是蚕桑市场	恒和丝店、同和丝店、永和丝店、复源丝店、永和金记丝店、萃来丝店、谦和丝店、信芳园酱菜铺、大兴永烧饼店、中和估衣铺、庆太和银号、同太和、永孚当铺、元祥兴杂货店、德盛斋肴肉店、清代的钱业会所、丝业会所……
银子市街	明末清初	全长约200米,丝市街西段,往南至魁星阁,最兴盛时,钱庄票号有128家	大德通、大德恒、大德川、三晋源、协成乾、裕成亨、新合厚、新泰厚、乾元、永兴、元通、元亨……
绸市街	宋元时期	卖丝、绸、药材、日用品、用具等	庆和永、复聚栈、仁德义、德生堂等
状元街	清康熙年间	武状元王应统府第	德兴银号、德元银号、阜祥当铺、乐善堂中药铺等

(4)名人文化

在重农抑商的封建社会,周村如何从一个普通市镇发展成为全国闻名的商业重镇?优越的地理位置和便利的交通是必不可少的重要原因,另一个重要原因是这里曾经生活过一批近代的官员和地方名人。如"宫保"李化熙、"武状元"王应统、"东方商人"孟雒川、"东阁大学士"刘鸿训、"世界短篇小说之王"蒲松龄等,他们的奇闻轶事至今仍广为流传。

李化熙是明崇祯七年的进士,曾任榆林三边总督。李自成起义时,奉命抵御。部队未等调齐,闯王大军攻进北京,崇祯皇帝吊死煤山。李化熙率部退回家乡周村。给饱受战乱之苦的周村带来了大批军饷,同时也辟出一个相对安宁的避风港。周围百姓纷纷迁到此地,周村市面出现了前所未有的繁荣,成为山东首屈一指的商业重镇。

清朝建立后,李化熙率部归顺,被委任为工部右侍郎,后官至刑部尚书。清顺治十一年,顺治皇帝瀛台赐宴群臣,当问到大臣们父母的情况时,李化熙立即跪倒在地,说母亲今年八十有三,请求回乡奉养老母,顺治皇帝为之动容,当即批准了他的请求,李化熙成为清廷第一个主动辞职回乡的汉官。[50]

李化熙 1654 年辞官回乡后,请求官府减免了一批荒地税,并由其承担了市场交易税,还组织人员,打击扰乱市场秩序的地痞无赖,整顿了社会秩序,周村由"官集"变为"义集"。李化熙去世数年后,李家后人为周村代缴税赋,并维持市面长期安定。如今在古商城大街北头竖着块"今日无税碑"。[51]

除李化熙外,周村还是"东方商人"孟雒川、阁老刘鸿训、武状元王应统等历史名人的故乡,也是诸多历史名人活动过的地方,如搭救周文王的散宜生、孔子弟子林放、与管仲共辅公子纠的谋士召忽、舍己救君的逢丑父、於陵学派创始人陈仲子、《孝子传》中的董永、道教白兔公、《水经注》作者郦道元、唐代诗人李商隐、范仲淹、乾隆皇帝等。这些名人留下了许多鲜活的故事,主流价值是友善、仁爱、正直、良心等,其所反映的诚信待人、廉洁勤谨、惩恶扬善、德福一致等思想,与中华民族传统文化一脉相承,在当今的社会中仍然有着广泛的认同感。

3.1.2 鲁商文化的形成发展过程

周村古镇历史悠久,源远流长。据现存的文史资料和考古资料表明,远古时代,周村就有人类活动的遗迹,龙山文化遗址、巨石文化崇拜都有迹可循。商周时期,是商朝部落首领逢伯陵的封地。据《左传》记载,周村古称於陵。於陵的前身就是逢陵。出土的一些陶罐中,发现已经腐烂的丝或绸的片状物。1965 年大兴农田水利建设时,周村南郊比比皆是,还有反映当时丝绸手工业发达的陶、石质的纺轮出土。春秋战国时期属齐国於陵邑,已经比较繁华。由于齐国重视工商业的发展,丝绸、麻丝等已形成较大规模。据《於陵子》记载,周村(於陵)地区那时已有比较正规、固定的市场和商店,商品交换规模较大。秦、汉至南北朝时,於陵成为大县,是全国重要的丝绸产地,是丝绸之路的源头。

唐宋时期,通过当时的庙会形成周村城的雏形。摩尼教(明教)传入,在明教寺等宗教建筑周围形成了居民区,并逐渐形成街市。每年有定期的庙会和五天一次的集日,除了日用杂货、农贸产品外,主要是周村丝绸,所以这条街称为绸市街。它的贸易对象不仅限于本地,而且吸引了南至泰莱以南,北至河北,东至登州各地的客商。1992 年周村城发掘的贵族墓群表明,宋时围绕寺庙群形成了一个非城非镇的大居民区,原来的集市、庙会贸易,开始发育成为固定场所的街市市场,范围主要还是寺庙所对的绸市街及现大街一带。元代是周村城奠基时期，商民渐多，客商往来，周村成为南北货物的集散之地，名气越来越大。下河的三皇庙及原有的明教寺、千佛阁等规模较大的寺庙，使周村成为一个宗教中心，也形成了以寺庙经济为缘起的经济中心。

在封建社会后期经济转型中，周村兴起为手工业商业城镇。明末至民国，周村商号繁多，商业文化发达，是山东省重要的交通枢纽及商品集散地，是典型的经济旱码头。但是在 1915 年受到军阀的洗劫，丧失了良好的发展势头。

明清时期，是周村迅速崛起时期，鲁商文化的形成发展过程见下表：

表 3.4　元明清时期周村鲁商文化变迁

时期	社会状况	原因	鲁商文化
明初	民生凋敝、万户萧疏	农民军与蒙古统治者的战争	
明中叶后	周村迅速繁荣	山西、陕西大量移民到山东；经济恢复、社会安定；商业与宗教文化相互促进；周村地势独特，被称为"风水宝地"龟背岭引得官僚、乡绅纷纷前来定居	宗教兴盛，庙会带动商业繁荣，名人文化
明末清初	周村经济大发展，各地客商闻风而来，五行八作形成了专业性街市。成为我国北方的重要商镇，号称"天下第一村"，与中国南方的佛山、景德镇、朱仙镇齐名，成为无水路相通的全国四大旱码头之一	周围矿产和工业的发展；官僚家族聚居，刺激商品消费，并为地主经济提供了庇护；济、青大路改由周村往来，交通便利；山区与平原贸易增加；大批山陕商人、福建、江西、江浙等南方客商的到来	名人文化（李化熙等）；商业文化（专业性商业街市）；宗教文化（明教寺、关帝庙等）；民风民俗
乾隆、嘉庆时期	周村兴旺发达到了高峰。乾隆御赐周村为"天下第一村"。经过从康熙年间至道光年间近 150 年的发展，周村成为相当繁华的市镇。	各地客商、南方籍地方官至此落户；水路、陆路货物贸易往来便利	名人文化（乾隆皇帝等）；建筑文化（汇龙桥、天后宫、碧霞元君行宫、魁星阁等）；宗教文化（水神天后、碧霞元君崇拜等）；丝绸文化；民风民俗

续表

时期	社会状况	原因	鲁商文化
清末	开埠前,民间流传:"山东一村,直隶一集","金周村,银潍县"。据学者考证,开埠前周村在山东省的经济地位已经十分重要,仅次于青岛、济宁,高于济南,每年货币流通量1000多万两白银。	洋务运动;英美宗教势力侵入周村;大地主对商业的投资加大(如章丘旧军孟氏著名的"八大祥"多发源于此)	百年老字号;宗教文化;建筑文化;商埠文化
	1904年,清政府辟周村为商埠,商业更加繁荣,日进斗金,成为辐射鲁中的著名商品集散地,有"金周村"、"旱码头"之誉。	1904年胶济铁路建成通车;地处由鲁南经博山、淄川去鲁北和由济南经青州去山东半岛的交通要处;	

3.1.3 鲁商文化的地域传播与发展

随着近代商路的转移和统治者、管理者的变化,鲁商文化的地域传播也随着市场经济中心地的变迁而繁荣兴衰。

3.1.3.1 第一阶段:於陵古城

时期	鲁商文化地域传播与发展
春秋战国	周村(於陵)地区那时已有比较正规、固定的市场和商店,商品交换规模较大;因东面有得天独厚的港口,与朝鲜等国商贸往来
秦汉时期	通过丝绸之路与西域及西方各国丝绸贸易;东汉后佛教兴盛,周村城西长白山成为佛教在山东主要宗教地之一;

3.1.3.2 第二阶段:周村城区

时期	鲁商文化地域传播与发展
唐代	摩尼教从波斯沿丝绸之路传入,建成一系列宗教建筑,带动了绸市街的形成。
宋代	四方商人、贵族官僚日益增多,经常驻有大量外地客商,有"周村店"之称
元代	周村城开始成为南北货物集散之地,商民、客商渐多;寺庙经济兴起;随着元军进入,伊斯兰教、印度教等西亚文化开始在这里传播

3.1.3.3 第三阶段:以商贸业为主的名城

时期	鲁商文化地域传播与发展
明朝	山西、陕西移民及各地客商与当地文化融合,产生了宗教庙会,商贸辐射到福建、江西、江浙等地
清朝	各地客商云集,南至广州,北至黑龙江,西至新疆,山西,东至朝鲜、日本,商业文化、宗教文化、传统文化享誉全国。

3.1.3.4 第四阶段:开埠前后

时期	鲁商文化地域传播与发展
开埠前	随着周村市场商品交易量的攀升以及跟外地商贸网络的完善,周边地区的商人资本纷纷进入周村。河北商人与山东商人相角于市场。山东商人凭借黄河沿岸以及山东其他产棉区的棉花以周村为基地,最终站稳了北方市场,并崛起了以著名的瑞蚨祥为首、经营土布为主的京师八大祥。祥字帮的资东全是章丘旧军镇的孟家。孟家是首先在周村兼营商业,贩卖料货、棉布,后来才把经济势力伸展到济南、北京、天津、武汉、上海、青岛、烟台、汉口等城市以及日本的。[52]
开埠后	外资企业迅速增至 100 多家,蚕丝、丝织品、纺织品等货物在中国北方具有垄断地位;受外国文化影响,建筑出现哥特式、希腊式、阿拉伯式、印度式等。

3.2 民风民俗文化资源

作为鲁中重镇,周村虽有许多全国共有的风俗,但厚实的文化底蕴也孕育独具地方特色的民风民俗。商贾云集、五花八门、百货俱陈的集市,走街串巷用叫卖声招揽顾客的小买卖人,周村花灯、民间扮玩等民俗艺术深受人民群众喜爱,周村烧饼、周村芯子被列入国家非物质文化遗产,在国内外具有较高的知名度和影响力。周村古镇独特商业文明的精神以风俗民约、文化活动为载体传承至今,影响着周村的饮食、礼仪、仪式、服饰、语言、音乐戏曲、民间技艺、宗教信仰、文化教育等等。

3.2.1 周村花灯生产工艺

周村是中原花灯的发源地,花灯制作精美、工艺讲究、种类繁多。公元 1750 年,乾隆皇帝南巡路过周村,观花灯惊为人间绝景。当时周村已是名闻遐迩的齐鲁重镇,店铺林立、商业发达,乾隆看到周村一派盛世之景,龙心大悦,亲笔御赐周村为"天下第一村"。自此周村扬名。

周村花灯始于秦汉,兴于唐宋,盛于明清。百姓家家挂灯是为庆祝传统节日,表达丰收的喜悦和对美好生活的希冀。之后各商号为显示自己的实力,每年正月都出钱聘请扎灯高手,制作品种繁多、精巧细致、独出心裁的花灯。从明清以后,更加讲究构思、技巧、材料、做工。灯有大小动静之分,大灯体型一米左右,小灯有火柴盒般大小,飞禽走兽栩栩如生。传统故事、民间传说、白菜、萝卜、天鹅、凤凰等都被做成了花灯。

周村花灯从正月十二至十八共七天,先试灯三天,十五正式开灯闹灯,之后再挂灯三天。每年挂灯时,方圆百十里的人们都来赏灯。周村花灯大大促进了周村商业的繁荣和当地经济的发展。

3.2.2　周村芯子表演艺术

周村芯子是周村独创的民间表演形式,是和周村花灯相辅相成、同步发展起来的。周村芯子在民间有个美丽的传说。传说泰山奶奶碧霞元君本是周村长山人,她的生日是三月十五,每年从三月初三周村人就开始张罗着迎泰山奶奶回娘家,直到三月十五,周村龙灯、竹马、狮子、旱船等民间扮玩、社火祭祀表演应有尽有。人山人海,个子高的能看高兴,个矮的和小孩子无法尽兴观看。聪明的周村人设计出方便老人、孩子的"踩高跷"等表演形式,还扎制了人造舞台,演员站在上面表演,远远就能看见,喜闻乐见而又实用的周村芯子逐渐传至四邻周边,《博山县志》对此有明确记载。

芯子不仅展示了周村丝绸,而且起到传播民间文化、促进商贸活动的作用。芯子表演是由16人轮流抬着的一架装饰好的舞台,上有演员造型和表演。每台芯子的队伍、名称和组织形式都不同。首先,旗、络、伞、扇开道。"旗"上写明芯子表演队伍的名称;"络"用丝绸编织而成,上面有各种吉祥物,高挑空中;"伞"是用丝绸制成,与一般的伞不同,在周边垂下一块绸子,迎风飘荡;"扇"用精美的丝绸和上好材料扎制而成,象征玉皇大帝左右打扇侍童。其次,锣鼓跟进。锣鼓曲牌以各种民间曲调为主,有"凤点头"、"急急进"、"四点头"等,手法有快长槌、慢长槌等。再次,芯子表演主体。根据演员的多少有单人芯子、双人芯子、三人芯子、多人芯子等,表演以戏剧故事、民间传说为主要内容,如《八仙过海》、《西厢记》、《贵妃醉酒》、《吕布与貂蝉》等,演员大多是孩童,一般5至11岁,是全乡全村精心挑选出来的,既要扮相俊秀,又要体形轻巧,还得有点一站一坐几个小时的吃苦耐劳精神。高悬空中,看不出有立脚之处,十分惊险生动,周村的小孩最大的梦想就是踩一回芯子。表演队伍四周又有云彩灯,既展示了花灯,又起到保护芯子队伍安全的作用。[53]

3.2.3 五音戏表演艺术

周村是全国独一剧种五音戏的发源地。五音戏,原名"周姑子戏"。因一周姓尼姑善唱小曲小调,四处化缘而得名。有一对要饭夫妇学会后,在要饭时唱段给人家点,以获得多一点干粮。很多要饭的也跟着学唱。渐渐地,周姑子小曲小调广泛传开,爱听的人越来越多。要饭的组织起来打场子、赶庙会、唱堂会……由原来的清唱加上了锣鼓伴奏,初步形成了周姑子戏的雏形。

该曲调易唱易学,内容大多反映百姓乡里的凡事,深受农村大众欢迎。全国京剧四大名旦之一的程砚秋到周村来看了"周姑戏"班演出后,大加赞扬,后正式改名为"五音戏"。

3.2.4 烧饼文化

周村烧饼,圆形黄色,薄如纸片,正面沾满芝麻,背面布满酥孔,以薄、香、酥、脆著称。据《资治通鉴》记载,汉桓帝延熹三年(公元160年)就有贩卖胡饼者流落北海(今山东境内)。明代中叶,"胡饼炉"传入周村。面食师父在传统的芝麻厚烧饼的加工基础上,采纳焦饼薄香脆的特点,最终形成现在的大酥烧饼。

清末皇室曾屡次调贡周村烧饼,"八大祥"专门订购周村烧饼作为馈赠佳品。抗美援朝时期,周村人民曾以周村烧饼慰问前线将士。1958年公私合营,由郭云龙老人之子郭芳林携祖传工艺和秘方合入国营周村食品厂。1979年大酥烧饼以"周村"作为商标进行注册,正式定名为"周村牌"周村烧饼。2006年商务部认定为"中华老字号"。周村烧饼传统手工技艺被列为山东省非物质文化遗产保护名录,2007年被列入国家级非物质文化遗产保护名录。周村烧饼的制作要经过配方、延展成型、着麻、贴饼、烘烤等多道工序。将旋好的饼坯,用手轻轻揭起,刷地一下放在摊满芝麻仁的木盘内一蘸,又迅速揭起,啪的一下,反托在右手背上,贴到炉堂。饼分甜、咸两种,甜饼酥脆甜香,咸者爽脆味美,各有所长。加上具有浓郁地方特色的包装,令人品尝后久久难以忘怀。[54]

3.3 周村古商城资源的价值评估

周村古商城作为公共资源,具有历史、社会、经济、审美和休闲等多重价值。如果从经济价值包含的使用价值和非使用价值来讲,周村古商城通过商品和服务的交易实际得到的使用价值可以量化,但是作为潜在消费者具有的投资使用价值却很难量化。而周村古商城文化的保护利用价值更多的应体现在其可持续利用价值的高低、文化价值和潜在消费者对其的认可上,这些都难以量化。笔者在现有开发利用条件下,根据古商城自身客观资源情况,采用定性的办法,对周村古商城资源进行价值评估。

表 3.5 周村古商城价值评估

类型	分析
历史价值	周村附近区域的龙山文化遗址,商周开始快速发展的於陵古城,丝绸之路陆上源头之一,唐宋时期庙会及形成的庙会经济,明清时期的北方商业重镇,清末至民国时期开放的商埠,都可为开发古商城提供丰厚的历史题材。
经济社会价值	通过近几年的发展,周村古商城的发展步入了快车道。2007 年游客接待量与上一年相比增长了 400%,2008 年发展的势头更加迅速,一季度接待的游客量是去年同期的 5 倍,经营收入也同比翻了 3 番。门票收入:2004 年为 6 万元,2005 年为 21 万元,2006 年为 60 万元,2007 年为 179 万元,2008 年预计收入 500 万元。如大街二期开发顺利开展,预计游客将以年 22% 的速度增长,预计到 2010 年,景区旅游面积扩大至 24 公顷,达到年 110 万人次的接待水平,实现旅游营业收入 5000 万元,综合收入达 5 亿元。
文化价值	以商埠文化、百年老字号文化、建筑文化、民风民俗为特色,真实的文物建筑群落,是我国北方唯一保存的古城镇集群,是鲁商文化兴起和发展的历史见证,具有较高文化价值。
休闲娱乐价值	古商城位于山东半岛城市群的核心区域,西距济南 1 小时车程,东距青岛 3 小时车程,济青高速公路、滨博高速公路、胶济铁路、309 国道在区域内交汇,使周村古商城能快速连接和辐射周边城市和全国各区域,也作为济南—青岛旅游线路上的重要节点,可满足中远程旅客的休闲娱乐需要。《活着》、《大染坊》、《旱码头》、《闯关东》、《大观园》、《黑白往事》、《谁为梦想买单》、《悬天涯事件真相》等十多部影视剧都曾在这里拍摄;央视 10 套《探索·发现》栏目在这里拍摄了大型历史文化纪录片《周村寻古》。央视《鉴宝》栏目走进周村,举办了文博交流活动,同时,举办民俗节、摄影大赛、古玩展卖等休闲娱乐活动。
市场潜力	周村历来为商业重镇,周边市场云集,每年往来客商众多,为古商城旅游娱乐发展提供了潜在的客源。附近主要集中了:一、江北最大的沙发家具专业批发市场。年接待客商 30 万人次,年成交额 25 亿元。二、江北最大的沙发装饰材料市场。年接待客商 20 万人次,年交易额 14 亿元,三、江北最大的不锈钢交易市场。年接待客商 150 万人次,年交易额 100 亿元。四、纺织大世界。年接待客商 50 万人次,年交易额达 35 亿元。 周村区在地理位置上处于山东城市群的中心位置,位于济南和青岛之间,有利于快速提升周村古商城知名度,增加客流,树立自身形象。

4 周村古商城文化资源的开发现状及存在的问题

4.1 开发现状

周村古商城文化的旅游开发主要是依托周村古商城,以鲁商文化为核心,以丝绸文化、宗教文化、名人文化、建筑文化为代表,以百年老字号、古建筑、特产、民风民俗活动为载体,以物化、外延、展示、体验为主要开发手段,建成集观光娱乐、度假休闲、餐饮购物、民俗风情为一体的旱码头文化旅游区。

4.1.1 物质资源开发现状

周村历史上是一个"因商而兴、因商而城"的古城,总占地面积 32.7 公顷,包括两部分:一是重点保护区——指保安街以西,涿河以东,新建路以南,棉花市街以北,占地 19.7 公顷,由大街、丝市街、银子市街、绸市街、芙蓉街等古街区组成;二是规划控制区——指涿河以西,保安街以东,南下河街以北,新建路以南,以及千佛阁、汇龙桥、清真寺等古建筑群,占地 13 公顷。[51]古建筑遗存约 5 万平方米。古商城内沿街的房屋一般为两层,典型的明清风格,前市后宅的店铺布局精巧别致,匾额招牌丰富多彩。阮仪三教授称赞其为"中国活着的古商业街市博物馆群"。2000 年,联合国教科文组织专家到周村考察,称周村古商城是"山东为数不多的可以对国际市场推介的旅游项目"。2001 年,作为"文化、历史与民俗"旅游区开发重点,被列入《山东省旅游发展总体规划》,开始对古街进行保护性开发。[55]2004 年正式开放,先后恢复建设了淄博艺术博物馆、民俗博物馆、杨家大院、魁星阁、票号展览馆、千佛寺、大染坊、状元府、三益堂等十余处景点。2006 年成为省级重点文物保护单位。2007 年被评为国家 4A 级景区。"十一五"期间,周村古商城景区建成灯饰工程,完成四合院、汇龙街拆迁改造。周村古商城已经成功举办八届旱码头文化旅游节。古商城的价值被越来越多的专家学者、游客所认可,虽起步较晚,但古商城的物质文化资源本来真实的面貌保存较好,后续的开发投入都要经过严格的技术论证,在保证文物的原真性前提下进行的。

4.1.2 非物质文化资源的开发现状

(1)博物馆旅游开发

古商城建设了一批展示非物质文化的博物馆,包括中华老字号"周村烧饼"现场制作的烧饼博物馆,借助各种模型及现代电影表现手法展示从植桑养蚕到缫织绸全过程丝绸展馆,以展示票号在周村发展历程的票号展馆,以周村婚丧嫁娶、民间扮玩、生产生活为主题的民俗展馆。

(2)百年民俗场景再现

古商城每日鸣锣开市,几位清朝官府打扮的人物敲响金锣,贯穿南北街市,预示一天的买卖顺利。状元府绣楼抛绣球择婿,锣鼓喧天,入洞房体验古典婚礼。拉黄包车的脚夫、路边树下拉二胡的老艺人,街头巷尾的"五音戏",青石板路加上古色古香的店铺,让游客纵情穿越时光隧道,忘记今昔是何年。

(3)旱码头影视拍摄基地

张艺谋执导的电影《活着》最先使周村古商城走上荧幕,但由于种种原因,影响甚微。之后热播电视剧《大染坊》、《闯关东》在此取景,让周村古商城家喻户晓。《王尽美》、《中国商人》、《黑白往事》、《谁为梦想买单》等一批影视剧组先后到此取景,《大染坊》的姊妹篇,电视剧《旱码头》让周村名扬天下。2008年依托古商城实景,央视《探索·发现》栏目组制作了大型历史文献纪录片《周村寻古》。

(4)文化节庆活动

周村古商城近年来每年都举办旱码头文化节,2011年9月举办了第八届中国旱码头旅游文化节,邀请国家、省、市领导参加开幕式,举行国家文化产业示范基地及省级商贸民俗文化生态保护实验区授牌仪式,中央电视台《走遍中国》栏目《走进周村》专题片首发式,组织开幕式演艺演出。并借机开经贸洽谈会,举办第四届山东国际大众艺术节民俗文化博览会,邀请民间艺术家现场进行民俗文化表演展示、民俗文化产品展销活动、媒体采风活动、奇石玉器博览会等。逢节假日,举办花灯会、祈福会、民间扮玩等传统节庆活动。

4.2　存在问题

4.2.1　文化历史资源活化利用不足

周村古商城文化与旅游的一体化开发效果并不理想,总体上普遍处于低层次、低水平利用阶段,景区旅游收入主要靠门票。现有旅游项目多以静态性展示为主,仅靠一些表演、展览等形式,难以将深刻的文化内涵准确、全面地传递给游客。现代旅游需求的文化内涵挖掘不够,鲁商文化等资源的精髓未能充分演绎,市场认同的高端产品也没有出现。诸多文化资源产品开发得过于雷同,尤其是过多以博物馆形态呈现,没有形成具有视觉冲击力和文化震撼力的产品。旅游产品同质化严重,手工艺品及传统地方特色产品减少,毫无特色的产品、纪念品充斥市场。

4.2.2 古商城文化内容与主题在现实中脱节

周村古商城作为古商业重镇,在明清直至近代曾经历尽辉煌,但是现存的众多沿街百年老字号店面大都已经不复往日盛景,面向游客的"店铺景点"数量超过了面向当地居民的商业店铺数量。大街自然的居家生活和为本地百姓服务的商业形态逐步改成旅游商品经营,与古镇居民的生活正在脱离形成"两张皮",弱化了古镇富于人情趣味的世俗生活,古镇原住民大量外流,现多老弱住在其中,历史上的商贾云集、五行八作已难觅其踪。[56]游客寻求的真实体验与旅游商品化所造成的产品同质化、标准化和舞台化形成鲜明矛盾。此外,商埠的业态不规范,商业类型单一且与历史、现实脱节,社区参与度不高,限制了古商城的更大发展。

4.2.3 古商城的衍生与均衡发展有待提高

古商城现在主要是大街、丝市街、银子市街的线状布局,缺乏传承历史文化和保护合理开发基础上的延续和有机生长。区内交通没有形成完整的、没有重复景点的循环网络,沿街景点和店铺院落简单,游客只要两个多小时就可以游览完整个景区,没法延长其滞留时间,无法实现其应有的经济贡献率。

4.2.4 古商城文化资源的核心竞争力缺乏

古商城文化有着非常独特的价值优越性、不可仿制性和难以替代性,却没有形成与之相符的市场影响力。影视作品的上映让很多人了解到周村,政府和景区工作人员组织征文比赛、旅游月、摄影大赛等各种各样的宣传活动,很难使人产生旅游动机,长期来看收效不大。立足于古商城文化资源的详细分析,挖掘内涵,并根据市场需要进行市场细分,才能树立核心竞争力,树立品牌。

4.2.5 文化意境遭到破坏

核心景区空间与城市居住空间混杂,景区外围的景观建筑风貌和城市功能特征较为模糊。城市与景区缺少交互支撑和融合,古街后面是座座现代味很浓的楼房,显然与整个景区的大环境不相适应。居住在古商城里的居民缺乏旅游观念和对周村古商城旅游的必要认识,缺乏价值认可。车辆秩序、景区环境卫生、文明服务、通信设施、住宿和饮食等都存在不同程度的问题。

5 周村古商城文化资源的有形化利用研究

5.1 研究方法、问卷设计、调查对象

5.1.1 问卷设计

本调查问卷由游客特征、游客感兴趣因子及对古商城文化旅游开发的意见三大部分内容组成。游客特征包括年龄、性别、文化程度、职业以及收入水平。游客感兴趣因子的测量运用李可特(R. A. Likert)5 点量表尺度进行。表中 1 代表"很不感兴趣",2 代表"不感兴趣",3 代表"一般",4 代表"感兴趣",5 代表"非常感兴趣",将古商城文化分为鲁商文化资源和民风民俗文化资源两个类别,共列出十七项感兴趣项目,包括大染坊故事、今日无税碑传说、票号故事、名人故事、建筑故事、"八大祥"故事、古商城历史变迁、百年老字号的故事、旱码头文化节、五音戏、周村芯子、周村烧饼制作、周村煮锅、周村婚俗、周村民俗、花灯展、周村方言等,游客根据自己的感兴趣程度进行打分。在对古商城文化旅游开发意见的调查中,封闭与开放相结合,针对不同类型的周村古商城文化资源的开发模式征求游客意见。

5.1.2 调查对象

目前,国内市场是周村古商城的主要客源市场,所以本次调查主要是针对国内旅游者。2011 年 7 月 28 日—8 月 3 日在古商城南门和北门进行调查,现场发放问卷、现场回收,共收回有效问卷 179 份。最后通过社会经济学统计软件包 SPSS 对问卷进行分析,并结合古商城旅游业现状及遗产保护开发理论,探讨古商城文化资源的开发思路。

5.1.3 结果分析

5.1.3.1 样本人口统计特征

从表 5.1 可以看出,周村古商城旅游者的性别比例相当,女性略多于男性;年龄从 20 岁到 50 岁,分布比较均衡;受教育程度以高中大专、本科居多(81%),文化层次较高;职业分布较分散,事业单位和企业公司员工相对多(52%);收入水平集中在 3000 元左右,其中 1000～3000 元/月占 51.4%,3000～5000 元/月占 23.5%,旅游人群较富裕。

表 5.1　人口统计特征

变量		样本	百分比
年龄	20 岁以下	26	14.5%
	21—30 岁	51	28.5%
	31—40 岁	53	29.6%
	41—50 岁	32	17.9%
	51 岁以上	17	9.5%
性别	男	84	46.9%
	女	95	53.1%
文化程度	高中以下	21	11.8%
	高中大专	66	36.9%
	本科	79	44.1%
	研究生及以上	13	7.2%
职业	企业公司员工	49	27.4%
	农业工作者	7	3.9%
	公务员	26	14.5%
	事业单位	44	24.6%
	自由职业者	13	7.3%
	学生	9	5%
	离退休人员	14	7.8%
	其他	17	9.5%
收入水平	1000 元/月以下	11	6%
	1000～3000 元/月	92	51.4%
	3000～5000 元/月	42	23.5%
	5000 元/月以上	34	19.1%

5.1.3.2　周村古商城文化感兴趣程度分析

周村古商城知名度不高,不能同时开发所有内容。笔者根据古商城文化的内涵及表现形式总结了 17 个因子。每个因子的吸引力大小是由平均值和游客"非常感兴趣"及"感兴趣"累计比例作为衡量标准的。平均值越大,累计比例越高,该因子的吸引力就越强。根据因子的吸引力强弱来决定开发的选择和次序。

表5.2 周村古商城文化感兴趣程度分析

因子		平均值	"非常感兴趣"及"感兴趣"累计比例(%)	吸引力强度
鲁商文化资源	1 大染坊故事	4.50	86.95	较强
	2 今日无税碑传说	4.54	95.65	较强
	3 票号故事	4.21	78.26	较强
	4 名人故事	4.07	76.08	较强
	5 建筑故事	3.98	80.43	强
	6 "八大祥"故事	3.59	50	强
	7 古商城历史变迁	3.80	65.21	强
	8 百年老字号的故事	3.67	60.86	强
民风民俗文化资源	9 旱码头文化节	3.89	65.87	强
	10 周姑子戏	3.15	32.60	中
	11 周村芯子	3.13	28.26	中
	12 周村烧饼制作	3.83	69.56	强
	13 周村煮锅	3.17	34.78	中
	14 周村婚俗	3.17	32.60	中
	15 周村民俗	3.41	50	中
	16 花灯展	3.24	43.47	中
	17 周村方言	2.63	17.39	弱

分析结果表明,与鲁商文化息息相关的故事传说市场吸引力最强,其中讲述清代周村盛极一时原因的今日无税碑传说得分最高(4.54);其次是大染坊故事、票号故事、名人故事、建筑故事及旱码头文化节;周村婚俗、周村方言及其他民俗的吸引力较弱。目前,周村烧饼文化的开发、旱码头文化节的举办、元宵节花灯展已经初见成效,笔者认为应该抓住时机,把握市场,依据资源吸引力强度程度进行开发利用。

5.1.3.3 周村古商城文化的开发模式分析

周村古商城独特的资源、丰富的文化内涵,应根据文化的表现形式及类型特色的差异,结合游客的偏好,选取合适的文化资源开发模式,创造出新奇的体验和具有吸引力的"旅游形象"。笔者在研究非物质文化遗产开发理论的基础上,分析古商城文化的开发条件,并结合多次实地考察和与社区居民、旅游者、旅游从业者访谈,总结出以下五种开发模式,即:展馆/博物馆展示、情景实化、节事活动及演艺活动、参与体验和休闲购物等开发模式。通过问卷,调查游客对不同类型开发模式的偏好程度,分析结果如表 5.3 所示。

表 5.3　周村古商城文化开发模式分析

模式 项目	展馆/博物馆展示		情景实化		节事及演艺活动		参与体验		休闲购物	
	频数	频率 (%)	频数	频率 (%)	频数	频率 (%)	频数	频率 (%)	频数	频率 (%)
大染坊故事	101	56.43	24	13.41	—	—	54	30.17		
今日无税碑传说	163	91.06	3	1.7	—	—	13	7.3		
票号故事	147	82.12	27	15.1	—	—	5	2.8		
名人故事	143	79.89	6	3.4	—	—	30	16.8		
建筑故事	168	93.86	—	—	—	—	11	6.1		
"八大祥"故事	134	74.87	12	6.7	—	—	33	18.4		
古商城历史变迁	104	58.1	56	31.3	19	10.6				
百年老字号	24	13.41			25	14	52	29.1	78	43.58
旱码头文化节	—	—	14	7.8	—	—	79	44.1	86	48.01
五音戏	20	11.2			133	74.3	26	14.5		
周村芯子	15	8.4			75	41.9	89	49.7		
周村烧饼制作	—	—			—	—	75	41.9	104	58.1
周村煮锅							90	50.3	89	49.7
周村婚俗	11	6.2			25	14	143	79.9		
周村民俗	47	26.3			56	31.3	76	42.5		
花灯展	34	19			35	19.6	109	60.9		
周村方言	—	—	5	2.8	174	97.2				

5.2 开发原则

5.2.1 真实性原则

周村古商城超出同类型古镇的魅力在于其独特而鲜活的商业文化,在于其是自明清以来中国唯一"活着的"古商业街市。因此,在旅游开发中,必须紧紧把握古商城文化内涵,注意深层次结构的原真性保护,必须保持古商城建筑、店铺、产品、生活环境等要素的真实性,避免变成"空壳"博物馆,杜绝完全依靠"舞台化"的民风民俗。切不可因为短期效益,割断古商城历史的脉搏,使其成为单纯面向旅游者的旅游景点,而丧失了真正的价值。只有将古商城文化资源的外在表现形式和文化内涵统一起来,才能使游客获得真实的感受,才能保证古商城的生命力。

5.2.2 创新原则

创新是事物得以发展的动力,是开发成败的关键。创新能吸引游客的兴趣,提供终生难忘的体验,从而在同类资源中力挫群雄、脱颖而出。当前,大多数游客不再满足于静态的观赏,而是渴求全方位体验旅游项目的内涵和特色。如何给游客提供独一无二的新鲜感受,就需要创新性思维,不能因循守旧,更不能生搬硬套。周村古商城应努力在项目创新和项目功能创新上下功夫。例如,古商城引入吴桥杂技表演,在保持其基本功能的基础上,要实现形式的创新,才不会有生搬硬套的嫌疑。

5.2.3 人本原则

非物质文化遗产不同于物质文化遗产,必须通过"人"的行为才能表现其精髓和内涵。周村古商城在旅游功能之前的根本性功能是商业贸易,为当地经济、社会、居民提供服务,因此,古商城的旅游开发需要当地居民尤其是文化遗产的承载主体的积极参与。同时,以人为本,强调满足游客的精神和文化需要,为游客提供精神价值、知识价值、道德价值、愉悦价值、审美价值、文化价值、健康价值等,使游客感受人文、接触社会、体验风情、享受休闲等。因此,古商城的开发要以合理的方法满足游客的心理需求,就会有的放矢,取得成功。

5.2.4 可持续发展原则

古商城文化旅游开发过程中必须始终坚持"保护第一、开发第二"、短期效益和长期效益一致的原则。保持文化资源与环境的可持续性,古商城就需要游客和居民在游览和生产生活中对资源和环境进行保护使用,不能超出经济、社会、环境的承载力。

5.3 开发模式设计

作为唯一活着的明清时期的古商业街市,古商城文化资源众多,文化连续性强、价值大。时至今日,旅游活动的适当介入加强其商业街市历史和现实作用,促进其形成品级高、吸引力强的旅游产品,并能提升淄博地区旅游业的发展层次。作为非物质的鲁商文化和民风民俗,应选择合适的载体,采用正确的旅游开发模式。

5.3.1 周村古商城文化开发载体选择

5.3.1.1 物质载体

民间文学、民间音乐、传统曲艺、手工技艺、民俗等非物质文化都承载着一个民族或地区的文化基因,文化遗产景点是文化遗产的直接符号,文化活动是对文化遗产的直接运用,当地历史建筑是对文化遗产历史环境的营造,一般人文景点是对文化内涵的扩展,当地民俗风情是文化遗产内涵在现代生活中的表现。每一类型的旅游产品,都可以看作是文化遗产文化内涵的外在表现形式。[57]非物质文化的无形性决定了必须依托适当的载体,才能展现其丰富的文化内涵。

"人"是非物质文化遗产保护的核心载体,如五音戏的表演,传统的五行八作的手工艺技术,周村芯子、花灯、扮玩等民俗,都要通过人的活动展示出来,进行传承和演绎。人的主观能动性和创新性又促使他们在传承的同时,发挥创造力,更好地满足现代人们的心理需求。另外,物质载体也表现为有形的物。这类载体包括"对象"型的物质载体,如用于手工艺制作的楷木、石材等;"表现"型物质载体,如用于音乐舞蹈表演的舞台道具、服装等;"传媒"型载体,如声音、色彩、画面、书籍等。[58]在旅游开发中,保护并合理利用人和物载体,搭配恰当会充分彰显周村古商城文化的表现力,增加感染力,带给游客高品质的精神享受。

5.3.1.2 时间载体

非物质文化遗产是被人类集体、群体或个体一代接一代享用、继承或发展的,主要依靠世代相传保留下来。一些非物质文化遗产必须在特定的时间段才能显现其特有的内涵,如每年一度的旱码头文化节、每天早晚的鸣锣开市,以及传统节日气氛下的各种民俗活动、扮玩、挂花灯、祭祀活动和婚庆活动等。其次,文化旅游产品既要体现文化遗产的历史静态性,又要体现其历史动态性。[57]非物质文化遗产的传播是一种活态流变,既要展示古商城文化的发源、发展、繁荣、衰落的历史,又要体现如今人们的传承、创新及变迁。

5.3.1.3 空间载体

在旅游开发过程中,非物质文化遗产除了需要的"人和物的实体"载体、时间载体外,还需要一定的空间载体。从一定意义上来说,空间载体既可以是特定的,也可以是空间转换或集中的。周村古商城作为极具地域分布特点的非物质文化遗产,其主要的空间载体是其产生、流行的周村乃至淄博周边一带,保留完好的特色文化更能开发出原真性佳的旅游产品。同时,文化底蕴深厚的丝绸文化、百年老字号、烧饼文化、五音戏甚至周村芯子,在以周村为主要载体的前提下,可以进行空间转换和集中,选择客源市场作为开发载体,也可与其他反映鲁商文化资源进行集中互补,联合开发。

5.3.2 周村古商城文化资源的开发思路

古商城文化资源有着无限的潜在价值,它是周村经济社会潜在的巨大的软实力。如何挖掘文化内涵,打造品牌,实现文化价值,展示文化个性,对于提升区域竞争力有着重要意义。本文尝试采用昂普 RMP 分析模式,[60]从资源(resource)、市场(market)和产品(product)三方面对周村古商城文化旅游开发进行分析评价。在问卷调查的基础上,遵循真实性、创新、人本、可持续发展等原则,研究周村古商城文化资源的开发路径。

5.3.2.1 展馆、博物馆式开发

古商城悠久的历史塑造了大量的文物,展馆、博物馆是文物收藏、保护、宣传的重要场所。周村古商城内保存完好的明清时期的古建筑、店面、社会风俗、礼仪、表演艺术、手工技艺等,都可以物质的形态放入展馆或博物馆中保存下来,有利于充分了解其文化内涵,有针对性的保护和传扬,使资源得到更高效的保护和流传。通过展馆和博物馆式的开发,还可以产生良好的教育功能,引导社区居民提高对周村古商城文化遗产的保护意识。

5.3.2.2 情景实化

周村古商城流传着众多的历史传说、名人轶事,在文学作品中仍然有迹可循。但目前景区与这些传说故事相对应的只有蛛丝马迹,甚至无迹可寻。游客参观后无法感受到这些故事的魅力,从而也降低了古商城的文化魅力。运用情景实化法就是把虚的做成实的,将传说故事实化。如鹌子窝传说、刘阁老故事、小五更看宅、李化熙断案、今日无税、天后宫传说等等,可通过已有的事迹陈列、恢复或仿造传说故事中情景,使古商城的景观特色和传说故事协调一致,又因为有迹可循的故事情节,增加了古商城游览的趣味性。也可设计参与性项目,让游客既动腿又

动手,包括参与氛围、参与场景、参与活动、参与段落等,实现游客身体参与的"实"。将传说故事所蕴含的有益内容升华,让游客参与其间,自我感悟,实现游客精神体验的"实"。[59]对于鲁商文化的开发,不能采用"以商作商"的方法,需要从单纯的商业文化中跳出来,多角度的考虑活化机制。可采用故事化串联的方式来演绎鲁商文化,如选择几位知名鲁商或几个当地闻名的手工作坊,用他们生意的兴盛衰落、家庭的悲欢离合来做活古商城,以期使游客能够回归历史,深切体验鲁商文化的内涵。

5.3.2.3　节事及演艺活动

当地的节庆和居民的特殊活动是提升自我文化意识和保护当地艺术的一个重要形式,也是当地重要的休闲娱乐活动。《活着》、《大染坊》、《旱码头》、《闯关东》、《大观园》、《黑白往事》、《谁为梦想买单》、《悬天涯事件真相》等十多部影视剧都曾在这里拍摄;央视10套《探索·发现》栏目在这里拍摄了大型历史文化纪录片《周村寻古》;央视《鉴宝》栏目走进周村,举办了文博交流活动,同时,借助举办民俗节、摄影大赛、古玩展卖等活动,对周村古商城的品牌塑造,起到了良好的作用。自2004年以来借开埠百年庆典对外开放以来,举办八届旱码头旅游文化节、旅游推介会,编写出版了《大街——活着的千年古商城》、《周村百年老字号》等系列书籍;举办了鲁商文化研讨会和"寻访老字号、探源鲁商文化"大型采访活动;中央电视台《2007民间寻宝记——走进周村》、旱码头杯国际摄影大赛等大型活动;通过节庆娱乐活动,为古商城文化发展注入活力,扩大了对周村古商城文化的主观认同感的普及面,促进了文化交流。

笔者认为应该继续深刻挖掘古商城文化内涵,重点策划和精心组织具有周村特色的"古商城文化"主题和节庆活动,在人们心中塑造一个持久而独特的周村古商城主题旅游形象。将旅游宣传推广做得更加细致,把周村古商城宣传成充满一个个类型、主题不同的迷人故事的地方。通过大型焦点事件来吸引公众传播媒介,并配合以一系列小的事件,但主题的塑造必须与古商城整体文化相协调。在不同的时间段不间断地推出各种典型的节庆和特殊活动,注意连贯性和一致性,调动政府、企业、居民、媒体的积极性,拓宽活动的参与面与影响力,使大型文化活动日常化。

5.3.2.4　参与体验

体验经济时代,旅游者追求的是一种难忘的经历。走马观花式的旅游和导游泛泛的讲解已经不能满足游客的需要,容易让游客觉得游览无味、疲劳。如果将原本不需消费者参与的生产服务过程,以一定价格卖给消费者,创造一种亲力亲为的体力上、精神上、情绪上、智力上的美好体验,不失为一种可尝试的有效途径。如周村古商城沿街店面很多是前店后厂式格局,可以让旅游者在前面看到产品,在后面部分地开放生产过程和工艺,增加旅游者体验;加强区内众多知名土特产品(如周村烧饼、丝绸等)的旅游开发,以工业旅游的形式展示其制作工艺和过程,选取部分不涉及商业机密和传统技艺秘技的环节让游客参与制作。还可进行家庭接待,在古商城的居民家中建立"民俗馆"、"农家乐"、"私家菜馆"、"茶肆"等,开展家庭接待活动,将无形的民风民俗文化点滴地、原真地渗透到旅游活动当中,自然而不失趣味。如此也可使居民成为旅游接待的受益者,能激发他们古商城保护的热情和积极性。

5.3.2.5 休闲购物

休闲活动有助于人们获得更多的幸福体验,[60]是为了追求更高的生活质量,以轻松愉悦为目的的活动。周村古商城内的居民时代过着"慢节奏的惬意生活",而这正是现代都市人所向往的。无论是大槐树下的四人扑克牌,还是街头巷尾的二胡、周姑子戏,都是真实的休闲氛围。因此,周村古商城通过文化底蕴的挖掘,提升休闲商业功能,以及鲁商文化、老字号文化的研究、交流和传播等功能,展现周村的独特文化品位。

购物是旅游中应重视的环节,古商城原本存在的意义就是商品的交易,不能因为发展旅游而丧失其原貌。结合历史和现实,调整古商城内的经营业态,规范经营范围,以经营茶叶、丝绸服装、字画装裱、文物古董等为主业态,突出古商业文化特色。

5.4 开发应注意的问题

5.4.1 找准特色

周村古商城的开发必须充分考虑到自身的独特条件,作为我国北方东部沿海发达地区唯一保存较好的古城,以及全国范围内为数不多的处于城市中心区的古城之一,在开发中应坚持凸现"古、商、城"的特征。只有找准自己的特色,作为立足点,才会有持久的吸引力和竞争力。明清时期留到现在的古建筑、凹凸不平的青石板路、林林总总的老店面、美誉度极高的百年老字号、坐南朝北的魁星阁与坐北朝南的千佛阁、世世代代居住在这里朴实的人们……这些都真实地烘托出独特的鲁商文化氛围。要深入地营造鲁商文化氛围,就不仅仅指停留在表面上的形态,更是要将这种文化渗透到古商城的每一个角落、每一个项目设计,大至古商城整体规划,小至特色旅游产品的开发,都应协调一致的体现鲁商文化。如此也才能做到在保护中利用,在利用中保护,实现古商城的可持续发展。

5.4.2　社区参与

周村古商城的价值还在于"活"。在开发中,不是僵化历史,而是传承历史,活化历史。社区参与符合公众的意愿,更能体现出参与性、体验性的内容,展现给游客一部活着的历史。根据旅游人类学的观点,认为旅游地居民、旅游开发者、旅游者和旅游地社会团体之间在旅游开发或旅游活动中,会产生各种临时性的经济互动关系和文化互动融合。因此,必须让当地社区居民充分参与古商城文化旅游开发过程,并使他们从旅游的发展中真正获益,才能调动当地旅游发展的积极性和保护古商城文化的积极性。杜绝将原古镇居民迁出,再修缮进驻的空壳化现象。当地居民认识到旅游的发展给他们带来的切身利益,有利于形成良好的旅游氛围,也有利于形成良好的旅游秩序,从而促进文化遗产的保护。

古商城文化是一种现实存在的、通过具体的人的生活表现出来的文化,社会风俗、节庆、传统手工艺技能等的传承离不开生活在其中的人,是他们传播和延续了文化。一是要保护社区内居民的正常生活;二是要保护民间艺人。

5.4.3　打造软实力

古商城文化的保护与利用,除了"硬实力"古商城的开发,另一个更为重要的是"软实力",即古商城文化的开发,包括蕴涵百年老字号、丝绸文化等的鲁商文化的开发。古商城文化中的开放进取、厚道诚信精神贯彻到各个方面的工作中,通过不断发展古商城文化的生产力,提高其影响力,最终实现周村、淄博乃至山东经济、社会的发展。

5.4.4　科学规划与管理

在周村古商城文化的旅游开发中,要避免缺乏对古商城文化资源深入调查、全面论证,一味地追求经济效益,盲目跟进和模仿,缺乏科学合理规划,因短期的经济利益而过度开发。盲目地修建仿古街道、门面会破坏整个景区的美感和历史性。因此,开发前要进行科学的规划和严格的论证,开发中要保护古商城建筑、历史风貌、传统民俗等,追求经济、社会、文化、环境等综合效益的最大化。另外还要注意避免毫无特色的商品泛滥,失去古镇的自然环境和历史文化氛围。

同时,政府部门要加强对古商城开发的管理和监督,尽可能地将古商城保留原貌,充分利用外缘空间进行整体协调一致的发展。探索多种融资渠道的开发模式,例如社区开发模式、政府主导的项目公司模式、经营权出让模式等,通过优化资源机构,谋求短期效益与长期效益、经济效益与社会效益的协调统一和最优化。

5.4.5 产业融合

旅游业具有极强的渗透性,同其他产业有着千丝万缕的交叉关系。旅游业与其他产业融合发展,不仅可以为旅游业的发展创造更广阔的空间,更为重要的是,可有通过创新优化、竞争水平提升、产业链拓展、组织结构优化等多种效应全面促进旅游业转型升级。[63]周村古商城的开发可与农业、工业、服务业、房地产、商业等行业产业融合,增加旅游产业供应,同时丰富产品体系,增加产业供给,促进旅游大众化。如可与手工业合作,恢复发扬传统手工艺制作;与老字号企业合作,恢复商业街繁荣的历史面貌,生产具有特色的旅游产品;可与影视公司合作,不断推出影视作品;可与收藏业融合,打造收藏名城;可与第三产业融合,在合适的地段开设休闲茶楼、影院、餐馆、书吧、客栈等,打造慢节奏、远离现代城市喧嚣的休闲地……当然,现阶段产业融合应坚持政府引导规范的前提下,以市场为主导。产业界限的打破,不仅有利于旅游目的地实现休闲、活力、多元的特点,促进旅游业发展,更能促进周村乃至淄博地区经济的发展。

6 周村古商城文化旅游的宣传与推广

6.1 树立鲜明的品牌形象

6.1.1 总体形象

随着古城、古镇旅游在中国的发展越来越快,今后不可避免也将带来较大程度的市场竞争,因此周村古商城必须具备鲜明的人文特点,才能立于不败之地。作为历史悠久的商业城市,在形象设计和推广中将重点突出"古商城"的概念。乾隆所赐的"天下第一村"为旅游市场所认知,传统的工商业文化辅以建筑、民俗、影视等也逐渐为旅游市场所认知,随着周村古商城的旅游发展,将以直观的旅游形象宣传方式体现周村古商城特色。重点突出鲁商发源地品牌和影视拍摄基地品牌。借《周村百年老字号》、《周村历史名人》等系列书籍的出版,继续举办"寻访'祥字号'、探源鲁商文化"、"鲁商发源地与周村"论坛等活动,全力推介"鲁商发源地"品牌。通过已经成功策划的电视节目——中央电视台《2007民间寻宝记——走进周村》、《探索·发现——周村寻古》,协助拍摄的《旱码头》、《闯关东》、《大染坊》等影视剧的播出,打响周村影视拍摄基地品牌。

将具有历史趣味性的核心元素,如历史传承的形象口号"天下第一村"、"旱码头"、"丝绸之乡"等加以综合利用,使周村古商城的旅游更具生动性和识别性;从游客的角度进行营销,结合不同的细分市场及营销活动,采用相应的二级宣传口号,以使营销宣传活动更具针对性,更能在游客心中突出周村古商城独一无二的形象。周村古商城在宣传推广中,要采用统一旅游标识符号,明确主标识系统,在旅游区标识系统设计、旅游企业形象宣传、旅游广告等方面整合运用,在印刷品、广告等视觉媒体上加以运用,以突出旅游区的形象,增加景区的宣传效果,加深游客印象。

6.1.2 营销目标

周村古商城是一个综合功能的旅游目的地产品,它包括多种多样的旅游产品及提供给目标市场的各种服务。通过环环相扣的系列营销宣传促销活动,以树立周村古商城旅游的品牌形象,提高周村古商城作为旅游目的地的知名度,为周村的经济发展聚集人气、商气和财气为目的,应使周村古商城的旅游产品和服务整合成为一种整体的文化休闲体验,并提升到"创造新的游憩休闲方式"的高度。

6.2 整合营销

历史的周村古商城是因为优越的地理位置而一举成为商贾云集、繁荣兴盛的"旱码头"。如今的周村处于山东城市群的中心位置,位于济南和青岛之间,周边市场云集,主要集中江北最大的沙发家具专业批发市场、江北最大的沙发装饰材料市场、江北最大的不锈钢交易市场等,往来客商众多,为古商城旅游娱乐发展提供了潜在的客源。

周村古商城旅游并没有发挥其应有的价值,区位条件没有充分利用。在淄博市旅游规划中,将周村古商城放入临淄(齐文化)——张店(陶琉文化)——淄川(聊斋文化)——博山(孝文化与陶琉文化)——周村(鲁商文化)一线中,淄博打造齐文化亮点,齐文化与古商城文化属同一大类,古商城文化得不到凸显,难以发挥其应有价值。区域合作则为周村古商城的发展提供了最佳机遇,要加强同省内及周边旅游目的地的合作,构建区域营销网络。如可开拓近郊游、省内游、省际游市场,加强古商城的品牌推广和线路推广,实现"市场共建、资源共享"。针对省外的旅行团队市场,与相关地区联合推广"泰山、曲阜、周村"山东文化旅游黄金线,成为山东"逍遥游"产品系列的重要组成部分,有利于快速提升周村古商城知名度,增加客流,树立自身形象。

6.3 产品媒介化

旅游是综合性很强的活动,购物是旅游活动中不可或缺的组成部分,游客需要具有浓郁地方文化特色的旅游产品。分析游客对古商城旅游商品的需求特征,根据不同的细分市场,从商品的内容、包装、营销等方面创新,推出不同的产品。如带有统一可识别标志的周村烧饼、周村丝绸、蓝印花布、花样糖果等,以有形产品的销售为旅游景区做宣传。更重要的是周村古商城无形的文化资源具有可移动性,如周村芯子、烧饼制作、五音戏等可以"走出去",通过展会或舞台的形式向人们展示,让观众了解古商城文化,产生好奇心,从而产生旅游动机。以产品为媒介的宣传方式比单纯的广告、媒体宣传更生动、直观,更具有说服力。

6.4 加强各方合作

周村古镇旅游起步较晚,先天不足,因此多方合作、综合开发尤其重要。首先,充分发挥政府主导和管理作用,舍得投入、精心策划,传播主题品牌和主题文化;其次,仔细挖掘和提炼周村古商城文化亮点和拳头产品,深度推广,针对性地面向市场,突出周村古商城特色和鲁商文化概念,丰富古商城文化形象内涵;第三,通过网络、影视、报纸等大众媒介搭建信息平台,引导鼓励旅游投资者携手合作,整合行业企业,综合利用各种有效资源,与其他的旅游景区、旅行社合作,实现双赢;第四,宣传营销要有可持续性,切忌虎头蛇尾,只有持续不断地进行营销宣传,周村古商城的整体形象才能深入消费者心中,持久、深刻地保留。

7 结论与启示

古商城文化的开发方兴未艾,保护也倍受关注,成为旅游市场中不可替代的旅游资源。本文从非物质文化遗产的视角下,探讨古商城文化的旅游开发研究,主要结论如下:

第一,随着《中华人民共和国非物质文化遗产法》的颁布,我国的非物质文化遗产保护进入了法制化的转折时期,保护前提下进行适度开发具有重要的理论意义和实践意义。本文通过对非物质文化载体研究和调查问卷,提出法律保护、开发保护、传统的博物馆保护等思路,认为古商城文化的合理旅游开发利用可以促进其保护。

第二,古商城文化种类繁多、内涵丰富,不仅具有无形性、非物质性的共有属性,更重要的是不同历史时间和地域空间下,古商城文化各有特点和侧重点。本文分析了古商城文化及其特征,试图从其特征共同点去寻找古商城开发的思路。

第三,本文立足于周村古商城,评析了鲁商文化和民风民俗。运用时空线索评析了鲁商文化的形成过程和地域传播发展,并归类总结了受鲁商文化影响形成的民风民俗。

第四,通过多次实地考察和查阅相关文献,分析周村古商城文化资源开发的现状及存在的问题。包括文化历史资源活化利用不足、古商城文化内容与主题在现实中脱节、古商城的衍生与均衡发展有待提高、文化资源的核心竞争力缺乏、文化意境遭到破坏等。

第五,通过对游客进行问卷调查,根据真实性、创新、人本、可持续发展原则以及游客对古商城文化的感兴趣程度,从物质、时间和空间对古商城文化的开发载体进行分析,提出五种开发思路,即:展馆、博物馆式开发,情景实化,节事及演艺活动,参与体验,休闲购物。同时,提到开发中要注意找准特色、社区参与、打造软实力、科学规划与管理、产业融合等问题。

第六,古商城文化的旅游开发还必须得到市场的认可,因此本文探讨了古商城文化旅游的宣传与推广策略,包括树立鲜明的品牌形象、整合营销、产品媒介化、加强与行业企业合作等。

由于受理论深入不够及本人调查能力不足所限,本文对古商城文化的旅游开发研究势必存在一些局限性和待进一步研究的地方。首先,目前对古商城文化的界定较为模糊,本文虽有界定,但不够深入,对深层次的文化内涵挖掘不够,关于古商城文化的概念界定只是一家之言。其次,古商城文化的重要影响已被越来越的有志之士所认可,发展日新月异,本文对古商城文化的开发现状追踪不够及时到位,对存在问题的总结也还不够深入。再次,提出的古商城文化开发思路须结合实际情况的变化进一步论证考验。最后,古商城文化旅游的宣传推广模式仍有继续研究的空间。今后,笔者将努力学习相关理论知识,搜集整理相关资料,继续更深入地研究古商城文化的旅游开发问题,争取早日解决上述不足。

参考文献:

[1]联合国教科文组织《第二个中期规划(1984－1989)》UNESCO. 第11050～11053段.

[2]联合国教科文组织. 保护非物质文化遗产公约[EB/OL]. 联合国教科文组织网站,http://unesdoc. unesco. org/images/0013/001325/132540c. pdf,2003－10－18/2010－09－19.

[3]王宁. 界定:非物质文化遗产保护的第一步[J]. 中国少数民族,2003(5):12～13.

[4]杨怡. 非物质文化遗产概念的缘起、现状及相关问题[J]. 学术论坛,2003(2):27～31.

[5]向云驹. 论"口头和非物质遗产"的概念与范畴[J]. 民间文化论坛,2004(3):69～73.

[6]吴馨萍. 无形文化遗产概念初探[J]. 中国博物馆,2004(1).

[7]国务院办公厅. 国务院办公厅关于加强我国非物质文化遗产保护工作的意见[EB/OL]. 国家文化部网站,http://www. ccnt. gov. cn/zcfg/fgxwj/t20060329_25222. htm,2005－03－26/2010－09－19.

[8]齐爱民. 非物质文化遗产的概念及构成要件. 电子知识产权,2007(4).

[9]梁保儿,马波. 非物质文化遗产旅游资源研究. 旅游科学,2008(4):7～14.

[10]贺学君. 关于非物质文化遗产保护的理论思考[J]. 江西社会科学,2005(2):104～109.

[11]龙红. 论人类无形文化遗产[J]. 广西社会科学,2005(1).

[12]宋俊华. 非物质文化遗产概念的诠释与重构[J]. 学术研究,2006(9):117～121.

[13]龙先琼. 关于非物质文化遗产的内涵、特征及其保护原则的理论思考[J]. 湖北民族学院学报,2006(5):47～52.

[14]申小红. 对非物质文化遗产保护的几点认识. 原生态民族文化学刊,2011(3):121～125.

[15]尹国有. 中国现代社会转型期本土文化认知价值——高校对非物质文化遗产传承与创造的作用[J]. 通化师范学院学报,2004(7):1～4.

[16]刘魁立. 关于非物质文化遗产保护的若干理论反思[J]. 民间文化论

坛,2004(2):51~54.

[17]陈天培.非物质文化遗产的经济价值[J].改革与战略,2006(5):99~101.

[18]叶舒宪.非物质经济与非物质文化遗产[J].民间文化论坛,2005(4):67~71.

[19]贺学君.关于非物质文化遗产保护的若干理论反思[J].民间文化论坛,2004(4).

[20]李淑敏,李启荣.论非物质文化遗产的保护原则[J].船山学刊,2005(9):132~138.

[21]刘永明.权利与发展:非物质文化遗产保护的原则[J].西南民族大学学报,2006(1):191~199.

[22]苑利.非物质文化遗产保护的十项基本原则[J].学习与实践,2006(11):118~128.

[23]万建中.关于非物质文化遗产的保护与保存.传统文化与现代化,2011(1):82~84.

[24]何星亮.非物质文化遗产的保护与民族文化现代化[J].今日民族,2005(2):55~57.

[25]李梅.我国非物质文化遗产的知识产权和特别权利保护研究.[D]北京:中国政法大学,2006.

[26]李晓秋,齐爱民.商业开发和非物质文化遗产的"异化"与"反异化"——以韩国"人类活的珍宝制度"设计为视角[J].电子知识产权,2007(7):38~40.

[27]齐爱民.论知识产权框架下的非物质文化遗产保护及其模式[J].贵州师范大学学报,2008(1):53~58.

[28]刘建平,陈姣凤,林龙飞.论旅游开发与非物质文化遗产保护[J].贵州民族研究,2007(3):65~69.

[29]顾金孚.非物质文化遗产旅游开发热下的冷思考[J].西南民族大学学报,2008(2):208~211.

[30]张晓雁.非物质文化遗产的保护和利用[J].群众,2005(7).

[31]肖曾艳.非物质文化遗产保护与旅游开发的互动研究.[D]湖南:湖南师范大学.2006.

[32]宋欢．旅游开发与非物质文化遗产保护[J]．学术探讨,2006(4)：88～89.

[33]王松华．产业化视角下的非物质文化遗产保护[J]．同济大学学报,2008(2):107～112.

[34]刘卫国．非物质文化遗产保护与民族博物馆[J]．中国博物馆,2006(2):14～18.

[35]韩双斌．江西抚州非物质文化遗产保护与旅游开发研究．[D]江西:南昌大学,2007.

[36]魏爱霖．民俗类博物馆与非物质文化遗产展示[J]．中原文物,2011(4):101～103.

[37]安长华．试论博物馆在非物质文化遗产保护中的作用[J]．神舟文化,2011.

[38]王冬梅．非物质文化遗产保护的再出发[J]．学术论坛,2011(7)：165～169.

[39]杜丹阳．论无形文化遗产的保护与开发——以墨子和墨学为例[J]．山东社会科学,2005(9):135～137.

[40]连冕．"非物质文化遗产"保护的悖论与新路径[J]．艺术设计论坛,2005(1):19～20.

[41]罗茜．中国非物质文化遗产保护性旅游开发问题研究．[D]湖北:湘潭大学,2006(5):35～38.

[42]贾鸿雁．论我国非物质文化遗产的保护性旅游开发[J]．改革与战略,2007(11):119～122.

[43]范玉娟．非物质文化遗产的旅游开发研究．[D]上海:上海师范大学,2007.

[44]乌兰察夫．探索非物质文化遗产保护的新模式[J]．南方论丛.2010(4):77～82.

[45]辛儒,张淑芬．产业化与产业化升级是开发和保护非物质文化遗产的新思路[J]．生产力研究,2010(5):210～212.

[46]罗澍．民俗类非物质文化遗产的知识产权保护模式探究[J]．西南民族大学学报(人文社会科学版),2011(9):100～104.

[47]陈勤建．民间文化遗产保护与开发的若干问题[J]．江西社会科学,

2005(2):110~120.

[48]郭济生.周村百年老字号.鲁淄新出准字(2002)B-046号.2002(7).

[49]吴炳乾.《"旱码头"周村的地名来历与兴起》[A].《中国地名》.

[50]常传喜.淄博旅游导游手册.淄博市旅游局山东根德文化产业有限公司.鲁淄新出准字(2006)ZB-36号.80~81.

[51]崔志英.淄博人文旅游资源整合.[D]山东:山东大学,2007.

[52]刘强.论清代山东周村的发展模式[J].滨州学院学报,2006(2).

[53]梅永庆.周村民俗.鲁淄新出准字(2003)B-079号,2003.

[54]郭济生.大街——活着的千年古商城.鲁淄新出准字(2002)B-023号,2002.

[55]刘向群,张红霞."旱码头"的前世今生[J].史海钩沉,2010(4).

[56]梅振华.探索商业古镇休闲旅游产业发展路径[J].商业时代,2010(24).

[57]宋振春,朱冠梅.世界文化遗产旅游深度开发研究[J].旅游学刊,2007(5).

[58]肖曾艳.略述非物质文化遗产的旅游开发[J].肇庆学院报,2008(29):42~47.

[59]王京传.文化遗产的保护、开发与旅游产品体系构建[J].旅游学刊,2010(5):5~6.

[60]吴必虎.区域旅游开发的RMP分析——以河南省洛阳市为例[J].地理研究,2001(1):103~110.

[61]王衍用,宋子千.旅游景区项目策划[M].中国旅游出版社,2007:240.

[62]蒋奖,秦明,克燕南,应小萍.休闲活动与主观幸福感[J].旅游学刊,2011(9):74~78.

[63]吴三忙.旅游业融合发展中政府的作用[J].旅游学刊,2011(6).

附录:调查问卷

周村古商城文化旅游开发研究调查问卷

尊敬的先生/女士:

您好!首先欢迎您来到旱码头——周村古商城。我是青岛大学旅游管理专业研究生,为完成个人关于"古商城旅游开发研究"论文,而进行此次调查。以期得到各位友人关于周村古商城资源开发的意见和建议。以后能够更好保护继承和开发,满足游客的旅游需求。

您的回答无所谓正确或错误,真切地希望您能真实地回答下面的问题。调查不记姓名,只用于个人研究。请您如实回答您的实际情况和真实想法。

十分感谢您在百忙之中抽出时间接受我们的调查!谢谢!

青岛大学旅游学院

一、被调查者基本情况(请您在对应的括号中打"√")

1. 年龄:20 岁以下(　　) 　　21 - 30 岁(　　) 　　31 - 40 岁(　　)

　　41 - 50 岁(　　) 　　50 岁以上(　　)

2. 性别:男(　　) 　　女(　　)

3. 文化程度:高中以下(　　) 　　高中/大专(　　)

　　本科(　　) 　　研究生及以上(　　)

4. 职业:企业公司员工(　　) 　　农业工作者(　　) 　　公务员(　　)

　　事业单位(　　) 　　自由职业者(　　) 　　学生(　　)

　　离退休人员(　　) 　　其他(　　)

5. 收入水平:1000 元以下/月(　　) 　　1000—3000 元/月(　　)

　　3000—5000 元/月(　　) 　　5000 元以上/月(　　)

二、游客感兴趣因子调查,请您对以下 17 项因子的感兴趣程度进行评价(请您在对应的方框中打"√",1 表示"很不感兴趣",2 表示"不感兴趣",3 表示"一般",4 表示"感兴趣",5 表示"非常感兴趣",)

类别	项目名称	5 很感兴趣	4 感兴趣	3 一般	2 不感兴趣	1 很不感兴趣
鲁商文化资源	1 大染坊故事					
	2 今日无税碑传说					
	3 票号故事					
	4 名人故事					
	5 建筑故事					
	6 "八大祥"故事					
	7 古商城历史变迁					
	8 百年老字号的故事					

类别	项目名称	5 很感兴趣	4 感兴趣	3 一般	2 不感兴趣	1 很不感兴趣
民风民俗文化资源	9 旱码头文化节					
	10 周姑子戏					
	11 周村芯子					
	12 周村烧饼制作					
	13 周村煮锅					
	14 周村婚俗					
	15 周村民俗					
	16 花灯展					
	17 周村方言					

三、周村古商城文化旅游开发模式调查,请您对以下不同类型的古商城文化选择一个适合的旅游开发模式(请您在对应的方框中打"√")

项目 ＼ 模式	展馆、博物馆	情景实化	节事及演艺活动	参与体验	休闲购物	您认为的其他开发模式
大染坊故事						
今日无税传说						
票号文化						
名人故事						
建筑艺术						
"八大祥"店铺						
古商城历史变迁						
百年老字号						
旱码头文化节						
五音戏						
周村芯子						
周村烧饼制作技艺						

项目 ＼ 模式	展馆、博物馆	情景实化	节事及演艺活动	参与体验	休闲购物	您认为的其他开发模式
周村煮锅						
周村婚俗						
周村民俗						
花灯展						
周村方言						

再次对您的合作表示衷心的感谢！

周村古镇旅游探微

摘　要：淄博市旅游局将淄博市旅游业界定为"南山、北水、东古、西商、中文化"。西商指的是位于淄博市西部的历史商业重镇——周村古镇。本文结合实际，从周村古镇的历史起源、现状以及存在问题分析，得出解决目前周村古镇发展瓶颈的措施，希望能为周村古镇旅游的蓬勃发展做出贡献。

关键词：天下第一村、百年老字号、丝绸之乡、品牌

一、概况

（一）周村古镇历史悠久，源远流长。周村，位于山东省中部，系淄博市辖区之一，总面积263平方公里，人口32万，是一座历史悠久而又充满活力的现代化城市，素有"天下第一村"之称。春秋战国时期属齐国於陵邑，自古商业发达，明朝嘉靖年间已有"周村店"称谓，明末清初开始走向繁荣，与中国南方的佛山、景德镇、朱仙镇齐名，成为无水路相通的全国四大旱码头之一。1775年，乾隆南巡时御赐周村为"天下第一村"。1904年，周村正式被清政府批准开辟为商埠后，商业更加繁荣，"日进斗金"、"驾乎省垣之上"，成为辐射鲁中、跨长江越黄河的著名商品集散地，被誉为"金周村"、"旱码头"。

（二）周村古镇旅游资源丰富。周村，历史上曾经"桑植满田园，户户皆养蚕，步步闻机声，家家织绸缎"，有"丝绸之乡"的美称；周村花灯、民间扮玩、五音戏等民俗艺术深受人民群众喜爱，民间扮玩的代表项目"周村芯子"已申报省级非物质文化遗产；曾在中央电视台热播的电视连续剧《大染坊》演绎的故事就发生在周村，又一部反映周村商业发展史的电视连续剧《旱码头》也在周村古镇开拍。

二、周村古镇旅游的发展现状及存在的问题

周村古镇旅游虽然在近几年有了长足的发展,但也存在很多制约其发展的"瓶颈"问题。

(一)旅游产品类型单一,综合开发水平低

近几年,周村古镇旅游呈现蓬勃发展的良好态势,但旅游层次较低,仍局限于观光旅游,对旅游延伸产品的开发严重不足,对古镇文化内涵的挖掘不够。实际上,古镇旅游应该是将带有浓厚周村地方特色的自然人文遗产作为可持续发展的旅游资源,围绕行、游、住、食、购、娱六大要素,将其精心设计制作成具有吸引力的旅游产品,包括:民俗体验、休闲娱乐、康体健身、生态观光、体验生活等。

(二)旅游配套建设不到位

很多地方由于资金投入不足,如停车场地、公共厕所、垃圾处理、通信设施、住宿和饮食卫生都存在不同程度的问题。周村特色小吃——丁家煮锅在景区仅有一家,规模小,且卫生条件、服务人员素质等都亟待提高。古镇东侧有周村区目前最好的酒店——嘉周宾馆,而其竟无法提供旅游团队餐。

(三)宣传力度不够,虎头蛇尾

从电视剧《大染坊》的上映让很多人了解到周村,政府和周村古镇景区工作人员组织各种各样的宣传活动,如周村古镇征文比赛、周村旅游月、摄影大赛、在电视台做专题节目等等,收到短期效益,但是后续影响力不大。

(四)古镇居民对景区的认可程度及景区工作人员对岗位的认识

周村古镇是在旧城住址的基础上改建而成,现在仍有不少居民居住在古镇里面。他们土生土长在周村,对周村历史和现实都有很深刻的认识。但是由于缺乏旅游观念和必要的认识,他们对古镇的旅游价值缺乏充分认可,由于古镇起步较晚,景区工作人员素质也有待提高。

(五)政府支持力度不够

古镇自 2004 年对外开放以来,开发修复比较完善的街道只有大街、银子市街、丝市街三条,游客只要 2 至 3 小时就可以游览完整个景区,且城市与景区缺少交互支撑和融合,古街后面就是一个现代味很浓的楼房,显然与整个景区的大环境不相适应。

(六)内容与主题在现实中脱节

周村古镇的定位是古商业重镇,在明清时期、近代曾经辉煌发展,但是现在遗

留下来的百年老字号、丝绸之乡等重要店面已经失去了他在历史上的价值,仅仅成为游客观赏的"历史遗迹"。

三、打造品牌,实现周村古镇旅游的蓬勃发展

(一)挖掘周村古镇历史人文内涵,塑造主题品牌

周村的特色是什么? 老字号。发展古镇旅游就应该要挖掘并不断创新主题产品,深化主题文化内涵,为游客提供丰富和深刻的精神和文化享受,增强旅游城镇的文化辐射功能,维持品牌的长期竞争优势;同时主题旅游城镇应该实行主题营销,即利用特定主题借助符合主题产品特点的方式和渠道来实施营销活动,其目的在于宣传和推广城镇的品牌形象,不断提高知名度和美誉度,从而巩固并开拓旅游市场,提高品牌竞争力。保持古镇的历史原貌和当地居民的传统社会风尚、民间艺术,在游客心目中树立不可替代的个性和市场定位,才是成功的旅游开发。如开发和完善百年老字号、周村独特民风民俗游等。

(二)提高古镇居民旅游服务意识,加强旅游环境建设

旅游环境竞争力是软竞争力和硬竞争力的合力。软竞争力主要指要挖掘古镇的历史文化并深化其内涵,它是提升城镇旅游竞争力的重要因素;而硬竞争力则指古镇的制度环境、基础设施等,它是形成旅游环境竞争力的重要物质条件。周村古镇经过历史的沧桑,积累了富有生命力的文化,形成一种与众不同的主题形象,是其他地区难以模仿和复制的,它们是提高旅游竞争力的重要手段。而古镇的制度环境、基础设施等会影响景区的效率,也会影响到游客对主题旅游城镇的形象评价,最终影响本地旅游业与其他地区旅游业之间的竞争结果。

(三)市场定位准确,增强反应速度与能力

旅游城镇的旅游者是为了满足自己的精神文化需要而实施的一种高级消费,追求的是地域、民族的文化差异性。周村古镇虽拥有特色的旅游资源,但比较单一,要形成持续的竞争力,除有鲜明的个性外,还要能够根据市场需求,不断地进行产品创新,做到很难模仿和复制,可比性较低,为个性增添新的形式和内涵,使游客建立消费偏好,并坚信该品牌所提供的最终利益是独特的和最佳的,才能长久吸引顾客的注意力,维持旅游竞争力。

(四)开展合作,谋求共赢

周村古镇旅游起步较晚,先天不足,因此多方合作、综合开发尤其重要。

1. 发挥政府管理能力,传播主题品牌和主题文化,建立品牌经营系统的组织

结构,提升古镇整体形象和品牌价值,形成可持续的竞争优势;谋求政府在基础设施、道路建设、资金等方面的支持,提高周村古镇的可进入性与参观游览的安全舒适性;政府通过确立景区、宾馆、旅行社等旅游企业的共同优惠制度和统一的服务质量标准体系,引导和鼓励旅游投资者携手合作,共同进行旅游资源和旅游项目的开发建设,为实现旅游区的真正无障碍提供保证。

2. 与媒体合作,通过媒体搭建信息平台,强力推介旅游产品。通过电视节目、广播、互联网、报纸杂志等多种形式进行有效的宣传促销,有计划、有步骤、持续性的宣传。

3. 与其他的旅游景区合作,将不同主体和特色的景区进行旅游精品线路组合,实行资源共享、线路互连、市场互动、客源互送,促进共同发展;如山东曲阜、济南、淄博、潍坊等地市,可以开展区域联合营销,通过产品互动、促销联动、人才互流促进区域旅游共同发展,形成多赢局面,强化竞争优势。

4. 与旅行社加强合作,通过旅行社对旅游资源的整合、包装,对游客的推介、招揽,实现景点与旅行社双赢。

综上所述,周村古镇只有进行准确的主题定位,确定竞争优势,提高市场反应速度与能力,提高古镇居民的旅游服务意识和环境建设,加强旅游合作,才能最终塑造主题品牌,提高竞争力。

探索商业古镇休闲旅游产业发展路径

——以淄博周村古镇打造休闲之都为例

摘　要:我国古镇旅游方兴未艾,商业古镇如何在保护中特色发展成为市场中的热点。当选择旅游作为一种休闲方式已经成为比较普遍的行为时,对作为历史遗产文化承载体的古镇进行合理定位,发挥各自优势,突出特色,打造品牌,加快旅游产品转型升级,将休闲作为古镇发展旅游的新动力,探索商业古镇发展休闲旅游产业的新路径。

关键词:商业古镇、休闲旅游、周村古镇

1　研究背景

1.1　项目开发实践

商业古镇作为遗产文化的载体,综合反映了历史城镇旅游地各个方面的成就,形成了独特的历史文化遗产特色和文化品位。每年有 300 万左右的旅游者被江南水乡"小桥、流水、人家"的水乡环境风貌所透出的文化底蕴、温情的人性关怀、水乡居民浓郁的文化风情所吸引,年旅游收入达 8 亿元,创造了巨大的经济效益,拉动了当地经济快速增长,富裕了水乡古镇的人民,走出了一条"旅游兴镇,强镇富民"的新路。

1.2　理论研究综述

1.2.1　随着市场经济的发展,社会中竞争加剧,工作压力加大,休闲正成为

工薪阶层提高生活质量的主要方式之一。国外有关方面预测:未来15年中,发达国家将陆续进入休闲时代,发展中国家也紧随其后。以旅游、娱乐、体育健身、文化传播和社区服务等为主的休闲经济将成为下一个经济大潮。在我国,旅游业的迅速发展和假日经济现象反映了国民对休闲生活的渴望。

1.2.2　商业古镇作为历史的见证,经历了历史的沧海桑田,保存至今的已不多见,其中的精品是少之又少,所以首先要坚持保护与发展相统一的原则。在尊重自然,维护"人与自然"系统整理利益的前提下,利用历史古镇来发展旅游,使历史遗产区成为人们向往的集自然与文化生态为一体的优秀环境之地。其次,历史古镇的保护应该在其原真性地位不被动摇的前提下,符合古镇文化生态环境的实际。第三,历史与现代相和谐,从建筑风格、整体环境、景观视觉等体现从历史发展到今天城市发展过程中文化内涵的同质性和通过这种同质性所表达的历史与现代秩序。最后,历史古镇反映和表达了地域个性与特质,是"城市文化资本"动力机制的重要组成部分,是现代城市文化与城市经营的新生长点。

2　古镇旅游与旅游产业发展阶段特征分析

2.1　古镇旅游的特点分析

2.1.1　古镇成为旅游发展的吸引物,关键是其历史文化内涵的特异性。古镇是由整个历史城镇和街道所组成的历史空间单元,区别于一些政府或宗教建筑,或富人宅第,许多民居和商业建筑由于质量不佳随岁月流逝而逐渐消失或被新的城镇建筑代替了。能保存较完整的历史上的平民百姓的生活环境和生活方式,用有趣的方式向游客展示出来,使人们对历史有个全面的认识。

2.1.2　古镇面临开发与保护的矛盾。一方面,古镇发展旅游,促进了地方经济的发展。但另一方面在开发中,不尊重历史,不尊重环境,为追求经济利益而盲目扩大遗产原貌,甚至拆古做新、假冒伪劣、粗制滥造,某些古镇失去了它的整体环境保护,完全没有了历史原貌。有些地方为了便于管理和经济利益增值,将古镇内居民全部搬迁,使历史街区成为"空壳博物馆",丧失了真实性,也就缺乏了吸引旅游者的地方风味和风土人情。

2.1.3　古镇游览组织在于历史遗产文化内涵和空间环境特色协调,与规划目标一致的基础上,尊重当地文化习俗、生活方式和道德规范,符合当地用地条件、经济状况及设施水平,组织新、奇、特、优的游赏项目,保护历史遗产资源永续利用。

2.2 中国旅游业发展的阶段特征

2.2.1 度假旅游兴起

20 世纪 90 年代中期以来,休闲、度假观念在我国开始兴起,城市周边、自然山水、农家乐园和休闲文化主题公园成为人们的徜徉之地,消费程度加深,旅游产品日趋多样化,出行方式中散客、家庭自助式、自驾游的比例大大增加,开始超过团队方式。未来 5~10 年,人们的休闲需求和消费能力日益增强并多样化,目的地选择更在乎环境的优雅和设施的品位,逗留时间大大增加,一地滞留型和第二家园式的休闲度假日渐成为有消费能力者的爱好。

2.2.2 休闲成为人们的需要

当代中国社会,工作节奏加快,职场压力增大,竞争激烈,人们需要通过接触、感受、体验旅游活动,不断地得到精神上的调整放松和心理上的舒缓慰藉,从而改善身心状况,补充信息,了解历史,扩展知识,提高综合素质和竞争能力。

2.2.3 文化旅游时兴

以鉴赏异国异地传统文化、追寻文化名人遗踪或参加当地举办的各种文化活动为目的的文化旅游已成为当前旅游者的一种风尚。在形式多样的文化旅游中,以亲身体验虽已消失但仍然留在人们记忆中的某些生活方式为主题的怀古文化旅游,是当今颇为风行的专题游览项目之一。

2.3 古镇具备发展休闲旅游的现实条件

2.3.1 知识经济时代改变了人们的生活方式、工作方式,在提高效率的同时,人们也将有更多的闲暇时间,目前国家法定节假日调整和职工带薪年休假规定的出台为人们外出旅游提供了更加灵活的可自由支配时间。

2.3.2 随着经济全球化、网络化进程,文化之间的融合、渗透也会在越来越多的方面体现出来。古镇发展休闲旅游可以丰富旅游的内涵,扩大旅游业经营范围,满足人们多方面消遣享乐的需要,为推动旅游业的可持续发展提供更广阔的舞台。

2.3.3 历史古镇的文化内涵及其特质吸引游客及市民前来,让他们实际体验那些与过去的生活十分相似的东西,人们可以漫步于青石板路看市井街巷,与街头巷尾的居民聊天打牌,住在特色的房子里,体验居然不同的生活方式和文化氛围。

3　周村发展休闲旅游产业案例研究

3.1　周村古镇发展条件

3.1.1　周村古镇历史悠久,源远流长

周村,春秋战国时期属齐国於陵邑,自古商业发达,明朝嘉靖年间已有"周村店"称谓,明末清初开始走向繁荣,与中国南方的佛山、景德镇、朱仙镇齐名,成为无水路相通的全国四大旱码头之一。1775 年,乾隆南巡时御赐周村为"天下第一村"。1904 年,周村正式被清政府批准开辟为商埠后,商业更加繁荣,成为辐射鲁中、跨江越河的著名商品集散地,被誉为"金周村"、"旱码头"。周村是我国近代资本主义经济萌芽的典型代表和古商业文明的发祥地之一。

3.1.2　中国活着的古商业街市博物馆群

周村古镇主要由大街、丝市街、银子市街等古街组成,至今仍在发挥其商业功能,被中国古建筑专家阮仪三教授誉为"中国活着的古商业街市博物馆群",以传统商业文化、建筑文化和民俗文化为资源特色,作为真实的文物建筑群落,是我国北方唯一保存的古城镇集群,也是鲁商文化兴起和发展的历史见证,旅游资源的文化稀缺性明显。至今许多老字号如泉祥、德生堂等金字招牌仍高高悬挂在古镇的街面上,保留完好的明清古建筑达 50000 余平方米,古迹众多、店铺林立、街区纵横,建筑风格迥异,为山东仅有、江北罕见。

3.1.3　独具地方特色的民风民俗

作为鲁中重镇,虽有很多风俗与全省乃至全国相似,但厚实的文化底蕴也形成了自己独具地方特色的民风、民俗。百货俱陈、五花八门、商贾云集的周村集市,走街串巷用喊叫声或通过敲击某些响器招揽顾客的小买卖人,周村花灯、民间扮玩、五音戏等民俗艺术深受人民群众喜爱,周村独有的古老珍稀的民间传统杂耍——芯子,下河滩上打铁花……周村古镇以其独特的商埠文化吸引了众多国内外游客。

3.2 现状问题分析

周村古镇旅游虽然在近几年有了长足的发展,但也存在很多制约其发展的"瓶颈"问题。

3.2.1 旅游商品类型单一,综合开发水平低。旅游市场局限于观光旅游,对旅游延伸产品的开发严重不足,对古镇文化内涵的挖掘不够。

3.2.2 周村古镇旅游配套建设不到位。很多地方由于资金投入不足,如停车场地、公共厕所、垃圾处理、通信设施、住宿和饮食卫生都存在不同程度的问题。周村特色小吃——丁家煮锅在景区仅有一家,规模小,且卫生条件、服务人员素质等都亟待提高。古镇东侧有周村区目前最好的酒店——嘉周宾馆,而其竟无法提供旅游团团队餐。

3.2.3 古镇居民社区参与不够。周村古镇是在旧城住址的基础上改建而成,商业化趋向将大街自然的居家生活和为本地百姓服务的商业形态逐步改成旅游商品经营,与古镇居民的生活正在脱离形成"两张皮",弱化了古镇富于人情趣味的世俗生活,古镇原住民大量外流,现多老弱住在其中,历史上的商贾云集、五行八作已难见其踪,现存的活着的商业街之誉名存实亡。

3.2.4 内容与主题在现实中脱节。周村古镇是古商业重镇,在明清时期、近代曾经辉煌发展,但是现在遗留下来的百年老字号、丝绸之乡等重要店面已经失去了曾经的价值,仅成为游客观赏的"历史遗迹"。

3.3 打造休闲之都的路径探讨

3.3.1 挖掘周村古镇历史人文内涵,打造特色休闲品牌。

发展周村古镇旅游,要深刻挖掘古镇历史文化内涵,保持古镇的历史原貌和当地居民的传统社会风尚、民间艺术,如开发和完善百年老字号(如闻名天下的"八大祥"、丝绸业老字号、医药老字号、工商业老字号、金融老字号、新中国成立前周村两大烟草公司等)、周村独特民风民俗游(如赏花灯、看芯子、听周姑子戏等)等。同时,不断创新深化主题产品,为游客提供丰富而深刻的精神和文化享受,增强旅游项目的参与性和体验性,将带有浓厚周村地方特色的自然人文遗产作为可持续发展的旅游资源,围绕行、游、住、食、购、娱六大要素,精心设计制作具有吸引力的旅游产品,如民俗体验、休闲娱乐、康体健身、生态观光、体验生活等,打造休闲之镇。

3.3.2 改善景区环境,提高旅游环境竞争力。

旅游环境竞争力是软竞争力和硬竞争力的合力。软竞争力主要指要挖掘古镇的历史文化并深化其内涵,它是提升城镇旅游竞争力的重要因素;而硬竞争力则指古镇的制度环境、基础设施等,它是形成旅游环境竞争力的重要物质条件。周村古镇经过历史的沧桑,积累了富有生命力的文化,形成一种与众不同的主题形象,是其他地区难以模仿和复制的,它们是提高旅游竞争力的重要手段。而古镇的制度环境、基础设施等会影响景区的效率,也会影响到游客对主题旅游城镇的形象评价,最终影响本地旅游业与其他地区旅游业之间的竞争结果。所以要注意旅游相关法律和政策的建设,营造良好的旅游环境优势来提升旅游竞争力。

3.3.3 提高古镇居民旅游服务意识,全面落实社区参与。

周村古镇内的人文历史、民风民俗、居民对游客的态度礼仪等都会影响游客对景区的印象,因而社区内的居民友好待客以及对旅游业持有正确积极的态度和认识是十分关键的。当地居民的好客程度越高,游客的满意度也随之上升。由于各种因素,社区不能真正参与旅游决策、旅游规划,但在制定旅游发展决策或进行旅游规划时,至少应该考虑当地社区居民的意见。其次,建立健全社区利益分配机制,通过各种形式让当地居民积极参与旅游业,分享旅游发展带来的利益。

3.3.4 市场定位准确,增强反应速度与能力。

古镇的旅游者是为了满足自己的精神文化需要而实施的一种高级消费,追求的是地域、民族的文化差异性。因此,周村古镇虽拥有特色的旅游资源,但比较单一,要形成持续的竞争力,除有鲜明的个性外,还要能够根据市场需求,不断地进行产品创新,做到很难模仿和复制,可比性较低,为个性增添新的形式和内涵,使游客建立消费偏好,并坚信该品牌所提供的最终利益是独特的和最佳的,才能长久吸引顾客的注意力,维持旅游竞争力。

3.3.5 开展合作,谋求共赢。

周村古镇旅游起步较晚,先天不足,因此多方合作、综合开发尤其重要。发挥政府管理能力,传播主题品牌和主题文化,引导和鼓励旅游投资者携手合作,通过媒体搭建信息平台,与其他的旅游景区、旅行社合作,实现双赢。

参考文献:

[1]严国泰.历史城镇旅游规划理论与实务[M].中国旅游出版社,2005.

[2]肯·罗伯茨,李昕(译).休闲产业[M].重庆大学出版社,2008.

［3］Edward Inskeep,张凌云(译).旅游规划——一种综合性的可持续的开发方法［M］.旅游教育出版社,2004.

［4］郭济生.大街——活着的千年古商城［Z］.周村:淄博市周村区,2002.

［5］黄玉理,何方永.社区参与与洛带古镇的可持续发展［J］.成都大学学报(自然科学版),2009(2).

［6］刘婷.云南民俗旅游的休闲化特征研究［J］.学术探索,2009(1).

博山区石马镇南沙井村乡村旅游发展策划

一、项目背景

（一）发展条件分析

1. 历史沿革

南沙井村位于山东省淄博市博山区石马镇，西与莱芜市接壤。据村中《于氏族谱》载："始祖讳明来，自明初由枣强迁居青州城。吾二世祖富业，自青州城再迁于孝妇乡盆泉社沙井庄。"又据《于氏祖宅墓碑》载："公讳达，字大道。青州益都巨族。父讳杰，娶王氏，生公于盆泉社沙井庄。"据此，明初（1368年）已建村。清康熙九年（1670年）《颜神镇志》、清乾隆十八年（1753年）《博山县志》，均载村名为"沙井"。相传，从前此处水源奇缺，后经乡人在淄河上游的沙滩上凿井得水，故取名为"大井"。又称为"沙井"。因该村位于"沙井"以南，遂命名为"南沙井"。

2. 区位分析

南沙井村位于石马镇五阳湖景区下游2公里处，距离博山城区20公里，距离淄博67公里，位于五阳湖生态旅游度假区外围。

3. 交通分析

（1）距离博山城区20公里，约30分钟车程，距离淄博67公里，滨博高速约一小时车程。

（2）距离莱芜市38公里，滨莱高速、205国道约五十分钟可到达。

（3）距离滨州132公里，滨博高速约两个小时可到达。

（4）距离潍坊183公里，济青高速约两个半小时可到达。

（5）距离济南125公里，济莱高速约两小时可到达。

4. 产业发展

南沙井村共有住户 359 户，1335 人。地处丘陵，耕地 892 亩。主产小麦、玉米。村中大力发展农林渔业，消除工业化发展所带来的环境污染。严格控制过度放牧，大力种植柏树，森林植被覆盖率达 90% 以上。

（二）核心诉求

1. 挖掘南沙井村自然文化资源，打造特色乡村体验产品。

2. 环境治理提升，实现改善民生，增强旅游吸引力双赢。

3. 借鉴成功案例，塑造特色民居度假品牌。

4. 探索村、民合作模式，建立新型农村旅游开发试点。

二、项目分析

（一）立足区域看乡村旅游发展趋势

1. 山东省乡村旅游发展契机

伴随着我国工业化和城市化进程的加快，回归自然、体味乡野的乡村旅游成为时下最具活力和发展潜力的旅游形式之一。旅游及相关产业也是推进"美丽乡村"建设，促进城乡统筹发展的有效途径，发展乡村旅游对于农村城镇化建设，促进一、三产业的融合意义重大。2014 年，我省实施乡村旅游发展战略，将乡村旅游作为旅游业发展的重点方向之一。

2. 淄博市乡村旅游发展态势

（1）淄博市乡村旅游发展概况

近年来，淄博市秉承"以旅强农、以农促旅、农旅结合、城乡互动、优势互补"的旅游新理念，以旅游强乡镇、旅游特色村、农业旅游示范点和星级农家乐创建为抓手，加强引导，科学规划，打造了一批多元乡村旅游综合体，使乡村旅游呈现蓬勃发展的良好态势，截至 2016 年 6 月，淄博市共创建 87 个国家级及省级农业旅游示范点、28 个省级旅游强乡镇、72 个省级旅游特色村、225 个星级农家乐，其中五星级 11 家、四星级 88 家、二星级 113 家，精品采摘园 36 个，开心农场 27 家。

（2）淄博市乡村旅游市场需求旺盛

随着区域旅游经济的发展，乡村旅游势不可挡，2017 年五一小长假，踏青、赏花、休闲、品民俗为游客假日首选。淄博市以博山池上片区、上瓦泉片区，淄川梦泉涌泉片区、淄川峨庄片区、沂源洋三峪片区、高青蓑衣樊片区、桓台马踏湖片区、临淄马莲台片区等八大连片发展区域为主的乡村旅游，为淄博旅游业的发展注入了新的动力,成效显著。节日期间,各农家乐生意火爆,部分上档次农家乐天天爆满,中郝峪、上小峰、朱南村、乐疃等乡村旅游点,一房难求。4月30日,在山东淄博南沙井、中郝峪、聂家峪等多个乡村旅游点共接待游客超10.5万人次。

(二)立足市场看乡村旅游发展前景

1. 山东省乡村旅游发展潜力巨大

良好的内部资源和外部资源,旺盛的市场需求,便捷的交通都预示着山东乡村旅游市场发展潜力巨大。

其一,市场需求旺盛:居住在城市的人们长期处于一种压抑的工作状态,产生了释放压力,调节生活节奏,回归自然的需求;

其二,假期为出游提供了时间:"清明"、"五一"、"端午"、"中秋"等2-3天小长假的假日安排,致使短途线路游客增加,乡村旅游异军突起,成为小长假最大的热门。

其三,交通便利:高速公路网的建设,为偏远乡村解决了交通通达性的问题。

其四,政策扶持:山东省一直大力扶持乡村经济发展的政策倾向,为乡村旅游发展创造了良好的环境。

2. 淄博及周边地区乡村旅游市场

乡村旅游已经成为淄博及周边地区居民度假的重要选择之一,以自驾游为主,人均消费在100-300元。产品选择方面,以自然风光、乡村田野及特色民俗的乡村成为游客选择的重点;出游目的多以放松身心、乡村休闲、民俗体验为主;出游同伴多以家人、朋友、同学及公司同事为主。

(三)立足资源看乡村旅游发展条件

1. 旅游资源

(1)山

金牛山:南沙井村的北边有座金牛山,是区级旅游景点,相传古时候有金牛出没而得名。虽然没有名山大川的险峻,也缺乏历史人文的积淀,这里却是五里三乡最值得光顾的地方,也是漂泊在外的游子最愿意向人提及的地方。顺河岸来到山脚下,沿山谷拾阶而上,一条未经开发的溶洞幽深而不见底,攀岩而上的古藤拱卫着洞口。半山腰人工修成的道路两头是各路神仙聚集的所在,两个高达1.7米的摩崖石刻在提示游者所踏上的是"云路"。穿过唤龙门到山顶,各种石刻牌坊、石碑林立;喷云潭中缺角的龙头因为非常时期遭受到破坏,虽然没有了当初喷云吐雾的神韵,但却引来了影视剧组的青睐。近年来随着道教人士的入住,香火气息逐渐浓烈起来。逢年节、庙会,也能呈现游人如织的景象。

山地资源主要以林地为主,种植柿子、山楂、核桃等经济作物。山脚处有梯田,种植蔬菜、桔梗、小麦等。

南坪山:在南沙井村南面有一座山,名为南坪。主峰海拔 649 米,系青石山,呈东西走向,逶迤连绵,群峰起伏达十几个山头,有重晶石矿。著名的南坪石城就坐落在该山主峰。石城建于何年代无从查考。此城围墙呈舟型,建筑在南坪山头,南北走向,下瞰挡阳山小寨,东靠悬崖,西临深渊,南北长二里许,东西宽半里,位址险要,易守难攻,大有"一夫当关,万夫莫开"之势。城里有石房三百余间,上下不见一砖一瓦,一灰一泥,全为干砌。石房高大宽敞,全为北屋,留有窗户,屋顶起脊,一般高四米左右,长六至八米,宽四至五米,墙体厚七十厘米左右,房里地面平整,有石桌、石凳、石炕,当年灶台里的灰烬还留有痕迹。这些石屋寨墙,虽经多年风雨剥蚀,但绝大部分完好。

这些山寨石屋,风格粗犷浑厚,虽不如当今的高楼大厦那样华美壮丽,但凝聚着祖先的智慧和文明,具有深厚的文化内涵。在改革开放,大力发展旅游业的今天,仍不失为有较高观赏价值和研究价值的人文景观。

(2)水

南沙井村濒临河道,政府通过实施九曲淄河湿地综合治理,对沿线乱搭乱建进行拆除,并对河道进行清淤疏浚、植树绿化,形成了沙井-盆泉 8 公里绿色长廊。

(3)农家

南沙井村共有农户 300 多户,新旧住宅参差不齐,需要整体提升,目前具有接待能力的农家乐较少。村里散布一些石板房,具有一定特色。

2. 产业资源

南沙井村旅游产业要素不完善,配套设施少(尚在建设中),接待能力不强,体验活动不够丰富,制约了该地旅游业的发展。

3. 周边竞争资源

立足博山区石马镇乡村旅游蓬勃发展的势头,重点选取池上镇乡村旅游发展较好的中郝峪村(十佳旅游特色村)、小峰村、花林、涌泉等五处旅游村与南沙井村做竞合分析。

通过对重点旅游村的重点分析,目前存在的普遍问题是:休闲少、品质低、品牌弱、缺管理。

南沙井村可借鉴的乡村发展经验有:

(1)打造主题品牌,形成特色吸引;

(2)开发多元产品,丰富休闲活动;

(3)创新经营模式;

(4)提升服务品质,完善基础设施。

4. SWOT 分析

机遇挑战 对策 优劣势	S(优势) 1. 原生态的淳朴风情 2. 自然的乡村风光	W(劣势) 1. 基础配套设施缺乏 2. 民房改造难度大 3. 资金投入不足
O(机遇)石马镇创建山东省旅游强镇	SO策略 1. 做好生态文章 2. 立足家庭,开发相关产品	WO策略 1. 借助政策,完善配套 2. 借助资本,规模开发 3. 引导市场,促进旅游消费
T(挑战) 1. 区域内资源同质化较高 2. 丧失旅游先发优势	ST策略 立足区域市场,主打生态品牌,发展乡村特色,差异化打造产品	WT策略 1. 避免产品单一 2. 保护先行适度开发 3. 增强旅游活动的体验性和可参与性

三、项目策划

1. 乡村旅游发展定位

依托乡村原真的自然环境和淳朴的乡村风情,通过环境整治、文化挖掘、服务提升、完善旅游基础配套设施,打造以淳朴自然的乡村风情为特色的旅游产品,树立区域乡村旅游品牌,构筑集"乡村生态休闲、民俗文化体验、家庭休闲度假、康体娱乐运动"等功能与一体的"一站式乡村生活体验地"。

2. 重点项目策划

(1)总体策划思路

如今,更多的都市人将回归田园当成了一个纯真的若即若离的梦想,只因原于生命最本真的需要——回归一种最简单、宁静、平和的生活状态:当个农民,种花种草种树种庄稼养家禽,日出而作,日落而息,面向田野,春暖花开。在这里,南沙井村帮您实现——都市人的乡村梦。

(2)重点项目策划

画卷一:沙井印象

在村子入口处利用天然的石材、树木、花草打造入口景观区。作为南沙井村的第一印象区,建议使用不规整的天然石材,配以松柏、银杏杨树、枫树等,形成四季有景的生态景观。

画卷二:七彩山林

依托村北主干道两侧的梯田和山林,建设以农作物和山林为主题的七彩梯田和七彩山林,该项目以"色彩"为主题,将整个村建设为四季花城式样,分春、夏、秋、冬四季主题花卉和山林休憩园区。

道路南侧河道滩涂地可分区域种植包括油菜花、薰衣草、太阳花、玫瑰花、郁金香、菊花、玉兰、梅花等品种,构建七彩田园。可在园区中建设万花坊,集鲜花生产、观赏、销售、插花艺术于一体,是植物生态的大汇合。让游客可以满足探新猎奇、装点生活、表达爱意的需要。

山上在现有树木的基础上广泛种植连翘、迎春、黄栌、银杏等不同季节呈现不同色彩的观赏林木和果树,兼具观赏和经济性效果。

画卷三:房前屋后

依托南沙井村清爽的乡野风光和老建筑,开办乡村旅舍,提供基本的乡村旅游住宿、农家餐饮项目,整改村庄内部的老屋,在房屋外部挂大小不一红色的灯笼,营造古朴氛围。具体设计:①对于村庄内部的一些老房屋,要进行整理,但是要不破坏原有的结构;②房屋的陈设要尽量复原,不可新旧掺杂在一起;③收集一些古旧的家具等反映地方特色的物件,安放在老屋内,方便游客参观;④在民宿中穿插设计一些乡村游戏(陀螺、沙包、空竹之类),丰富游客体验,使游客有原真的乡村度假体验。⑤设立标识牌,介绍老屋的历史等情况。同时游客可以进屋参观拍照,与老屋住客谈古论今。

画卷四：田间地头

借用村里农田栽培有机蔬菜、瓜果，以农作物种植、栽培、管护与收获为场景，提供各种主题乡村农庄旅游活动。打造一处集采摘、耕地、美食休闲体验功能于一体的乡村乐土。让都市人体会行走在乡间地头的耕种乐趣。

（1）建立无公害蔬菜基地

（2）当一回农庄主：通过土地认养方式，让游客体验田间农耕，品尝自己种的蔬菜、水果。享受劳动过程，享受劳动果实的喜悦。

（3）采摘园：以现有的果园为基础，游客可以在园中采摘中意的水果，可根据季节不同，举办特色采摘节。

（4）养殖以马、牛、羊、狗、猪、鸡、鸭、鹅等农家禽畜，可针对性地开展挤奶、制奶酪、奶茶等活动以及捡鸡蛋、放鸭子、好汉捉鹅等活动，依托良好生态环境，叠加观光、漫步、教育、休闲等旅游活动，配备必要的旅游基础与服务设施。

画卷五:绿色长廊

进一步对村前的河道进行综合治理和规划提升,进行"三化"建设,即河床湿地化、河坎生态化、两岸景观化,打造河道内流水清幽,河岸绿树成荫的景观效果,为村民和游客提供赏景、看花、乘凉、散步、休闲的好去处。

3. 服务配套系统策划

在村口处建设传统北方建筑风格的综合性游客服务中心,成为南沙井村入口第一印象区。

游客服务中心可建在村委对面,集接待、咨询、管理、销售、投诉等功能为一体,同时配置生态停车场。

售票处

旅游纪念品商店

生态停车场

齐国故都文化旅游发展刍议

摘　要：淄博市旅游局将淄博市旅游业界定为"南山、北水、东古、西商、中文化"。东古指的是位于淄博市东部的齐国故都——临淄。本文结合实际，从临淄的历史起源、现状以及存在问题分析，得出齐国故都进一步发展旅游的建议，希望能为临淄旅游的蓬勃发展作出贡献。

关键词：齐国故都、世界足球起源地、寻根祭祖

一、齐国故都概况

（一）临淄古镇历史悠久，源远流长

临淄位于山东省中部，属山东省淄博市下辖的区县之一，全区土地面积 668 平方公里，人口约 60.61 万人。临淄历史悠久，公元前 11 世纪，西周初年，周王朝封姜太公于齐地建立齐国，都治营丘，至秦始皇灭齐，形成了独具改革性、务实性、开放性和多元性等鲜明特色的文化，是中华民族传统文化的重要组成部分。

（二）临淄旅游资源丰富

悠久的历史，为临淄遗留了大量的文物古迹，现有中国重点文物保护单位两处，省级重点文物保护单位六处，1990 年后发掘的春秋车马坑，被国家列为全国十大考古发现之一。临淄作为齐国都城最具有代表性的标志是齐国故城遗址。齐国故城始建于公元前 9 世纪，经过几代国君扩建加固而成。故城城墙遗迹尚存，夯筑痕迹依稀可辨，有的地方高达五米。齐国故城历经 2000 多年，仍然是保存较好的中国东周时期的一座重要城市，地上地下浩繁的文物古迹堪称"宏大的博物馆"。1961 年被国务院第一批定为全国重点文物保护单位。齐国称霸春秋，争雄战国长达 1000 多年，其间涌现出许多明君贤相。生前，他们曾显赫于世，创造过传世业绩；死后，他们则长眠在这块土地上。仅临淄就有大小古墓 156 座。墓主

多为王侯、大臣、贵族及名士。"临淄墓群"十分壮观。1990年5月在新建济青高等级公路临淄段的路基时发现的大型殉车马坑,南北长30.8米,马与车呈东西向排列,马首向西,10辆战车32匹战马南北依次排放,井然有序,蔚为壮观。经考古鉴定系春秋中期,距今约2600多年,时代之早、规模之大、配饰之精美、保护之完好国内外罕见。

二、旅游的发展现状及存在的问题

(一)旅游资源利用受限制,人文旅游资源静态性多

齐文化是淄博市旅游资源的龙头资源,虽然齐国在历史上地位显赫,延续时间长,名人名事众多并遗留下了经历了2800多年风雨战乱洗礼的齐文化资源,有"地下博物馆"之称,文物价值高,大多有价值的东西都位于地下,地面景观少,造成观赏效果差。

齐文化旅游资源多是墓冢、遗址、文物,资源的文化内涵深厚,但多属于"有说头、有讲头,但没看头"的静态资源。

(二)文化创意能力的高低

文化产业的发展离不开技术的进步。文化产业要将无形的文化转化为具体的产品和服务提供给广大消费者,需要展示技术、制造技术和传播技术的支持。目前,临淄在这方面还有较大的欠缺。临淄缺少完备的文化产业研究机构及配套的转化能力,虽然有类似齐文化研究中心之类的机构,但其侧重点主要在于齐文化的研究,无法在应用层面形成强大的文化产业创意引擎。可以说在文化产业发展核心能力———创意能力方面的差距已成为制约临淄区域文化产业发展的瓶颈因素。

(三)城市性质的确定至关重要

临淄属于传统重工业区,齐鲁石化公司坐落境内,重点发展了化工、塑料、建材、纺织和机电等主导行业。而作为国家历史文化名城,城市建设无论在安排工业项目、城市布局、道路系统的规划,以至新建筑的安排上都必须明确主从关系,使各方面协调一致,不致破坏城市的统一性及完整性。

三、对策研究

(一)加强齐文化的研究保护,实现旅游资源增值

为保护好宝贵的历史文化遗产,临淄区贯彻"保护为主,抢救第一,合理利用,

加强管理"的方针。1994 年被国务院命名为国家历史文化名城,2004 年被国际足联确认为世界足球起源地。针对历史遗存多埋藏地下,通过博物馆等的假设,逐步实现由"地下博物馆"向"地上博物馆"的转变,搭建展示宣传齐文化的直观平台。"齐国故都"、"足球起源地"、"石化名城"、"省综合经济第一强区"、"园林城市"、"世界文化遗产预备名单城市"、"国家历史文化名城"等响亮的城市品牌资源为临淄文化产品镀了一层光鲜的金膜;这些资源增值优势大大提升了临淄文化产品的附加价值,有力地促进了临淄旅游业的发展。

(二)确立明确的战略目标,选择合适的发展模式

临淄区文化产业发展的战略目标可以分解成以下三个具体目标:1. 地位目标:文化强区,山东文化产业发展的区域增长极。2. 增长目标:支柱产业,特色产业。3. 功能目标:满足人民群众日益增长的文化需求,为经济社会发展提供支持。

区域战略目标的确定,为临淄文化产业发展指明了方向,但如何在文化产业发展道路上实现这一目标,则涉及区域文化产业发展的具体模式问题。文化需求大、文化资源丰富、产业要素优势明显是临淄发展文化产业的比较优势所在,在此条件基础上,立足临淄文化产业现状,依托良好的政策环境,落实文化产业发展战略目标,并综合考虑区域文化产业发展各种模式的优缺点,临淄文化产业发展模式可以确立为:以文化资源和产业要素为依托的需求导向型模式。

(三)以发展齐文化旅游为龙头,安排恰当的产业部署

聘请行业企业专家献计献策,打造齐文化旅游品牌。加大对旅游基础设施建设力度,对历史博物馆、古车馆等改造升级。结合国际齐文化旅游节,打造"寻根祭祖"、"世界足球起源地"两大品牌,加强旅游宣传促销,吸引大批来自韩国、泰国、马来西亚、台湾、香港等国家和地区的姜太公后裔到临淄寻根祭祖、观光旅游。通过科学规划、合理布局、积极引导,繁荣发展娱乐休闲文化产业。临淄依托齐文化旅游节举办了同一首歌、欢乐中国行等大型文艺演出,收效较好。

临淄要利用各种产业措施,完善和发展文化旅游业和文化产品制造业为代表的支柱产业,还要进一步培育文化主导产业发展,根据目前的情况,临淄文化产业内部各产业中具有主导产业潜质的包括:文博业、文化演艺业、出版发行业、网络服务业、会展业、广播影视业、体育业和特色产品业。要积极培育这些主导产业,充分发挥其引导、带动作用,促进整个区域文化产业的发展。

(四)规划合理的空间布局,落实有力的保障措施

根据临淄文化产业发展战略目标的要求,确定临淄文化产业发展空间分布呈

"一心两带"格局:依托市民中心工程,整合集聚城区现有文化产业主体,培育现代文化产业中心区;以齐文化创意产业园为核心引擎,辐射带动齐故城、齐王陵、太公湖、太公祠、齐都苑、齐鲁文化市场六大文化产业支撑点,着重打造齐文化产业带;以齐峰造纸产业园为核心引擎,整合齐鲁化工区、临淄经济开发区内文化企业,发展产业链经济,打造文化用品制造产业带。

明确政府定位,坚持市场导向,强化其在文化产业发展中的引导、管理职能,更多地通过经济、法律手段,调控文化产业发展,推动临淄文化产业取得新突破。加强临淄城市环境保护和基础设施建设工作,为文化产业提供良好的发展环境。做好文化、科技基础研究工作,加大文化创意、科研成果的产业转化力度。通过实施品牌战略,注重突出文化地域特色,打造临淄传统文化品牌,全面提升临淄文化产业的影响力和竞争力。

参考文献:

[1]李平,邵珊珊.非物质文化遗产原发地旅游开发探讨———以临淄蹴鞠开发为例[J].改革与战略,2010.

[2]王玉,张伟.比较优势理论视角下临淄文化产业发展研究[J].山东社会科学,2010(6).

[3]李佳,刘鹏翔,向乔玉.浅谈历史文化名城(古城)城市特色[J].文化与传播,2010.

[4]李秋香,李麦产.古都历史文化资源优势在发展文化产业过程中的转化研究——以开封为例[J],2010.

弘扬齐文化,助推淄博文化旅游融合发展研究

王书敬　郭　丽　梅振华*

新常态背景下,传统文化在培育和弘扬社会主义核心价值观中的作用愈加凸显。山东立足省情,大力弘扬齐鲁优秀文化传统,推进文化的创新与繁荣,努力实现由文化资源大省向文化强省的跨越,文化旅游业发展迅猛,"好客山东"的名片大气、响亮,良好的旅游品牌形象业已形成。位于鲁中地区的淄博,经济文化发展日新月异,淄博人以其开放的心态,实干的精神使这座历史文化名城焕发出新的生机与活力。淄博市明确提出"以走在前列为目标定位,着力建设工业强市、文化名城、生态淄博"的总体要求,特别是针对文化名城建设召开了多次文化旅游专题研讨会,大力发展文化旅游产业。发掘齐文化精髓,古为今用,促进淄博文化旅游事业融合发展,助推淄博建设成为经济协调发展、社会殷实和谐、生活充实高雅的生态环境城市。

一、文化旅游融合发展的必要性分析

1. 山东省文化旅游格局概况

山东省文化旅游格局大致可分为五大文化旅游区和四条文化旅游带的架构,即:位于淄博的齐文化旅游区、位于济宁的鲁文化旅游区、位于临沂的红色文化旅

---

* 王书敬,1971,男,淄博职业学院稷下研究院副院长,副教授。主要研究方向为齐文化研究,中国教育史研究。

郭丽,1966,女,淄博职业学院稷下研究院研究员,副教授。主要研究方向为齐文化研究,管理学。

梅振华,1983,女,淄博职业学院旅游管理系旅游教学部主任,讲师。主要研究方向为旅游管理。

游区、位于泰安的泰山文化旅游区和位于济南的泉城文化旅游区。四条文化旅游带意指山东境内的滨海文化旅游带、黄河文化旅游带、运河文化旅游带和齐长城文化旅游带。齐长城文化旅游带西起济南,东至青岛,包抬泰安、莱芜、淄博和潍坊等市地。齐文化旅游占据了"五区、四带"中的一区一带,足见齐文化旅游在山东文化旅游大格局中的重要位置,亦见淄博文化旅游在全省文化旅游事业中的分量。顺势而为,做大做强淄博文化旅游事业,可谓恰逢其时;同时,源远流长、历久弥新的齐文化也为淄博的文化旅游提供了深厚的历史积淀和强有力的文化资源支撑。

2. 淄博文化旅游的优势和短板

淄博是一座历史积淀醇厚、人文资源丰裕的城市。作为齐国故都,淄博的历史文化源远流长。自姜太公始封于齐到齐桓公在管仲的辅佐下"九和诸侯,一匡天下",再到齐威王、齐宣王、齐闵王时期最强于诸侯,威震天下,齐国以政治上的锐意革新精神、经济上的灵活开放政策、科技的发达与文化的昌盛而最强于诸侯。尤其是稷下学宫的创立更是思想解放、百家争鸣的缩影。凡此种种都推动着齐国历史的发展和社会的进步。强大的齐国雄居春秋五霸之首,位列战国七雄之一,以其霸业、王业彪炳史册。齐国是最有希望统一天下的,然而,鄙视儒生、否定文化、苛政严刑的西秦最终完成了天下大统,个中原委莫衷一是。然而齐国兴盛的经验和失败的教训不会也不应因齐国历史的结束而消弭,齐文化作为一笔丰厚的历史文化遗产,留给仍生活在这片热土上的齐之后人无尽的思考、启迪与借鉴。

作为老工业城市,淄博经济发达,工业门类齐全,工业化水平高,但不可否认现代服务业却一直是制约经济发展的短板。以旅游业为例,淄博诚然是旅游资源大市,是全国优秀旅游城市,是齐文化旅游的中心,然而我们还不能说淄博是旅游强市,我们更不能说淄博的齐文化旅游尽善尽美! 恰恰相反,我们认为淄博市的齐文化旅游还有很大的提升空间,还存在很多问题。从技术层面上,至少存在着"雅而不俗,死而不活,静而不动"等诸多弊端,困扰淄博"顺访地而非目的地,过境游而非深度游"的问题长期存在,旅游景区知名度低,"群峰无首","有坟头、有讲头、没看头"的尴尬境地未见明显改善。

3. 加强文化旅游融合研究,助推淄博文化旅游事业发展

深化齐文化研究工作,助力山东文化旅游事业的发展,需要相关的理论指导和实践探索,唯如此,才能更好地弘扬中华优秀传统文化,促进文化与旅游的融合。发掘齐文化精髓,古为今用,推陈出新,让更多的人了解淄博、走进淄博、热爱

淄博、奉献淄博,政府、企事业单位校责无旁贷,相关文化单位、旅游部门更是义不容辞。本课题拟在实际调研的基础上,结合旅游业"吃、住、行、游、购、娱"六要素,探索齐文化旅游融合发展的方式和途径,以期吸引更多的人关注淄博,提高城市的知名度与美誉度,助推淄博文化旅游事业的发展。

二、淄博齐文化旅游调查与数据分析

在淄博市社会科学重点课题研究项目"淄博市乡村旅游调查研究"①的基础上,课题组于 2015 – 2016 年对淄博市内外不同的受众群体(教师群体、学生群体、文化工作者等)进行了问卷调查和访谈。共发放问卷 2000 余份,回收有效问卷1358 份。对调查数据进行初步汇总整理,摘录有关齐文化普及状况及齐文化旅游发展等主要问题进行分析,结果如下:

1. 关于"淄博印象"

设置了以下选项:A. 淄博方言(747 人)B. 五音戏(174 人)C. 深厚的文化底蕴(457 人)D. 淄博人的热情好客(338 人)E. 高楼大厦(127 人)F. 淄博美食(379人)G. 其他(102 人)。图表显示如下:

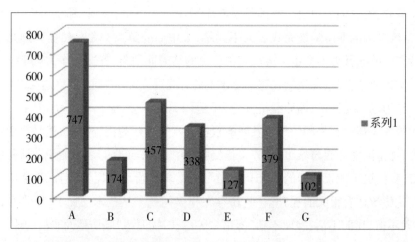

分析:淄博的方言令人印象最为深刻,其次是深厚的文化底蕴,对于淄博人的热情好客与高楼大厦也有较深刻的印象。可见历史悠久、富有特色的地域文化对社会受众富有吸引力,穿越时空、历久弥新的齐文化仍具有强大的影响力和生

---

① 淄博市社会科学重点课题研究项目,项目编号 ZBSK(2014)第 5 号,项目负责人:张爱民。课题组成员:王书敬、刘秀丽、阚玉丽等。

命力。

2. 关于对齐文化的了解程度

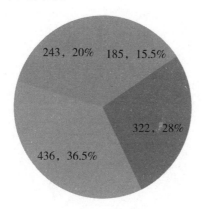

■非常了解 ■了解 ■一般 ■完全不了解

分析:近37%的受众对齐文化"有所了解",20%的人对齐文化"完全不了解",非常了解的人在15%,28%的人处于一般了解程度,足见齐文化普及的重要性和必要性。

3. 关于了解齐文化的途径。

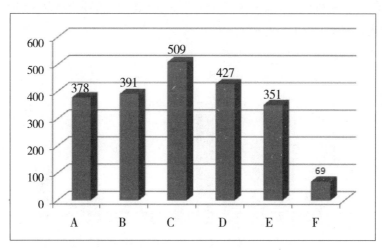

A. 相关的影视作品或文学作品　　B. 地缘优势,耳濡目染

C. 参观相关的旅游景点　D. 其他人的讲述　E. 上课　F. 其他

分析:受众了解齐文化的途径更多是通过参观相关的旅游景点以及听他人的讲述,应当说还停留在被动的"外部接收式",主动学习了解齐文化的动机和意愿

不足。同时也反映出齐文化普及形式较为单一,缺少有效的辐射力和影响力。

4. 关于淄博市"文化名城建设"

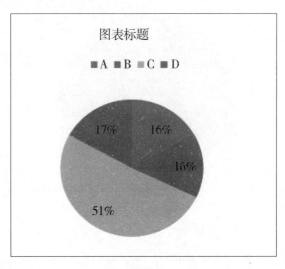

A. 文化强市 16.5% 　　 B. 文化大市 15.5%

C. 文化名城 51% 　　 D. 文化名市 17%

数据可见,对我市"文化名城建设"工作有较高的知晓率,说明新常态背景下人们比较关心党和政府发布的政策、举措,关注旅游事业的发展,意识到齐文化资源在文化名城建设中的核心地位与作用。

5. 关于淄博的非物质文化遗产

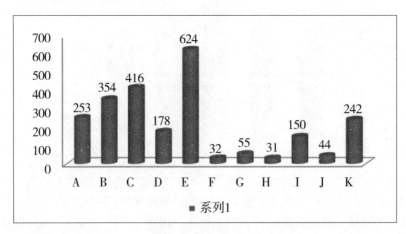

A. 孟姜女传说 253 　 B. 聊斋俚曲 354 　 C. 五音戏 416

D. 鲁班传说 178 　 E. 周村烧饼制作技艺 624 　 F. 鹧鸪戏 32

G. 祭孔大典 55　　H. 桃花坞年画 31　　I. 齐长城 150

J. 鲁派内画 44　　K. 琉璃烧制技艺 242

统计数据显示:关于淄博非物质文化遗产,受众知晓较多的为周村烧饼、聊斋俚曲、孟姜女传说以及五音戏、陶瓷琉璃等具有浓郁齐文化特色的项目。说明在大学生群体中普及齐文化,推动文化产业融合发展具有较好知识基础和文化优势。

6. 关于游览过的淄博古迹

A. 淄博市博物馆 517　　　　B. 中国古车博物馆 248

C. 齐国历史博物馆 498　　　D. 东周殉马坑 307

E. 蒲松龄故居 159　　　　　F. 周村烧饼博物馆 231

G. 管仲纪念馆馆 30　　　　　H. 齐长城遗址 32

I. 其他 32

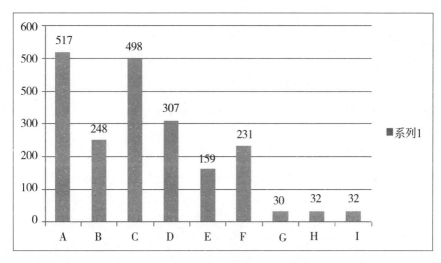

由参观人数可以分析得出淄博古迹的知名度高低,也间接反映了不同古迹景点对大学生群的吸引力。大多数人选择去往博物馆,选择单一的遗址景点的学生较少。由此得出启示:历史古迹应与时俱进,运用现代化的技术手段和市场化的运作模式,"出彩"、"出新",博取"眼球",赢得"点击率"。如果能视、听结合起来,利用虚拟仿真技术将"虚拟"与"现实"结合起来,让游客"穿越时空",能与古人对话,能让历史重演,定会大大吸引游客的关注。

7. 关于参观淄博历史文化古迹的目的

A. 观看展览文物,感受淄博悠久齐文化 666　　　B. 休闲旅游,放松心情 474

C. 对古迹建筑感兴趣 432　　　D. 对古迹不了解,想多了解一下 436

E. 研究鉴赏需要 108　　　F. 旅行社的安排 51

G. 其他 40

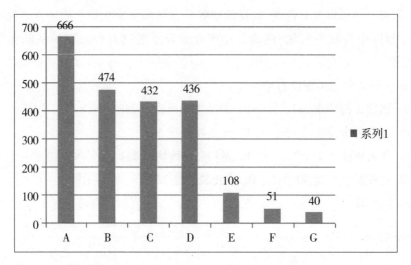

　　大多数人参观淄博历史文化古迹的目的是为了感受齐国文化,可见历久弥新的齐国文化对大众仍有较强吸引力。此外也有较多游客是为了放松心情而来,表明大众闲暇时间倾向于参观古迹的"文化旅游"意愿。

　　8. 关于齐文化古迹旅游的收获

　　A. 领略了独特的建筑艺术 607　　　B. 增长了自己的知识 680

　　C. 感受到了历史、艺术、文化的美 659　　　D. 没什么感受 145　　　E. 其他 45

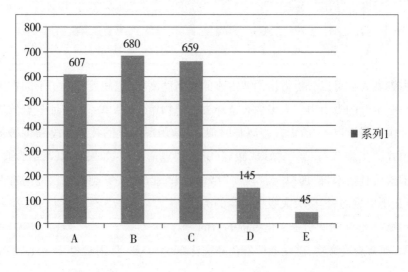

齐文化古迹旅游,使大多数人增长了见闻,受到齐文化的熏陶感染,体验到齐国古建筑所蕴涵的文化艺术美。

9. 关于齐文化传承

A. 与我无关,那是专家学者们的事 148

B. 这是中华民族文化中的瑰宝,我们需在传承的基础上发展 684

C. 齐文化有许多方面都与今天人们的生活密切相关,我们应该将先人的智慧运用到今人的身上 667

D. 要把齐文化传播到全国各地乃至世界各地 456

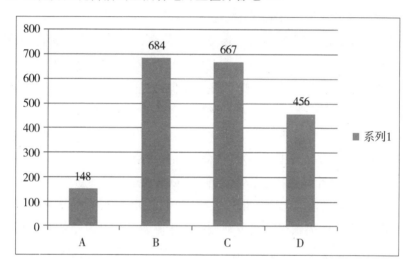

数据显示,绝大多数受众对齐文化的态度积极而正向,普遍认同齐文化是中华传统文化的重要组成部分,愿意承担起传播齐文化,古为今用、推陈出新的责任。这对新常态背景下齐文化的传承与创新,对于淄博文化名城建设无疑是最大的利好。

三、齐文化旅游融合发展的设想

1. 充分发掘齐文化旅游资源

淄博市旅游资源丰富,自然和人文景观荟萃,特色较为突出,尤其以丰富的历史遗留、名胜古迹和深厚文化底蕴蜚声于外。历久弥新的齐文化,特色鲜明的"孝文化"、"聊斋文化"、"商埠文化"等需要深入的挖掘整理和改造创新,避免文化元素的模糊和流失。齐文化旅游的整体文化品位也需要提高,对外宣传应凸显齐文化的精髓与核心,形成名片效应,避免模糊、摇摆。通过文化旅游,使游客感受和体验齐地的民俗节事特色休闲活动,感受淄博的人文、历史、民俗,达到景观悦目、活动健身、人文养心的境界,从而激发旅游激情,提高游客的重游率。具体说来,临淄的东周殉马坑和田齐王陵等景点品位高、价值大,优势比较明显,对国内外游客吸引力较强,适合开展观光、谒古、民俗及生态等文化旅游项目;陶瓷是淄博市的形象工业产品,中部的淄川适合开展城市工业文化旅游项目;以丝绸为代表的周村古商城适合发掘儒商文化旅游项目;沿孝妇河自南向北的赵执信、蒲松龄、王渔洋所蕴含的文化旅游资源更是不言而喻。这些文化旅游产品不受旅游淡旺季影响,在政府宏观政策支撑下,淄博市文化旅游具有巨大市场潜力。

2. 加强齐文化旅游产品融合力度

淄博市文化旅游资源多以墓冢、遗址、文物居多,大多有价值的都位于地下部分,文物价值虽高,但地面景观少,造成观赏效果差,对一般旅游者难以产生强吸引力。其结果是游客平均停留天数短、重游率低、数量增长缓慢、旅游规模效益低等一系列问题。对文化旅游产品进行重组、融合显得十分必要和迫切。

淄博市旅游资源整体可概括为"南山"(鲁山山区)、"北水"(马踏湖、大芦湖、艾李湖、黄河)、"东古"(齐国故都)、"西商"(周村古商城)、"中文"(蒲松龄故里)的空间结构特征,各个区域特色非常突出。可以考虑适当增加新型的文化产品以适应不同市场游客的需求。设想推出以文化和生态两大景观轴线为主干,辅以文化名人和城乡生态两大景观轴线为补充的文化旅游资源开发空间布局(图1)。四大景观轴线融汇了生态之旅、文化之旅、民俗之旅、名人之旅、乡村之旅、商贸会展之旅等多种旅游产品类型。

3. 重点打造节庆文化品牌

在文化旅游产品组合中,形成互补联动、合理有序的节庆旅游产品格局是大势所趋,而重点项目、拳头产品的精心打造和隆重推出则十分必要。以齐国历史文化为主的齐文化节理应成为齐文化旅游的王牌项目;以蒲松龄为主的聊斋文化节使得淄博旅游的文化品味得以空前的提升;以商埠文化为主的周村芯子扮玩活动凸显了齐文化"重商"、"重实"的精髓,复演了"冠带衣履天下"、国富民强万民同欢的历史盛况;以颜文姜为代表的传统孝文化节昭示了"崇德贤良乃良世根基,忠厚仁孝为做人根本"的中华古训等等。综之,让游客尽情体验节庆盛况的同时,重拾恢宏灿烂的齐国历史文化,将单纯的观光游延伸为深度的文化游、厚重的历史游、丰富的民俗游等。

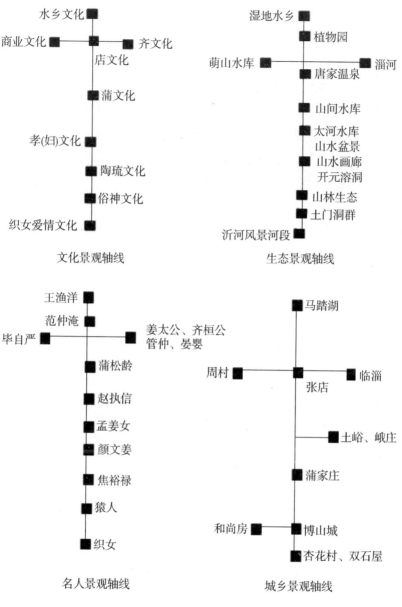

图1 淄博文化旅游资源布局

4. 努力提升文化旅游品位

提升齐文化旅游的品位,须将历史文化、农业生态观光、地域民俗风情体验三者全方位融合,促进文化旅游朝着更深层次迈进。首先,深入挖掘和探索旅游产品的历史文化底蕴,同步整合和推进历史文化产业与传统旅游产业,将齐文化、鲁商文化、陶琉文化、聊斋文化等蕴含的故事和历史实现多层次、立体化、全方位的展示。其次,注重保护、承扬农村地域特有的原生态文化,保护古村镇古村落,让游客充分感受清新、自然、绿色、宁静的乡村文化。第三,要深入挖掘具有现实意义的文化内涵,突出"淄博陶瓷·当代国窑"、"临淄古都·足球起源"、"现代淄博·文化名城"等现代化的"淄博元素",并以此吸引学生游学、摄影爱好者采风、都市休闲"慢生活"等活动,聚集人气、提升文化、扩大知名度与影响力。将工业生产技艺传承与文化保护、生态旅游相结合,走出被动的静态保护模式,"去存量,促增量",从而盘活文化遗产,创造更大的经济效益、文化效益和社会效益。

应对我国旅行社产品同质化问题的策略探讨

摘　要:我国旅行社产品同质化问题困扰旅游行业已久,带来了众多负面影响,如行业陷于长时间低水平的价格竞争,从业人员待遇低、流失严重等。本文试图从旅行社内外部分析旅行社产品同质化产生的原因,进而得出应对该问题的策略。

关键词:旅行社产品同质化、搭便车行为、柠檬市场

一、我国旅行社产品同质化现象分析

旅行社产品同质化是指其产品、服务趋同,尽管形式上有差别,但内容、品质、技术含量、使用价值相似,导致整个行业缺乏特色与创新动力,禁锢了行业的健康发展。旅行社产品同质化现象一方面导致行业价格竞争激烈,促使旅行社只关注产品成本和价格,忽视产品的性能和质量,另一方面,过度的价格竞争也降低了利润,影响了旅行社开发新产品的投入能力,创新的限制又加剧了旅行社行业产品同质化的程度……如此便形成了恶性循环,导致旅行社行业长期禁锢在低质量水平的产品同质化僵局中。

二、旅行社产品同质化导致因素研究

(一)旅行社内部原因

1. 缺乏创新的意识、动力和能力

从我国旅行社业的规模结构来看,中小规模旅行社占绝对多数,许多小旅行社处于发展无望而又能勉强支撑的境地,更关注短期利益,缺乏风险意识、战略意识和品牌意识。大型旅行社在经营中的优势未得到充分发挥,规模效益并不明显,未能平抑市场的混乱无序。一些大社内部普遍实行部门承包或变相部门承

包,实际上成为一些业务上相对独立的小旅行社的集合体,发挥不了应有的优势,难以形成规模经济。

由于旅行社之间的技术和营销方面的搭便车行为,众多旅行社都想搭其他旅行社的便车而不愿意投入成本去开发产品,被别人搭便车,致使很多旅行社失去产品创新的动力。旅行社产品开发创新需要财力、物力等支持,多数旅行社规模较小,缺乏产品开发创新的能力,没有长远的经营战略,是造成旅游市场中同质化产品大量淤积的根本原因。

2. 旅行社难以进行有效的产品推广

在我国的旅游市场上,报纸广告是旅游线路、旅游交通等产品信息传播的主要渠道,电视广告是旅游地形象宣传推广的重要表现形式,互联网是发展趋势,杂志是旅游企业形象和产品形象宣传的得力媒体。旅游宣传单、旅游企业宣传册、旅游产品介绍册、旅游交通工具上的流动广告、户外广告、旅游地图等一直停留在把文字和数字传达给客户的阶段,客户缺乏真实感受,很难留下具体印象。而旅游产品的高卷入性要求产品推广传播的高互动性,旅游产品的综合性要求产品推广信息高度的立体化,旅游产品产销的时空统一性要求产品推广表现形式的多元化,旅游消费的性质要求产品推广信息鲜明的个性化,旅游体验的异地性要求产品推广诉求丰富的多面性。

3. 旅游产品缺少个性,旅游服务标准有待完善

纵观目前旅行社产品的营销现状,各种媒体上发布的旅游广告均突出旅游线路及价格,几乎找不到推销服务的内容,产品的公共性表现得相当突出。旅游服务标准不完善,多数集中在旅游行程透明化程度,如景点及游览时间、购物点的数量及时间、用餐与住宿标准等,这只能使旅行社的竞争表现为低层次的价格竞争。

(二)旅行社外部原因

1. 旅行社产品复制性强,缺乏法律保障

旅行社产品缺乏诸如商标权、专利权等有效的法律保障,又无太多技术障碍可供保留和垄断。一条线路经过设计、采线、产品包装、广告推广、销售等环节,需花费旅行社大量的人力、财力,一些有开发能力的旅行社开发出某种能够迎合市场需求的新产品,众多旅行社便一哄而上,竞相模仿或参与经营,这在很大程度上削弱了有实力的旅行社向深度开发和促销产品的积极性。

2. 旅游信息不对称造成柠檬市场

旅行社产品属于经验品市场,旅游者需要体验后才能衡量产品质量,而道德

风险的存在降低了消费者对旅行社产品平均质量的预期。在交易过程中,旅游产品生产者比消费者拥有对商品更多的知识或信息,形成了一种卖方占有信息优势、买方处于信息劣势的不对称状态。在这种混乱无序的市场状态下,到处充斥着以次充好的产品,欺骗成风,个别旅游产品生产者可能利用对商品信息的优势对消费者进行欺诈,从而损害消费者的利益。这就产生了旅游投诉和旅游者对旅行社的不信任,导致了旅游者不愿意付出高价。旅游产品生产者为争夺市场,纷纷采取价格竞争,忽视产品质量,从而形成了"柠檬市场"。

3. 国内市场需求不成熟

在远程旅游和短途旅游并存的现实中,短途旅游是大量的;在新辟线路和传统线路并存的现实中,传统线路旅游是大量的;在多日游和一日游并存的现实中,一日游是大量的;在高档旅游和中低档旅游并存的现实中,中低档旅游是大量的……多数旅游者更多的关注价格和"去过没去过",而不十分关于产品质量,这就为质差价低的产品提供了市场,从而形成了恶性循环。

三、应对旅行社产品趋同现象的策略研究

(一)旅行社内部

1. 清晰的企业定位和发展思路,完善企业文化

旅行社需要清晰的企业定位和发展思路,达成消费者心智的认可,并不断完善企业文化,诚信经营,获得独特的市场地位。例如,大型旅行社通过实施品牌战略和规模化生产,降低成本,产生规模效益。中下型旅行社通过市场细分化,针对各自客户群的品位和需求,突出特色,树立自己的品牌,利用差异突破同质化的束缚。

2. 产品创新,服务为本

旅行社要把产品创新当作一项战略工作,包括产品和品牌的创新,从长期效益和规模效益上着眼。旅行社必须注意对新开发景点、新旅游信息有高度的敏感性,并进行快速合理的搜集整合,用最快的速度编制新线路,核算成本并进行包装、宣传,尽快投放市场进行销售,保持产品创新的连续性和风格一致性。

旅游线路虽不具有专利权,而旅行社的特色服务却具有鲜明的个性,是竞争对手很难模仿的。旅行社只要在主营业务方面进行深度开发,摆脱约定俗成的框架,在产品研发时,融入独特的服务设计与服务组合理念,使自身的产品具有个性和特色。

3. 多样的产品推广,有效的市场营销

旅游产品的推广必须结合情感号召与理性介绍,一方面利用人们求美求奇的

心理,制作能诱发旅游者旅游欲望的情感广告;另一方面,多渠道多途径地向旅游者提供理性的出游相关信息,帮助旅游者消除出行的疑虑和担忧,应对旅游过程中所遇到的一些问题,以丰富的多方面的信息进行广告宣传,从而更有效地推广旅游产品和旅游地形象。

旅行社的经营者要具有敏锐的洞察力,并建立一套集搜集、整合、策划、包装、宣传、销售为一体的新产品开发快速反应机制。一旦发现市场的盲点,有前途并且利润丰厚就得提前进入,以适应游客日益求新、求变的旅游消费需求。

(二)旅游行政管理部门

1. 健全旅游业的法规、规章及标准并监督实施,研究解决旅游市场运行中同质化问题,逐步完善旅游市场环境建设,限制不正当竞争行为、搭便车行为和信用缺失,保护旅游经营者的创新意识和能力,组织指导重要旅游产品的开发工作。

2. 培育和完善国内旅游市场,研究拟定发展国内旅游的战略措施并指导实施,监督、检查旅游市场秩序和服务质量。进行旅行社改制,产权清晰,建立现代企业制度,从而提高旅行社的创新求变能力。进行旅行社行业结构调整,关键是要发挥市场配置资源的基础性作用,促进优胜劣汰。

3. 理顺旅行社之间的关系,增强对市场需求的适应性和反应能力,形成一种既充分竞争又兼顾效率的行业组织,实现旅行社行业的可持续发展。改变长期以来制约旅行社行业发展的扁平式的分工体系,建立垂直分工体系。

中国旅行社企业面临越来越激烈的国际国内同行竞争,企业之间朴素模仿速度之快令人惊讶。走出旅行社产品同质化僵局不仅需要旅行社的努力,更需要相关行业、旅游行政管理部门、消费者的共同努力,从粗放、低端的运营模式转到集约、高水平、高价值的运营模式上。

参考文献:

[1]宋子千:旅游产品同质化及其成因分析[J]. 旅游学刊,2005.

[2]赵玉忠:电子商务环境下的客户关系管理[J]. 技术经济与管理研究,2006(4).

[3]吴昌南:中国旅行社产品差异化研究[M]. 上海财经大学出版社,2006.

[4]环球旅讯,旅行社如何突破同质化经营,http://www. traveldaily. cn/news/28626_14. html,2009 - 02 - 27

移动互联网背景下我国旅游产品创新研究

摘　要:通过对移动互联网的趋势和旅游业发展现状分析,提出二者的本质特征以及内在关系,进而提出旅游产品创新的思路。

关键词:移动互联网、旅游产品、创新

1　背　景

在移动互联网高速发展的时代背景下,旅游者的消费行为和消费习惯正在发生历史性变革,旅游生产行为也必须相应改变,旅游产品迫切需要创新转变。创新设计的核心理念在于"用户思维",彻底关注旅游者和旅游者的个性化需求并持续满足,思考其感受,进而做到无限贴近消费群体。

1.1　移动互联网趋势

当前我国移动互联网已经进入高速发展阶段,2012 年我国移动互联网相关产业收入超过了 9000 亿元,各种应用下载数量仅次于美国,位居全球第二。2013 年国务院印发的《关于促进信息消费扩大内需的若干意见》中提到将培育移动互联网等产业发展作为"稳增长、调结构、惠民生"的重要手段。《中国移动互联网发展报告(2014)》显示,截至 2014 年 1 月,我国移动互联网用户总数达 8.38 亿户,其中 3G 用户总数达 4.19 亿户;人均移动互联网接入流量达 165.1M,其中手机上网流量占比上升至 80.8%,手机成为我国网民第一大上网终端。移动互联网渗透进人们的工作、生活各个领域,改变着人们的生活方式和消费方式,已经成为国人生活中不可或缺的一部分。

1.2　旅游业发展现状

世界旅游组织研究表明,当一个国家人均国内生产总值达到 1000 美元时,观光游剧增;当人均 GDP 达到 2000 美元时,休闲游将快速发展;当人均 GDP 达到 3000 美元时,出现爆发性旅游需求,度假游猛增;当人均 GDP 超过 6000 美元,则意味着这个国家进入"旅游时代",旅游已经成为人们普遍的一种生活方式和基本权利。2012 年我国人均 GDP 达 6100 美元,我国居民的消费结构将呈现高级化、多元化、服务化、个性化趋势,旅游将成为人们的基本生活方式。旅游已经从大众旅游走向小众旅行,人们出游的目的地将从国内、东南亚等热门地区延伸到更加遥远的国度;出游方式也将从自由行过渡到深度自由行;出游的心态也渐渐从追求知名景点、走马观花似的看景变成更加关乎自己内心的感受。

1.3　移动互联网与旅游产品

我国国家旅游局把 2014 年定为中国智慧旅游年,以期不断提高旅游服务信息化、智能化水平。移动互联网正给人们的生活方式带来天翻地覆的变化,成为年轻人获取信息、选择旅游产品、互动体验、完成旅游消费、分享评价旅游经历的便捷渠道。旅游业者通过线上在线视频、音频、图片、文字展示个性化旅游产品,激发旅游动机;旅游者可以线上对来自全世界的旅游信息进行比较、选择,可以利用软件或平台根据自己的时间、金钱、爱好等定制旅游产品。通过线下体验、回归线上分享、评价自己的旅游经历,这些分享又会影响后来的信息搜寻者的选择与消费。随着移动互联网的广泛应用,旅游业的格局发生着变化,几乎所有的旅游产品都实现了在线销售,旅游信息资源获取的途径越来越容易。

我国移动互联网旅游发展迅速,在线旅游产业链上各个企业竞争开始发力。截至 2013 年 10 月,携程移动端酒店预订占比的峰值超过 40%,艺龙来自移动端的业务贡献率超过 25%。2014 年底,携程集团从营收规模看成为中国最大的旅游集团,首次超越任何传统旅游集团。同时,去哪儿、百度、阿里巴巴、腾讯以及无数的新兴创业公司争相进入,试图在旅游市场上分得一杯羹。

2 移动互联网与旅游产品本质特征分析

2.1 移动互联网本质特征

移动互联网作为一种工具,以快捷便利、信息对称透明、低成本运营、大众化等强大优势,利用移动开放平台、网络社交媒体、大数据挖掘、云计算等信息技术,整合信息资源,节省大量人力、物力、财力,有效提高旅游者、旅游企业效率,降低成本。通过线下服务转变为线上线下融合的经营模式,促进旅游产品转型、升级,促进满足市场需求的新产品的创新设计不断完善。同时,移动互联网大大缩短了人与人之间的空间、时间差,让信息更加畅快地流通,有效地提高了生产消费的信息对称性。

2.2 旅游产品本质特征

旅游产品的本质特征在于其综合性。旅游产品的组成既包括有形的物质产品,也包括无形的服务产品,其生产、消费涉及食住行游购娱各个部门与行业。旅游产品的组成也可大可小,可以是一个单项产品,可以是几项产品的组合,也可以是一个传统的全包价产品。旅游产品的综合性决定了其不容易被消费者广泛认知,旅游产品的认知过程需要媒介的有效宣传,而有效宣传就需要创新产品和了解用户需求。

2.3 旅游产品创新与移动互联网内在关系

移动互联网是现代旅游必不可少的营销工具,一方面,互联网宣传高效满足了旅游者的信息需求,增加了生产消费的信息对称性;另一方面,互联网大数据使得旅游企业深入用户,有针对性地了解其需求,专注于持续满足不断变化的旅游需求,同时增加自主化服务,不断推动旅游产品创新,提升旅游者的自主性和互动性。

3　旅游产品创新

移动互联网背景下的旅游产品最终落脚点仍是旅游产品本身,是以人为本的旅游服务。更好的线下的旅游产品、更好的服务体验是移动互联网时代旅游者追求的最终目的。旅游企业如何通过移动互联网展示旅游产品,激发旅游动机,并使之做出决策,是应该思索的问题。

3.1　用户思维,精确产品定位,树立品牌形象

持续的用户需求分析,跟上旅游者的节奏进行产品设计并不断更新。移动互联网为用户提供直接的信息筛选平台,旅游者能随时随地了解世界范围内的旅游资讯,比较不同代理商的产品特点及价格差异,因此思路清晰的产品定位尤为重要。是定位于满足消费升级的第一批人,立足高端消费,或是满足百姓需要,实现最高性价比,让消费者享受真正的实惠? 精确的产品定位更能充分发挥移动互联网大数据优势,树立企业品牌形象。

3.2　产品多元化、个性化,提供定制服务

深度游、主题游、休闲度假游等促使旅游产品多元化,除传统的包价线路产品外,酒店、景点门票、飞机票、火车票、租车、娱乐、餐饮等单一产品以及单品的任意组合将成为旅游产品多元化的新亮点。而单一产品的标准化日趋完善,精耕细作的产品将更受市场欢迎。

旅游产品借助移动互联网实现宣传推送符号的多元化,通过声音、文字、图片、视频、个性 APP 等实现与旅游者的互动,便于旅游者对品牌产品的认知与反馈,更好地把握消费者心理及对信息的直观感受,随时跟进旅游者的反馈信息,及时调整,迅速灵活地满足个性化需要。固化的旅游产品势必被便捷性的定制化智能服务产品所替代。

3.3　方便、快捷的信息传递,搭借平台唱戏

海量信息如何脱颖而出? 短期来看,对旅游企业而言,了解移动互联网的技术、产品、用户需要付出较大代价,可以依附中介平台,整合传统资源到线上,线上

资源渠道和线下门店无缝对接,建立与消费者的联系及定制化产品服务。长期来看,旅游产品品牌的移动在线直销势不可免。竞争和盈利空间的压缩会倒逼旅游企业加快自身在线直销或入住平台在线自主直销策略,直至做到目标客户和细分资源的直接对接,实现交易成本最小化。

3.4 构建旅游产业链,加速产业跨界融合

旅游产品创新须摆脱小、落、散、差的现状,加速资源整合,打造以旅游为特点的完整产业链,在产业的视角上寻求更广阔的发展视野。整合旅游业运行的内外部因素,以最优的方式满足消费者需求,进而形成产品的核心竞争力。围绕旅游业,跨界融合像房地产、文化产业等与旅游业直接或间接相关产业,不但能售卖与旅游相关的直接产品,也要把业外其他与旅游间接相关的优秀的产品纳入业内。

3.5 先进优质服务,高性能价格比,满足用户体验

旅游企业要解决产品服务短板,旅游产品设计要满足旅游前、旅游中、旅游后的客户需求。如传统的旅游线路多通过网站提供样式化旅游信息、关注线上预订和线下的旅游中实际体验,而今需要满足旅游前线路的查询、产品预订,旅游中的实际体验和线上互动,查看附近的景点、美食、购物点,旅游后分享、点评、实践经验体验等。即通过移动设备追踪消费者的整个旅程,为他们提供服务、客户支持以及旅途中其他预订服务。

先进优质的服务是吸引旅游者最重要的资源,资源的优势带来市场的优势,同时也意味着自主定价优势。移动互联网为旅游者提供了预定,方便快捷,但缺乏面对面的沟通,忽视了客户体验。旅游者更信任在线的互动分享,形成潜在客户群。

3.6 文化旅游

移动互联网用户是利用移动终端获得旅游资讯的用户,受教育程度偏高,喜爱休闲、个性化旅游。具有文化内涵的旅游产品可以从根本上改变旅游者的体验,会更受旅游者欢迎。

当然,移动互联网背景下旅游产品的创新离不开政府管控和法律法规完善,旅游消费也将逐渐走向新的时代,健康发展。

参考文献:

1. 人民日报/2013 年/10 月/31 日/第 014 版,专家预计,到 2020 年移动互联网直接信息消费将突破 2 万亿元——移动互联网政策密集出台.

2. 人民日报/2014 年/6 月/12 日/第 014 版,《中国移动互联网发展报告(2014)》蓝皮书今日发布,我国移动互联网用户总数达 8.38 亿户,全面移动互联时代来临.

3. 张广海、王新越."旅游化"概念的提出及其与"新四化"的关系.经济管理,2014(1):110-121.

4. 携程上线全球"当地玩乐"布局目的地旅游.亿欧网,2015.01.09.

5. 中华人民共和国工业和信息化部.2014 年 1 月份通信业经济运行情况[EB].中华人民共和国工业和信息化部,2014 年 03 月 03 日.

6. 李璐涵.在线旅游服务商业模式研究——以 Priceline 为例[D].中国科学技术大学,2014.

7. 信息化与网络化背景下的旅游发展与旅游教育,蔡虹、李云鹏。中国经济出版社,2013:13-16.

从《花儿与少年》第二季看现代旅游节目的特色

摘　要:在《花儿与少年》第一季获得超高收视率和良好口碑后,2015 年湖南卫视再次出击,推出了《花儿与少年》第二季,无独有偶,该节目一经播出,就受到了观众极高的关注度,首期收视率即排名同时段节目的首位。在本文中,从《花儿与少年》第二季这档节目出发,着重探讨现代旅游节目的特色,以期为同类型电视节目的制作提供一定的参考。

关键词:《花儿与少年》第二季、旅游节目、特色

《花儿与少年》第二季是湖南卫视在 2015 年推出的一档"明星旅游节目",该档节目延续了第一季的火爆,据资料显示,在 4 月 25 日第一期播出,就以 1.58 的收视率荣登同时段节目的首位,而在网络上,也掀起了对该节目讨论的热潮,以累计 25.4 亿人次的阅读量排名热门话题榜第三的位置。[1]一档旅游节目能得到越来越挑剔的受众的认可和欢迎是与它本身的特色分不开的,在本文中,以《花儿与少年》第二季这档节目本身出发,着重探讨现代旅游节目的特色,同时对现在旅游节目中存在的一些问题进行简单的分析,以期为制作同类型的电视节目提供一定的参考和借鉴。

一、从《花儿与少年》第二季看现代旅游节目的共性特征

想要更好地对现代旅游节目进行制作,首先要对其特性进行解读,在该部分,以《花儿与少年》第二季为例,对现在旅游节目的共性进行一定的分析:

（一）纪实性

与以往旅游节目不同,该档节目延续了第一季中的制作模式,邀请了七位嘉宾充当观众的导游、观众的眼睛,通过镜头,异国风情展现在大众的面前,让观众

不出家门就能将各国风景尽收眼底。节目中,多角度、无死角、全程的拍摄手法不仅将沿途的风景展现在大众面前,同时将嘉宾的生活状态、情感、价值取向等也原原本本地呈现给大众,这种最大限度地保持原汁原味,是节目本身的纪实属性得到了最大化的体现。

(二)冲突性

法国理论家曾经指出,作品中正是有冲突的存在才使作品更加有张力,人物的形象也会因为冲突而更加的形象,同时因为冲突达到了吸引观众的效果。[2]

俗话说"三个女人一台戏",何况《花儿与少年》第二季中,节目邀请了五位女明星嘉宾,相比于普通人,明星们的个性更为张扬,这就为在节目中出现冲突埋下了伏笔,当然,在节目中,冲突不断,在第一期中,由于暖气问题导致"导游"郑爽崩溃,第二期中,三姐宁静由于身体劳累与郑爽直面冲突等。这种通过冲突来提升节目吸引力的做法在当代旅游节目中较为常见,通过冲突的制造,使人物的性格得到了彰显,增加了节目的看点。

(三)趣味性

与以往旅游节目纯纪实不同,当代旅游节目更加强调节目的趣味性和内容的饱满性,以此来吸引受众的关注和喜爱。在《花儿与少年》第二季中,在第二期枕头大战中,第四期"正经夫妻举办婚礼"中,娱乐、幽默的同时,增加了节目本身的质感,使观众在趣味中感受异国风情。

二、从《花儿与少年》第二季看现代旅游节目的特色

《花儿与少年》第二季能够取得如此好的收视率,得到大众的喜爱和好评,除了与湖南台本身的品牌优势、第一季积攒下来的人气外,节目本身的特色也是其取得成功的重要砝码。

(一)原创性

相比于国外,国内旅游类节目起步较晚,以明星为"导游"进行纪实的旅游节目更是少见,这使得旅游类节目在全部节目中占有较少份额,而即便有一些旅游类节目,也因其制作水准、故事性弱等特点不为观众所喜爱,而《花儿与少年》第二季则是一档明星旅游真人秀节目,在节目中不仅可以领略异国风光,还可以欣赏明星们的"奇闻逸事",大大吸引了观众的注意力,需要强调的是,该档节目是湖南卫视自主原创节目,虽然之前有韩国旅游节目《花样姐姐》,但仔细对照,可以发现,两档节目在各个层面还是存在较大的差异。

（二）明星"零"接触

对于普通大众来说，"明星"遥不可及，一直处于"神坛"的位置，即便现在娱乐节目众多，但依然不能满足大众的好奇心和探知欲。而《花儿与少年》第二季延续了第一季中的制作模式，邀请了七位嘉宾参与节目的录制，霸气外露的大姐毛阿敏、优雅真性情的许晴、性格火爆的宁静、爽朗温暖的陈意涵、全能女汉子的郑爽、帅气呆萌的杨洋、男子气概的井柏然，七位明星的加盟，在节目中趣味与冲突不断，使这次在异国的穷游更加丰富多彩，同时观众在他们的相处中，在节目的展现中对艺人有了一个更加清晰的认识，艺人们的神秘面纱被揭开，还原本真，就如在节目中，老是与大家唱反调的三姐宁静所讲的那样，"害怕把自己不好的一面表现出来"，但是无死角的拍摄方式还是将三姐的火爆性格展露无遗，但同时也将她的真性情充分地展现。

（三）国外取景拍摄

与国内其他旅游类节目不同，《花儿与少年》第二季在投入成本中下足了功夫，除了动用多台摄像装备、航拍装备外，整个拍摄过程除了第一期准备出发前在国内拍摄外，大部分的镜头都在国外拍摄，从4月25日第一期播出，到目前为止，七人穷游团分别游历了英国的伦敦、剑桥、利物浦、凯西克等城市，通过游戏的设置，使观众跟随镜头在历史古迹、别样建筑中驻足浏览。当然，该档节目的这种制作方式在吸引观众眼球的同时，也吊足了观众的胃口。

（四）悬念性

悬念性的运用增加了整个节目的故事性，同时巧妙的设置悬念，使故事情节更加的饱满、丰富，这是当代旅游节目的一大特色，当前，越来越多的旅游节目将节目本身做成了故事片，除了运用各种技巧外，还巧设悬念，在《花儿与少年》第二季第一期节目中，导游郑爽为其他队员提供了一些旅游必备项目，"自备毛巾，洗澡拖鞋，住宿不提供"神经大条的三姐宁静在读的时候误以为是住宿的房间不提供，扬言不去，观众不仅会想，她真的不会去吗？去还是不去？接着由于自身身体的原因，担心在旅途中出现不适，咨询医生，医生也不建议自己去"冒险"，观众的心再次被提起，不会真的不去吧？一次又一次悬念的设置，使节目情节跌宕起伏，内容更加丰富。

（五）整合营销

《花儿与少年》第二季一经播出就引发了观众的热爱和追捧，与节目的整合营销有着密不可分的关系。之前的电视旅游节目只是通过电视媒体或纸质媒体进行一定的预告,而现代的旅游节目在正式播出之前就全方位地造势,增加观众对节目本身的好奇心,特别是现代网络媒体的发展,更是为现代旅游节目的营销提供了便利。在《花儿与少年》第二季未播出之前,节目组就召开了新闻发布会,将节目推介给大众,接着又通过微博、微信、网站贴吧等形式进行进一步地推广,同时通过参与嘉宾的"隐私"进行炒作,众所周知,《花儿与少年第一季》中导游是张翰,而第二季中导游则变成了郑爽,两人是前情侣关系,网络上针对这一"巧合"推断郑爽将缺席该档节目,并在网络上引发了对该事件的讨论。同时,在网络上不断播放一些节目的片段,引领观众去看、去猜,这无疑增加了观众对该档节目的期待。

(六)教育性

本文中所指的思想性主要是指通过节目中嘉宾对自己的反思,引发观众对自己的审视,现当代,生活节奏加快,人们将过多的精力投放到工作当中,在人际交往中善于"伪装",在《花儿与少年》第二季中,七位嘉宾除郑爽和井柏然之外,互不认识或者不熟悉,短时间内将她们凑到一起生活、结伴旅行,很多本真的自己在镜头下展露出来,引发思考,在节目第二期,宁静觉得走路太多,坐地铁太多而不停抱怨,甚至提出离队,郑爽上前劝阻,反被呛声,观众在看节目时不仅反观自己,在平时的工作、生活中是否也存在这样的思想?

(七)迎合了当代人的需求

现当代,随着经济的发展,人们生活、工作节奏加快,很少有时间或者精力"轻装上阵",进行一次旅行,或者说迫于生活的压力,没有去看看的勇气,但内心充满了对世界的向往,而该档节目正好迎合了这部分人的需求,将世界美景、历史古迹呈现在大众面前,满足了大众的心理和精神层面的需求,这是节目的特色,也是赢得观众青睐的一大要素。

三、从《花儿与少年》第二季看现代旅游节目存在的问题

现代旅游节目引入的先进的理念、高投入的制作成本使得节目本身丰富多样化,从而增加了节目的收视率和网络点击率,但是也存在一定的问题,必须引起重视:

(一)喧宾夺主失去了旅游节目本色

就《花儿与少年》第二季而言,该档节目邀请了七位影视界人士加盟录制,在节目录制过程中,过分地将镜头对准了明星们之间的事情,以人物为主线,让人物

带着你玩,但不少观众看了之后,真的觉得她们是自己在玩,而观众看的也是她们在玩的过程中发生的故事,自然景观、人文地理在该档节目中被弱化,就节目本身而言,在严格意义上来说,则就不能称之为真正的旅游节目,更像一档明星真人秀节目,旅游则处于其次的位置。

(二)过分炒作

炒作是现当代各种节目形式、影视作品通用的一种营销方式,通过炒作,扩大大众获知该信息的覆盖面,增加了大众对该节目或影视作品的好奇心和关注度,[3]不可否认,在一定的程度上,这种方式是没有问题的,但要掌握一定的度,过犹不及。在《花儿与少年》第二季中,节目组也运用了这种营销方式,一档旅游节目生生地给炒作成了一部情感大剧,这在一定程度上使观众的关注度出现了偏差,从而弱化了节目本身的旅游特色。

四、结语

本文中,以《花儿与少年第二季》这档节目为例,对现代旅游节目的特色进行了探讨,现代旅游节目之所以能取得高的关注度,得到观众的喜爱,与它本身的特色:原创性、明星"零"接触、国外取景拍摄、整合营销、教育性、迎合了当代人的需求等特性有着密不可分的关系,但同时,随着社会的发展,节目制作形式越来越多元化,同时为了一味地追求收视率,经济效益,在节目的制作过程中存在着把控不严、方向错位等问题,这些这些问题的存在弱化了旅游节目本身的特色,阻碍了节目的正常、健康的发展,必须引起重视,并应采取相应的措施进行改进,以推动节目的良性发展。

参考文献:

[1]新华娱乐.花少首播收视破十,杨洋带搓衣板陈意涵顶灯[DB/OL].2015年4月26日,http://news.xinhuanet.com/ent/2015-04/26/c_127734275.htm.

[2]朱光潜.西方美学史[M].人民文学出版社,1979:503.

[3]阮拥军,王勇.新形势下电视节目之创新——青春纪实版《士兵突击》的启示[J].现代视听,2012(8).

基于在线网站调查的旅游产品开发研究

——以西安市为例

摘　要：通过选取黄金周和普通日子对五个代表性在线旅游网站中西安市景点门票类单品以及跟团游、个人自由行、当地玩乐三种组合旅游产品的文本和数据内容分析，提出丰富主题类景点种类、数量，着力短途游、自由行；完善在线产品一站式服务，打造旅游者完美体验以及目的地生活视角下创新在线旅游产品开发，生活让旅游更真实三个开发建议。

关键词：在线旅游产品开发、网站、西安市、生活

1　引　言

旅游产品开发研究一直是学术界的研究热点问题。科学的旅游产品开发可以持续满足不断变化的消费者需求，从而获得良好的经济效益、社会效益和环境效益。我国学者对旅游产品的开发研究主要从以下几个角度：一是基于市场导向、游客感知、体验经济、产品层次理论、产业融合视角、非物质文化遗产保护、地域产业以及各种技术方法的研究；二是针对各种主题的产品开发研究：深度游、自驾游、文化游、乡村游、蜜月游、休闲养生、会议、节庆等；三是针对不同消费群体的研究：青少年、大学生、老年、亲子、女性等；四是针对不同地域、不同景点的开发研究。以上学术研究大多集中在线下旅游产品开发，而目前我国在线旅游市场高速发展，易观智库数据检测显示：2014 年中国在线旅游市场交易规模达 2798.2 亿元，增长率为 28.3%。我国在线旅游产品开发研究寥寥无几，与快速发展的在线旅游不相匹配。

2 研究思路和研究方法

2.1 研究思路

笔者浏览选取了我国在线旅游具有显著代表性和广泛影响力的 5 个网站进行研究:携程旅行、去哪儿、阿里旅行·去啊、同程旅游和途牛网。易观智库数据检测显示,占中国在线旅游市场交易额前三位的携程旅行(36%)、去哪儿(22.5%)、阿里旅行·去啊(12.4%)三家企业占据中国在线旅游市场 70.9% 的市场份额。同程旅游是中国领先的休闲旅游预订平台,拥有国内齐全的旅游产品线。途牛网是全国知名的在线旅游预订平台,提供 8 万余种旅游产品供消费者选择,涵盖跟团、自助、自驾、邮轮、酒店、签证、景区门票以及公司旅游等。[1]

考虑到旅游产品在不同时间节点的差异性,本文选取了清明假期与五一假期之间的黄金时间段 2015 年 4 月 20 日至 25 日以及普通时间段 2015 年 8 月 1 日至 5 日做差异性对比分析,以期更全面真实地反映出在线旅游产品现状。以西安世界历史文化名城作为目的地城市,考虑西安历史悠久,包括西汉、唐在内的 13 个王朝在此建都,是古代丝绸之路起点,也是通往我国西北、西南的门户城市和重要交通枢纽,北临渭河,南依秦岭,八水环绕,自然景观优美。[2]西安丰富的自然、文化旅游资源吸引了众多旅游企业、旅游者,这些都为本研究提供了良好的研究基础。

2.2 研究方法

主要采用内容分析和定量分析结合法。鉴于互联网对旅游信息的重要性,国内外许多学者对旅游网站进行了内容分析。国外学者针对旅游网站运用内容分析法,大部分集中于旅游形象研究(Andsager JL 和 Drzewiecka J A,2002;Govers R,2003;Stepchenkova S 和 Morrison A M,2006;Soojin Choi,Xinran YLehto 和 Alastair M Morrison,2007)。[3-6]国内也有许多学者采用了内容分析法研究旅游网站。在中国知网数据库中,以"内容分析 + 旅游网站"、"内容分析 + 旅游 + 网络"为篇名或关键词进行检索,共获得 1997 年至 2015 年有关研究文献 139 篇,剔除重复及无效数据后,有效文献共 52 篇,内容涉及旅游需求及行为研究、网络营销功能及效果、网站资讯及绩效评估研究、目的地形象研究等。内容分析法已经越来越广泛地应用于旅游网站研究。[7-8]但内容分析法中数据的收集、分析及解释可能会受到研究者偏向的潜在影响,因此辅以定量分析法,意图将偏差降到最小,加强研究效果。

　　笔者通过不同时间段的五大在线平台实时旅游产品供给量、消费者购买量、供给和消费热点产品类别,分析在线旅游产品开发现状及问题,预测其发展趋势,从而得出在线旅游产品开发思路。

3　在线旅游产品现状及问题调查分析——以西安市为例

　　目前在线平台提供的产品纷繁多样,各家平台分门别类标准也不尽相同。归纳起来大致包括景点门票、住宿(酒店、客栈民宿、公寓)、交通(火车票、汽车票、飞机票等)等单项旅游产品和组合旅游产品(国内游、国际游、自由行、跟团游、当地玩乐、周末游、自驾游、包团定制等)两大类。本文选取代表性的景点门票类单品以及跟团游、个人自由行、当地玩乐三种组合旅游产品为例进行分析。

3.1　景点门票现状及问题分析

　　景点门票、酒店、飞机票、火车票、租车、娱乐、餐饮等单一产品标准化相对较高,组合灵活性强,在线销售相对容易实现。以景点门票单项旅游产品为例分析,统计数据搜索"景点门票",不包括"住宿 + 景点"、"交通 + 景点"等打包、捆绑销售的产品。在统计的五个网站中,阿里旅行·去啊和途牛网不提供销量和门票团购。

3.1.1　门票产品数量少、种类亟待丰富

　　携程旅行、去哪儿、阿里旅行·去啊、途牛网和同程旅游可在线预订景点门票数量分别为 73 个、338 个、58 个、20 个和 72 个;携程旅行、去哪儿、同程旅游可在线团购景点门票数量分别为 190 个、70 个和 1 个。4 月份正值西安旅游旺季,且统计时间段在清明和五一小长假之间,如此少的在线景区提供量是难以满足市场需要的。在线销量前五位的 15 个景点中,知名景点如兵马俑、大唐芙蓉园、华清池、碑林、陕西历史博物馆等占绝对优势。一方面反映出知名景区是传统垄断性资源,拥有较好的线上营销,是西安市的特色资源不可替代;另一方面也可以看出西安旅游产品种类以传统的人文景点为主,既有创新又受市场欢迎的自然、休闲类

景点少之又少,有待进一步开发挖掘。

3.1.2 竞争陷入价格战,重销售、轻服务

同程1元体验券使相对冷门的半坡遗址销量猛增。各在线网站纷纷利用价格战挤占市场份额,部分不知名景区乘机提高知名度。价格在多数景点产品销售中仍是重要甚至决定性因素,同时也可以看出旅游景点开发仍然主要靠门票作为收入来源,高昂的景区门票会形成消费壁垒,阻挡许多消费者的脚步。在线产品竞争聚焦在销售前阶段,缺乏售中、售后的全过程服务,忽视旅游者体验。吸引用户还要留住用户,培养忠诚消费者才是当务之急。

3.1.3 主题类景点成为消费新风尚

在表中列出的团购销量前十位的21个景点中,知名景点占24%(华清池、秦陵地宫、明城墙、碑林博物馆、骊山);休闲主题类占据了76%,其中温泉占据了6位(华清爱琴海温泉、新大地温泉度假村重复出现2次、华清池温泉足浴套票、天潭温泉、渭水汤苑温泉),娱乐表演占据了3位(大唐芙蓉园演出、小雁塔雁园皮影戏、高家大院+皮影/线偶),宗教祈福占据了2位(财神庙、延生观),曲江海洋极地公园占据了2位,休闲生活占据了2位(华尚桌球会所、快乐宝贝儿童城),森林公园占据了1位(牛背梁国家森林公园)。这反映以温泉养生、娱乐表演、宗教祈福、休闲生活等为主题的景点已经成为团购消费新风尚。这也给知名景点敲响了警钟,景点的稀缺性和不可替代性只会带来一次性客人,仅靠门票消费只是赚了有限的门票收入,不尽快转变景点盈利模式,缺乏创新意识将会逐步丧失景点的吸引力。

3.1.4 目的地生活化趋势

携程旅行前十位中出现2位与当地居民生活密切相关的项目:华尚桌球会所和快乐宝贝儿童城。这反映出旅游景点生活化趋势,传统意义上不可称之为"景点"的景点出现,旅游与生活的界限已经不再泾渭分明,旅游正与当地生活发生越来越紧密的关系,目的地生活化的"景点"产品亟待进一步挖掘。

3.2 组合旅游产品现状及问题分析

各平台组合旅游产品涉及种类庞杂,携程旅行分为周末游、跟团游、自由行、酒店+景点、当地玩乐、包团定制、游学、企业会奖、顶级游、爱玩户外、特卖汇、团购等;去哪儿分为周边游、特价、机酒自由行、团购等;阿里旅行·去啊分为旅游线路和当地游;途牛网分为跟团游、自助游、自驾、特卖、牛人专线、公司游等;同程旅

游分为周边游、国内游、出境游、团购等。由于本文以西安为例,不涉及出境游,研究对象按产品组合形式并结合地域情况选取跟团游、个人自由行、当地玩乐三种类型,时间设置一日游、二日游、三日游、四日游、五日游、六日游、七日及以上游,地点设置北京出发,目的地西安,包括北京到西安跟团游、个人自由行和西安当地游。同一网站的产品投入市场时间段大致相同,因此提供产品个数和销量具有可比性。同程旅游无法精确搜集一日游、二日游等数据,去哪儿和途牛网不提供销量,因此剔除获得本文研究的有效数据。

3.2.1 跟团游产品以短途游为主,难以逃脱价格竞争局面

在线网站提供的跟团游产品时间涵盖一日至十几日都有,产品种类随出游时间变长大致呈下降趋势。携程旅行提供的一日游、二日游、三日游的短途游产品数量占比72%,销量占比93%;去哪儿提供的短途游产品数量占比74%;阿里旅行·去啊提供的短途游产品数量占比64%,销量占比99%;途牛网提供的短途游产品数量占比65%。短途游产品个数及销量占绝对优势。然而在线短途跟团游产品没有跳出传统旅行社团队游产品的范畴,线路的制定套用、照搬或者直接是售卖线下旅行社的产品,依靠价格透明与线下旅行社做销售前的价格竞争,在线产品却不具备销售中、销售后的便捷服务优势。

3.2.2 个人自由行产品供给不足,未得到应有重视

与跟团游不同的是,各在线平台提供的个人自由行散客旅游产品数量均明显少于跟团游。然而个人自由行市场潜力巨大,据国家旅游局公开数据显示:2014年由旅行社组织的国内游占全年国内出游人数的3.6%,这意味着超过96%的国内游客没有跟团游。携程旅游联合中国旅游研究院发布的《中国自由行发展报告(2012-2013)》中,西安是十大自由行境内目的地之一。个人自由行产品需求如此旺盛与供给明显之少是突出矛盾,西安自由行市场亟须得到商家重视。个人自由行一日游、二日游、三日游的短途游产品数量较少。随着假日旅游消费观念日益成熟,短途游搭配自由行产品数量与种类皆需完善。

3.2.3 当地游乐产品以一日游为主,难以体验真实的当地生活

携程旅行"当地玩乐"半日游/一日游产品占比39%,去哪儿"当地人"市区观光/一日游产品占比81%,阿里旅行·去啊"当地游"中一日游产品占比41%,一日游产品仍然占据供给优势,购买量却很少。当地玩乐是想让旅游者像当地人一样去体验一座城市,真实地融入当地生活,像真正的当地人那样,用最少的花费获得最大的体验满足,而不是到目的地去参加个一日游、走马观花。携程旅行"当地

玩乐"推出了众多与本地生活服务连通的在线产品,如 SPA/温泉、美食/夜生活、课程/体验、农家乐园等,这些产品呈现平铺的零落碎片化景象,主次不明、种类不全、缺少城市特色玩乐产品,不能直观地表达出最方便、最实惠、最特色、最简单的产品,无法让旅游者体会到一站式服务的方便快捷。

3.2.4 在线旅游产品与线下产品区别不大,缺乏针对性的产品开发

目前的在线产品多为线下旅行社产品的"集体搬家",只是将产品销售渠道移到线上,且不具备线下旅行社的面对面沟通、旅游全过程服务的优势。在线旅游产品消费者与传统旅游消费者群体有较大区别,消费需求有较大不同,产品却千人一面,只能靠彼此间的价格竞争吸引消费者。

4 结 论

4.1 丰富主题类景点种类、数量,着力短途游、自由行

景点等单品作为旅游最基本的构成元素,在线种类与数量亟须完善。首先旅游企业需转变线下、线上观念,销售与服务线上、线下双管齐下,充分利用在线传播的优势。知名度高的景点全部上线并做好线上线下美誉度;知名度低的产品通过价格杠杆或与知名景点捆绑等多种途径迅速提高知名度;所有已开发景点须加快向在线渗透的脚步,以期借助在线平台找到新的发展机遇。同时,线上线下都须积极挖掘和创新适应消费者需求的新型旅游单品并不断更新换代,才能增加吸引力和回头客。数据显示:温泉养生、娱乐表演、宗教祈福等主题产品以及与当地生活密切结合的休闲主题生活类产品是供给者应该考虑的方向。只有在线单品数量和种类丰富了,在线旅游才能制造出无限可能性。

随着旅游消费升级和在线消费者的崛起,富有个性化、灵活性的个人自由行产品是未来发展趋势。旅游者可根据自己闲暇时间、兴趣爱好以及个人经济情况自由选择希望游览的地点、入住的酒店以及出行的日期。在线旅游产品中,个人自由行种类屈指可数,产品缺乏新意,简单的"机票＋酒店"产品不能满足以度假和休闲为主要目的的消费需求,消费者更需要能提供签证、门票、租车、一日游、当地顾问及特色体验项目等一站式服务体系。前文中总结出受闲暇时间、距离、花费等因素的影响,富有生活气息、可选择性又大的短途游成为市场热点,在跟团游、

当地玩乐中,短途游已经明显占有优势,因此,个人自由行搭配短途游,面向市场运作短途自由行是当务之急。

4.2 完善在线产品一站式服务,打造旅游者完美体验

完整的在线旅游产品包括其售前、售中和售后三个阶段。目前,多数在线旅游企业将目光集中在售前。受限于我国消费阶段和旅游市场产品开发现状,在线销售的产品同质化严重,在线企业的竞争就变成了如火如荼的价格竞争:"1元门票"、打折返现、返红包、团购、节日特价等竞争战术使得价低的在线产品获得了更多的流量和暂时性胜利,消费者也得到实惠。然而依赖于低廉的价格取胜不是长久之计。旅游是服务性行业,旅游者的完美体验才是最终目的。与其拼价格,受限于成本导致服务下降、质量不好招致投诉,丧失消费者信赖,不如重新审视在线产品的每个环节。如在售前开发实用手机客户产品,使在线旅游产品更加便捷地直通用户;售中统筹协调目的地的餐饮、服务、娱乐、住宿、购物等各相辅相成产业,提供精细化服务,满足用户一站式需求;售后回访及处理意见和投诉。在产品的完整性上做出品牌和口碑,从而提高用户黏性,培养忠诚用户,实现可持续发展。

4.3 目的地生活视角下创新在线旅游产品开发,生活让旅游更真实

旅游者尤其是青年、高学历、中高收入旅游者通过互联网轻松便捷获得需要的产品和服务正成为一种时尚和消费习惯。生活让旅游更真实,更具有特色和吸引力。基于目的地生活的视角去开发旅游产品,旅游中体现生活,推出"接地气"、与目的地生活日益多角度融合的在线产品,体现出对生活品质的追求。

4.3.1 单品开发

在线旅游平台已经开始寻觅目的地玩乐产品,诸多带有目的地生活休闲元素的单品也成为旅游者向往的产品。公寓短租、拼车、接机、签证、当地顾问等单品切入在线旅游市场,旅游单品用生活的视角开发得更加丰富、完善和深入。与旅游直接相关、间接联系、为旅游服务、创造美好生活的产品都是开发所在。

4.3.2 组合产品开发

社交化、生活化的各种新旧产品自由组合设计将成为新的设计思路,"景区 + 酒店"的打包式销售模式已经盛行。餐饮、住宿、交通、景点、导游、购物、文娱活动以及当地休闲生活等都可以单独设计或自由灵活组合,如"景点 + 交通"、"景点 +

住宿"、"景点＋景点"、"景点＋休闲生活服务"、"酒店＋机票"、"文娱活动＋景点
＋住宿"……组合旅游产品开发要加强对目的地资源的整合能力,在产品研发及
组合方式上创新出满足消费者个性化需要的产品。笔者根据吃、住、行、游、购、娱
六要素结合休闲生活和导游服务构想了生活化组合产品开发示意图(见图1)。
图中的交通、景点、住宿、导游服务、购物、娱乐、餐饮和休闲生活八个因素,任意一
个、两个或多个都可以组合在一起,开发出新的生活化旅游产品。

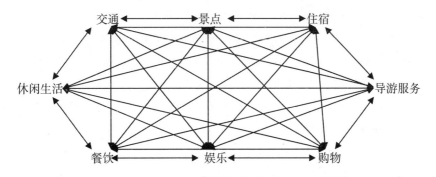

图1　生活化组合产品开发示意图

4.3.3　生活化创新旅游产品开发

旅游融入目的地生活,打破旅游与生活的界限划分,回归本源,旅游本就是人
们的生活方式之一,用生活的视角审视旅游、生活基础上开发旅游产品,而不是就
旅游谈生活,就旅游而开发产品。

景点、住宿等单项旅游产品已经日益趋向生活化,组合旅游产品要具有不可
替代的吸引力,生活化是其开发创新之路。用生活的眼光和视角去研究、开发、设
计旅游产品,开发闲暇时间内存在的一切社会资源,并将其转化为产品,或与旅游
产品捆绑,或为旅游产品服务,或直接变成旅游产品本身,将会丰富产品种类和数
量,增加产品深度和特色,形成区域旅游产品不可替代的吸引力。从而满足个性
化、多样化的市场需求,加深旅游者体验,提高旅游及生活质量。

参考文献:

[1]广证恒生咨询.在线旅游系列研究第一篇:途牛,国内领先的在线度假预
订平台.(2014 - 04 - 11).[2015 - 04 - 25].http://finance.qq.com/a/20140411/
006635.htm.

[2]市统计局.西安概况.(2015 - 03 - 20).[2015 - 04 - 25].http://

www. xa. gov. cn/ptl/def/def/index_1121_6774_ci_trid_1111932. html.

[3]Andsager JL,Drzewiecka J A. Desirability of differences in destinations [J]. Annals of Tourism Research,2002,29(2):401 - 421.

[4]Govers R. Go F M D econstructing destination image in the information age [J]. Information Technology & Tourism,2003,6(2):13 - 29.

[5]Stepchenkova S,Morrison A M. The destination image of Russia:from the on line induced perspective[J]. Tourism Management,2006,27(5):943 - 956.

[6]Soojin Choi,Xinran YLehto,Alastair M Morrison. Destination image representation on the web:content analysis of Macau travel related websites[J]. Tourism Management,2007,28(1):118 - 129.

[7]赵振斌,党娇. 基于网络文本内容分析的太白山背包旅游行为研究[J]. 人文地理,2011,26(1):134 - 139.

[8]杨芸,杨晓霞. 内容分析法在我国旅游学研究中的应用及述评[J]. 西南农业大学学报(社会科学版),2012,10(4):6 - 12.

[9]马卫,周辉,苏炜,李俊楼. 移动互联网时代无线旅游发展研究[J]. 电子商务,2015(1):34 - 48.

[10]中国在线旅游市场发展趋势白皮书研究课题组. 中国在线旅游市场发展趋势白皮书(2012～2015)[R]. 2012:1 - 30.

住宿"、"景点＋景点"、"景点＋休闲生活服务"、"酒店＋机票"、"文娱活动＋景点
＋住宿"……组合旅游产品开发要加强对目的地资源的整合能力,在产品研发及
组合方式上创新出满足消费者个性化需要的产品。笔者根据吃、住、行、游、购、娱
六要素结合休闲生活和导游服务构想了生活化组合产品开发示意图(见图1)。
图中的交通、景点、住宿、导游服务、购物、娱乐、餐饮和休闲生活八个因素,任意一
个、两个或多个都可以组合在一起,开发出新的生活化旅游产品。

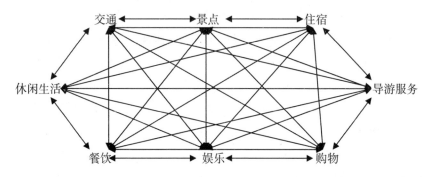

图1　生活化组合产品开发示意图

4.3.3　生活化创新旅游产品开发

旅游融入目的地生活,打破旅游与生活的界限划分,回归本源,旅游本就是人
们的生活方式之一,用生活的视角审视旅游、生活基础上开发旅游产品,而不是就
旅游谈生活,就旅游而开发产品。

景点、住宿等单项旅游产品已经日益趋向生活化,组合旅游产品要具有不可
替代的吸引力,生活化是其开发创新之路。用生活的眼光和视角去研究、开发、设
计旅游产品,开发闲暇时间内存在的一切社会资源,并将其转化为产品,或与旅游
产品捆绑,或为旅游产品服务,或直接变成旅游产品本身,将会丰富产品种类和数
量,增加产品深度和特色,形成区域旅游产品不可替代的吸引力。从而满足个性
化、多样化的市场需求,加深旅游者体验,提高旅游及生活质量。

参考文献:

[1]广证恒生咨询. 在线旅游系列研究第一篇:途牛,国内领先的在线度假预
订平台. (2014 - 04 - 11). [2015 - 04 - 25]. http://finance. qq. com/a/20140411/
006635. htm.

[2]市统计局. 西安概况. (2015 - 03 - 20). [2015 - 04 - 25]. http://

www. xa. gov. cn/ptl/def/def/index_1121_6774_ci_trid_1111932. html.

[3] Andsager JL, Drzewiecka J A. Desirability of differences in destinations [J]. Annals of Tourism Research, 2002, 29(2):401 – 421.

[4] Govers R. Go F M D econstructing destination image in the information age [J]. Information Technology & Tourism, 2003, 6(2):13 – 29.

[5] Stepchenkova S, Morrison A M. The destination image of Russia: from the on line induced perspective[J]. Tourism Management, 2006, 27(5):943 – 956.

[6] Soojin Choi, Xinran YLehto, Alastair M Morrison. Destination image representation on the web: content analysis of Macau travel related websites[J]. Tourism Management, 2007, 28(1):118 – 129.

[7] 赵振斌, 党娇. 基于网络文本内容分析的太白山背包旅游行为研究[J]. 人文地理, 2011, 26(1):134 – 139.

[8] 杨芸, 杨晓霞. 内容分析法在我国旅游学研究中的应用及述评[J]. 西南农业大学学报(社会科学版), 2012, 10(4):6 – 12.

[9] 马卫, 周辉, 苏炜, 李俊楼. 移动互联网时代无线旅游发展研究[J]. 电子商务, 2015(1):34 – 48.

[10] 中国在线旅游市场发展趋势白皮书研究课题组. 中国在线旅游市场发展趋势白皮书(2012～2015)[R]. 2012:1 – 30.

高职院校专业课程地图的构建与应用

——以酒店管理专业为例

李联卫　吴新红　梅振华

摘　要:课程建设是高职院校专业建设的核心。随着高职教育的快速发展,对高职院校课程建设的系统性和互动性提出了更高的要求。专业课程地图构建的本质是将每一个专业的核心能力抽象概括出来,并把这种核心能力与相应的课程配套,让学生明确所学知识与能力的价值与性质,让学生具有知情权与选择权。

关键词:高职院校、专业课程地图、人才培养方案

"专业是高职学校的品牌和灵魂,课程是专业的细胞",课程建设是高职院校专业建设的核心。随着高职教育的快速发展,对高职院校课程建设的系统性和互动性提出了更高的要求。专业课程地图的构建与应用,将有效促进高职专业人才培养质量的不断提升。

一、专业课程地图的内涵

课程地图(Curriculum Mapping)是 20 世纪 80 年代美国"标准化运动"的产物。所谓"地图"是指一种表示各种事物的空间分布、联系及时间中的发展变化状态的图形。把教学计划"图形化",就要梳理课程体系各要素之间的关系,并用图形予以表示。课程地图结合学生未来发展方向,编制各门课程与教育目标、核心能力之间的关联图,为学生选课及学习规划提供了科学参考。因此,课程地图的设计者必须能明确标示指引学生通向成才及就业的有效路径,必须有准确表现课程与知识能力以及职业生涯发展之间的逻辑联系。

课程地图以课程规划指引学生就业与发展方向,展示所学课程规划与未来职业

生涯选择的关联,起到路标指向的作用,便于学生统筹规划学习生涯和职业生涯,从而激发学生的学习兴趣,提升学生的学习成效,实现学业与职业的有效衔接。

课程地图体现了学生主体的理念。学生是课程地图编制的出发点,也是最重要的用户。课程地图没有固定的模式和形式,但好的课程地图一定是以学生学习为中心的。课程地图并非简单的课程关系图,重点关注的是学生核心能力培养的合理路径。通过公开透明的课程地图,学生可以获得有关学习与成长的信息资料,不仅满足了学生的学习"知情权",也培养了学生学习的自主性和主动性。

课程地图具有层次性与动态性的特点。课程地图的层次性表现为:一是教育目标的分层,包括学校的整体目标与院系的教育目标等;二是核心能力的分层,明确核心能力形成与各门课程之间的内在关联;三是课程的分层,包括人文素养课程、必修课程、选修课程等;四是学习进程的分层,包括学业阶段、升学阶段、就业发展阶段等。课程地图的动态性要求开发者必须具有科学务实的态度,基于社会人才需求和学生成长需求,循序渐进、不断完善。

课程地图产生的初衷是为了保证学校设计的教学计划、教与学活动,以及学业评价与预期学习成果目标达成一致,要解决的是整个人才培养过程中出现的计划与实施不一致的问题,从而保证人才培养的最低质量要求。随着电子课程地图的发展,课程地图的功能和内涵也在发展变化,它正在成为欧美等国以及我国港澳台地区一些高校教学和学习的平台与工具,对于提高人才培养质量发挥着越来越重要的作用。相对而言,我国高职院校专业课程地图的开发与应用尚处于启动阶段,因此有必要进行深入研究。

二、专业课程地图的构建

高职院校课程地图应以专业人才培养方案为基础,将专业核心能力与就业创业结合在一起进行系统设计与构建。课程地图使专业人才培养方案形象化、立体化,学生可以直观地了解本专业能学到什么和毕业后能做什么。

课程地图没有固定的样式与内容,具有多样性,但通常都包括以下四个要素:第一,培养目标,包括人才培养规格、就业方向等;第二,核心能力,是与就业岗位相对应的主要且具竞争力的能力;三是课程规划,最主要的是以图表呈现的系统完整、脉络清晰的课程构架图;四是职涯规划,随着高职教育体系的不断发展与完善,要体现出学生未来发展规划的个性化目标。以上是课程地图的核心元素,不同的课程地图会包罗不同的内容,侧重点也略有不同。

　　我院旅游类专业课程地图以现有专业人才培养方案为基础,通过充分的调研与分析,根据"逆向分解、系统构建"的原则,对核心要素进行解构,并按照以下步骤进行开发。

　　第一,明确专业定位。我院酒店管理专业毕业生的就业主要面向三类企业:星级酒店、旅行社和旅游景区,工作岗位可以分为初始岗位、发展岗位和高级岗位三类,典型岗位主要有:前厅/客房/餐厅等一线服务员、导游员、景区讲解员;前厅/客房/餐厅等部门领班、计调/外联员、景区人事/行政管理员;餐饮部/前厅部/客房部经理、计调部/导游部经理、景区人事行政部经理。只有清晰的专业定位,才能制订科学的人才培养目标。

　　第二,职业资格证书。高职教育必须建立起"产教融合、校企合作"的有效运作机制,而职业资格证书是有效衔接学校培养目标与企业用人需求的桥梁。根据专业特点与相关企业需求,我院酒店管理专业确定学生需要考取的职业资格证书为:中级客房服务员证书或中级餐厅服务员证书或导游资格证书。

　　第三,专业核心能力。明确了专业定位与职业资格要求后,通过对企业用人需求调研分析以及学校总体发展目标的分解,可以归纳出学生的专业核心能力。我院酒店管理专业学生需要具备的专业核心能力包括:景点(区)服务能力、前厅/客房/餐饮/酒吧/康体接待服务能力、酒店基层管理能力、导游服务能力、旅行社前台接待能力等。

　　第四,人文素养基础。学生专业核心能力的养成必须有人文素养作为强有力的支撑,酒店管理专业学生特别需要具备较强的团队协作精神、较强的人际沟通能力、良好的心理素质和吃苦耐劳的精神。比较专业能力的培养,人文素养的养成更具有挑战性。因此必须重视学生人文素养课程的设置,将人文素养课程体系作为人才培养的重要环节。

　　第五,构建课程体系。课程是专业的细胞,课程模块之间、模块中的课程及教学环节之间要有必要的内在逻辑,要为同一个目标服务。酒店管理专业的课程体系根据学校统一要求,由人文素养课程、职业能力课程、职业拓展课程构成。根据酒店管理专业特点,注重实训课程的安排,并选择在第六学期后半部分回校完成毕业设计,符合学生的成长规律。

　　第六,编制课程地图。专业课程地图没有统一的模板,但整体要求应该清晰明了、简洁美观。根据酒店管理专业的特点,其课程地图以卡通形象代表就业岗位、以不同的颜色区分课程模块,并直观地表示相关课程之间的内在逻辑联系,简洁醒目,参见下图。

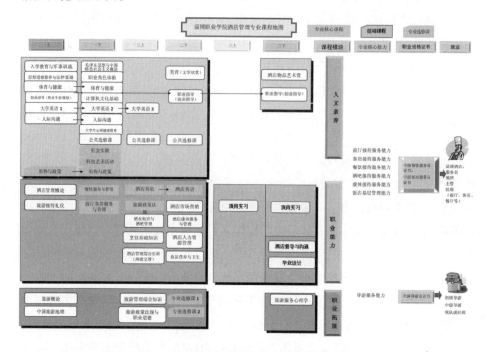

图　淄博职业学院酒店管理专业课程地图

总之,专业课程地图构建的核心及本质是将每一个专业的核心能力抽象概括出来,并把这种核心能力与相应的课程配套,让学生明确所学知识与能力的价值与性质,让学生具有知情权与选择权,这也正是课程地图的意义与作用所在。

三、专业课程地图的应用

专业课程地图展示了课程与未来职业生涯的关联,是学生规划大学学习生活和未来发展的重要依据,可以帮助学生明确学习的目标和方向,是激发学生学习兴趣的有效工具。在专业课程地图的基础上,还可以继续构建通识教育课程地图和职业生涯导航地图,全方位指导学生的成长与发展。

1. 引导学生自主成长

课程地图可以应用到学生管理工作中,引导学生自主成长。在学生入学教育中宣讲专业课程地图,学生可以确定何时、何地以及如何学习相关课程,帮助学生在厘清个人职业生涯发展方向的基础上,有效地规划学习生涯和职业生涯,提升自主学习能力。课程地图可以成为学生学习的指南、工具和自我评估手段,使学生成为一个有目的的学习者。好的课程地图能够展现出学生在校期间学习内容与未来就业岗位的关联性，成为学生在学习迷茫期的"路标"，帮助学生找到学习轨迹或路径，明确提升能力的途径，有效规划并适时调整大学学习生涯。课程地图可以帮助学生充分利用学习机会和学习资源，达到最佳的学习效果，从而在顺利完成学业的同时，尽可能实现自己的梦想和追求。

2. 推动课程教学改革

课程地图可以应用到教学管理工作中，推动课程教学改革。专业课程地图是课程教与学的一个可视化工具。对于教师来说，通过课程地图可以明确每一门课程在整个教学计划中的作用和地位、需要培养的学习成果、培养层次和要求以及与其他课程之间的培养关系等相关信息，从专业人才系统培养的高度来思考和开展课程教学改革，从而不断提升课堂教学质量。对于学校的各个教学单位来说，可以根据教育目标及核心能力需求，审视现有课程的架构与内容，推动课程整合或改革，强化学生的核心能力培育，达成学校及专业的教育目标。

3. 优化课程体系设计

课程地图可以应用到专业人才培养方案制定过程中，优化课程体系设计。课程地图本身就是教师和管理人员沟通的重要渠道，人才培养方案和课程体系的优化都可以经由课程地图进行研讨。人才培养方案和课程体系的设计过程是一项复杂的系统工程，课程地图简洁明了的特点可以使之简明形象、易于操作。课程地图的设计与制作者应该包括学校不同层次管理者、教学计划设计者、信息技术开发者、教师、校友甚至用人单位等，需要学校管理人员、教师、学生之间全面深入地交流与沟通。课程地图的制作要始终关注人才培养目标的达成，关注课程教学与学生评价的一致性和连贯性，其核心是为学生提供成长成才的资源与路径，其目的是要构建出循序渐进且具有挑战性的课程体系，在保证实现培养目标的基础上，帮助学生实现超越。

参考文献：

[1]巩建闽，萧蓓蕾. 台湾高校课程地图对大陆课程地图发展的启示[J]. 中国高教研究,2014(5):32-36.

[2]范唯. 专业是高职学校的品牌和灵魂[J]. 辽宁高职学报,2012(3):1-2.

[3]董文娜，巩建闽. 课程地图是什么[J]. 教育发展研究,2014(17):

56 - 64.

　　[4]周素萍. 基于课程地图的开放大学专业建设[J]. 天津电大学报,2013
(6):30 - 36.

　　[5]http://c015. meiho. edu. tw/files/11 - 1037 - 353 - 1. php? Lang = zh - tw,
台湾美和科技大学餐旅管理系课程地图.

《导游基础知识》

——中国传统民居建筑专题教学设计与反思

摘　要:本教学方案以中国传统民居建筑专题为例展开教学设计。首先提出任务,明确学习目标,然后做必要的准备知识,接着下达任务,最后学生分小组制定计划完成任务,并检查反馈。本教学设计融入"做中学,做中教"的教学理念,设计学生主动去学习,实现了从理论到实践的过渡,满足以就业为导向,培养高素质技能型人才的教学需求。

关键词:教学设计、任务、情境创设

导游基础知识课是旅游管理专业的专业核心基础课,其直接目的就是考取全国导游资格证书,直接针对的职业岗位是导游。要想考取全国导游资格证书必须通过笔试、面试两个环节。笔试在于知识的记忆,面试则在于能力和综合素质的考核。传统的对导游基础知识课的要求局限于知识的传授,而不重视能力和综合素质的培养,这种想法禁锢了我们很久。

一、教学设计的背景

2009 年 2 月到 9 月,本院旅游专业教师走访了淄博市 60 余家有代表性的旅游企业,并对"旅行社对所需人才相关因素的重视程度"做了问卷调查,设计了 13 个指标统计旅行社对所需人才相关因素的重视程度,结果如下表:

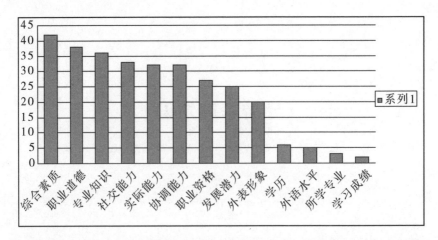

这一结果表明,在目前淄博市旅游行业企业中,综合素质和职业道德是大多数企业最重视的。其次,代表专业知识、社交能力、实际能力和组织协调能力、职业资格、发展潜力、外表形象也占据了较为重要的位置。而对于学习成绩、外语水平、所学专业和文凭则逐渐被放到较为次要位置上。

《导游基础知识》授课局限于知识的灌输,采用教师讲、学生听的授课模式,重视了专业知识,却忽视了综合素质、职业道德和各种能力的培养。人才培养与企业需要偏差较大,课堂通常是教师讲得热火朝天,学生睡倒一片,教学效果差。笔者结合对淄博市旅行社的调查问卷结果和六步教学法,做了如下教学设计。

二、教学设计

(一)提出任务

运用中国传统民居建筑的基本知识,完成中国传统特色民居建筑的讲解。布置此任务的目的:知识方面,让学生掌握考证知识及相关知识的渗透;能力方面,尽可能多地让学生了解特色民居,在将来的导游工作中,可以触类旁通,举一反三,更好地满足游客需要,也是让学生不仅要会干还要干好,提高他们的就业竞争力和发展潜力。

(二)明确学习目标

学习目标分三个,知识目标是掌握我国民居建筑的主要类型及典型景观;能力目标包括活学活用知识的能力、搜集信息的能力、信息表达能力(中/英文)、人际交往能力、团队协作的能力、应变能力、沟通能力;素质目标是培养学生爱岗敬业精神、乐观开朗性格、积极自信态度等。知识目标具体两项,能力目标的这几个方面在本专题设计中贯彻,素质目标则不仅仅是这一专题或一门课的要求,而是贯穿始终的职业要求。

(三)知识准备

《导游基础知识》的内容多、杂、乱,以前我们是照本宣科,"大(一)小 1"挨着讲,由于知识具有很大的相似性,最后学生学成了一锅粥,流于形式,教学效果不好。本教学设计提倡三个转变:第一,文字向图片转变。图片更直观,更容易引起学生的注意,也充分发挥了现代教育技术的优势。第二,文字向图表转变。教师对知识进行加工汇总,提纲挈领地展示核心要素,避免枯燥乏味,通过对比让学生一目了然,教学效率显著提高。第三,将某些传统的知识变成任务,让学生解决。教师提示性地讲解,简要地任务提示。目的是让学生从"旁观者"到"参与者",训练学生能力。

(四)任务下达

为了让学生进一步明确任务和要求,教师做任务提示。具体任务为根据学过的知识,分组选题,课下搜集信息,制作 PPT,进行 5 分钟左右的导游讲解,可以是全陪、地陪或景点讲解员。下达任务后,学生可以自由结合分组,也可由班长进行分组,目的是锻炼学生的人际交往能力和团队合作意识;小组讨论,选择题目;汇报给老师自己所选题目,如有重复,学生相互协商解决,锻炼学生的协调能力;根据任务制定出小组工作计划,分工明确,责任到人。教师汇总各组成员任务情况表,打印,发每组一份,让每个学生的劳动都得到体现,让学生体会到自己在团队中的作用,有利于调动学生的积极性。

(五)小组活动的开展、实施;教师指导

根据小组计划,学生搜集信息、制作 PPT、准备讲解。这个过程教学互动,教师提供必要的指导,如提供网站、如何让 PPT 更美观、对于讲解的指导等。教师把每次对学生的指导都作记录,展示出指导意见,让学生看到每个小组都做了大量的工作,都经过一次又一次的修改。这也是对学生耐心、意志品质的锻炼。

(六)成果展示

在任务下达时,明确、详细地为学生讲解最终评分标准,目的是让学生知道要求,该从哪些方面准备。把讲解同学的得分作为小组最后得分,一方面,讲解工作是全部工作的集中体现,另一方面让学生在团队中学会优势互补,锻炼团队意识。

三、反思

本教学设计从重视理论知识的存储转向突出职业能力的培养,教学方法逐渐从"教"法向"学"法转移,实现基于"学"的"教"。教师改变对知识的准备,重新改造,采用多种多样的形式,如图片、图表、情境创设等。教学活动从师生间的单向行为转向师生、生生间的双向行动。学生从在课堂"听"到需要借助网络、团队、去完成任务。不仅能提高学生搜集信息的能力、活学活用知识的能力,还能培养他们主动学习的习惯,课堂成了他们展示的平台,满足学生们的表现欲和成就感,教学效果好。中国的自然旅游景观、人文旅游景观、少数民族民俗文化等内容都适合这种形式。

在导游基础知识的教学中笔者深切地体会到精心进行教学设计的必要性,否则培养出来的学生只会死记硬背,即使取得导游资格证书,也不能成为一名优秀的导游。

参考文献:

[1]姜大源.职业教育的教学方法论.中国职业技术教育,2007(25).

[2]杨志国,张宇.旅游管理专业考证课教学方法探索——以《导游基础知识》为例.职业技术,2008(11).

[3]王丁惠.元认知与《导游基础知识》课程学习的关系.福建职业与成人教育,2008(2).

[4]邱海蓉.提高《导游基础知识》课程教学效果的探讨.中南民族大学学报:人文社会科学版,2006(S1).

[5]田文.谈《导游基础知识》的教学.现代企业教育,2006(14).

[6]姜大源.《世界职业教育课程改革的基本走势及其启示》——职业教育课程开发漫谈.中国职业技术教育,2008(27).

[7]韩桂玲.淄博市旅游行业企业调查报告.淄博职业学院.未发表.

高职院校"中国旅游地理"课改探讨

摘　要："中国旅游地理"是高职院校旅游管理专业的专业基础课,也是与导游基础知识、政策法规、导游业务、旅行社经营管理并齐的五门专业核心课程之一。传统的"中国旅游地理"教学停留在基本知识的传授,已经不能适应中国旅游业可持续发展、旅游地理学科本身发展的需要和社会对旅游专业人才的需求,必须进行课程改革。

关键词:任务驱动式、基于"做"的教学、项目教学法

"中国旅游地理"课程教学的主要知识目标是使学生掌握旅游业从业必备的中国旅游地理基础知识和技能;掌握主要旅游地和主要旅游线路,具备自助旅游能力;熟练掌握阅读旅游地图能力,利用网络收集旅游信息的能力;归纳区域旅游资源特色的能力;培养旅游欣赏,归纳表达旅游美学特征的能力;引导游客爱护旅游环境,宣传可持续旅游的能力。

一、课程改革的理念

(一)教师为主导,学生为主体,构建以学生为中心的课堂教学模式

旅游专业的强社会性和社会对专业人才的需要否定了传统的教学方法,只有知识没有能力的学生是不适应社会发展的。学生是学习和发展的主体,教学活动的成功与否唯一的评价标准是看学生在整个学习过程中的主动性、积极性有没有得到充分的尊重与完全的调动。中国旅游地理教学要努力从"灌输式"转变到"任务驱动式"再到"学生主动学习",构建以学生为中心的课堂教学模式,充分尊重学生、相信学生,以平等的态度对待每一位学生,关注不同层次学生能力的发展,增加其知识,促进其技能,让学生根据所学,表述自己的想法和创意,培养学生独立

思考的能力和团队合作精神。

(二)针对旅游企业岗位需要,贯彻基于"做"的教学

高等职业教育所培养的人才,除具备较高文化知识水平外,还应具备娴熟的专业技术与技能,是生产、管理和服务第一线的高级实用型工作者,具有较强的应用性和实践性能力。旅游企业中,经理、基调、导游、司机、前台工作人员无一不需要旅游地理知识,但是侧重点又各有不同。旅游地理的教学要有针对性,针对不同的工作岗位,提出不同的要求。因此,基于"做"的旅游地理教学,课程设计的思路分为三个阶段:夯实基础(知识基础)、循序渐进(能力提高)、拔高提升(实践教学)。

二、课程内容与考试模式改革

(一)课程内容选取依据:基础知识以旅游职业岗位够用,能力训练以旅游职业岗位需求为依据。结合中国旅游地理课程内容以及学生学习的认知规律,将该课程划分为三个模块:知识基础模块、能力提高模块、实践教学模块。

1. 基础知识模块主要是针对中国旅游资源概述以及旅游地理学的基本问题进行讲解,主要由教师授课为主,可采用多媒体演示、互动教学等教学方法。要求学生结束模块学习后,熟悉中国旅游地理的基本知识,为今后的学习打下坚实基础。

2. 能力提高模块主要是学习中国旅游地理区划及各旅游区介绍。目的是让学生熟练掌握国内著名旅游地的主要的旅游资源、景点知识、旅游线路相关内容。这是中国旅游地理课程中的重点和难点部分,也是今后工作岗位中最实用的部分,采用以项目教学为主,以团队训练为主要组织形式。

3. 实践教学模块是在前面两个模块学习的基础上,熟练运用所学知识,借助旅游景区实地考察,切身体会旅游景区的吸引力所在;综合全国各地旅游分区情况,根据旅游线路设计应该注意的事项,能够设计简单实用的旅游线路。这个模块是本门课程学习的飞跃提升阶段,是学生学习由感性认识步入理性认识的关键阶段,也是我们本门课程考核的结束点。通过质的提升,学生将具备满足岗位需求的能力。

(二)考核方法及其选择依据

改革考核方式。将考试成绩划分为平时成绩和期末考试成绩两大部分。平时成绩采用课堂展现、口试、小组项目合作考试等,最后给予成绩,拟占总成绩的

70%;期末考试成绩为笔试,在项目进行完之后,对学过的内容进行全面的考核,拟占总成绩的30%。

三、教学改革

(一)教学方法

1. 互动法

在课堂讲授中穿插组织一些课堂活动,变换角色,让学生当主角,有助活跃课堂气氛,提升学生的学习兴趣,结合自己在教学活动中组织的一些课堂活动。如在山东旅游区时,可让来自山东省各地的学生介绍自己家乡的旅游资源;也可让学生先收集资料,自己总结出课程内容的教学内容;在展示旅游图片或旅游音像资料时,可让学生开展讲解竞赛。

2. 实地考察教学法

实地考察是旅游地理教学由课堂向课外的延伸,将书本知识进行实地考察,有助于理论知识的加深理解和记忆。但作为一门涉及全国的旅游景点的学科,不可能逐一实地考察。具体可采用乡土旅游资源进行考察。如到周村古商城、淄博陶瓷馆等地考察。

3. 项目教学法

在进行完基础模块后,在对学生已经有一定了解的基础上,按照预定目标和一定的要求给学生分组,不允许自由组合。4-6人为一组,由小组成员选出组长,共同商量制定小组任务实施计划,并与教师签订实施计划任务书。根据其最终表现,由教师得分和成员间互评得出最后考核成绩。

(二)教学手段改革——模拟教学和实践教学

中国旅游地理是一门应用性的学科,它的实践要求极强。教学过程要求实践环节,为了满足这一要求,多年来在教学过程中,教师一直注重模拟实训手段的应用,同时建立合作实习基地,与多家旅行社联手合作。派实习生做实习导游,旅行社解决了旅游高峰时段人力资源的问题,学生由此得到了实践机会,校企双方互惠互利,取得双盈。

四、课程特色与创新

1. 立足旅游职业能力,创新教学方法

充分结合中国旅游地理课程特点,进行教学模式和考试方法改革,逐步探索出一种符合教学规律又重在培养学生实际运用知识能力的教学方法。可创新多重教学方法,使学生能尽可能获得身临其境的感受。且在实施过程中,以项目教学为主,在团队完成项目任务的过程中,让学生自己主动学习,培养学生独立学习的能力、团队精神,从而进一步发展其就业竞争力。

2. 理论联系岗位需要,加强和改善实践环节

联系旅游职业岗位所需的相关《中国旅游地理》知识,在课程内容不断改进创新的基础上,加强和改善实践环节。

实践环节设计思想:立足本地的旅游资源,就近原则。实践课要有计划、有步骤循序推进,如选定周村古镇为实践地,首先让学生介绍周村古镇的概况、吸引力、在山东乃至全国旅游资源中的定位;其次,让学生自己设计最佳旅游路线,并绘出旅游线路图;最后,实地实践后,讨论所得,写出实践报告。

3. 充分利用多媒体、校企合作等教学手段

中国旅游地理课程教学需要制作教学课件,可以利用现成的大量相关多媒体资料。为保证能及时了解和掌握旅游职业的现状,还应该和旅游企业合作,聘请资深旅游职业人士参与教学,在实践环节上发挥其优势。

参考文献:

[1]林东. 论职业能力取向的高职旅游地理课程教学改革[J]. 福建地理,2005(2).

[2]邹君. 中国旅游地理课程教学方法改革创新研究[J]. 衡阳师范学院学报,2004(3)122 – 124.

[3]杨载田. 21 世纪中国旅游地理课程教材建设探索与实践[J]. 衡阳师范学院学报,2004(3):118 – 121.

浅谈面试中的第一印象

摘　要:面试已经成为如今求职中不可或缺的一环。谁不期望自己在求职的时候,第一次亮相就能给招聘者留下深刻的印象? 第一印象直接影响着面试主考官的后续知觉,人们一旦得出第一印象就不愿意轻易改变自己的看法。尤其是在激烈的面试竞争中,应试者如何能给别人留下深刻而良好的第一印象,在有限的时间内展现出自己最精彩的一面,是至关重要的问题。

关键词:第一印象、首因效应、仪表、风度

一、"第一印象"的重要性

人们常说的第一印象在心理学中被称为首因效应,是指人们在首次接触某种事物时所形成的印象。人们通常根据第一印象将人或事物加以归类,然后再在这一类别系统中对该人或事物加以推论并作出判断。第一印象给知觉者留下很深刻、很牢固的印象,形成了一种很难改变的心理定式,使人们在产生认识之前就已经将事物的某些特征"先入为主"地存在于自己的意识之中,对以后的知觉起着指导作用。人们在接下来的活动中,通常不自觉地带着这个"先入为主"的"有色眼镜",把当前的印象和"第一印象"联系在一起,根据第一印象对当前事物进行归类并做出判断。因此,第一印象直接影响着知觉者的后续知觉。知觉者获得良好的第一印象之后,对接下来的不良印象也不反感,而如果第一印象很糟糕,以后的良好的印象也会罩上阴影。作为面试应试人员,在第一次与主考官接触时,一定要努力树立良好的形象,这直接决定着面试的成功与否。

二、如何给面试主考官留下良好的第一印象

仪表和风度就像是一个人的视觉简历。媒体策划专家有一句名言:要给人好

印象,你只需要7秒钟。通过大量的分析,研究者们得以成功描绘出影响第一印象形成的因素:第一印象的形成有一半以上内容与外表有关,包括相貌、神情、体态、气质以及衣着打扮;有大约40%的内容与声音有关,音调、语气、语速、节奏都将影响第一印象的形成;只有少于10%的内容与言语举止有关。

下面将综合从三个方面谈谈如何给面试主考官留下良好的第一印象。

1. 仪表美

仪表即人的外表,是一个人精神面貌的外化。在现实中,人的相貌自己无法决定,但服饰完全取决于自己。俗话说得好,"三分长相七分打扮"。心理学家做过一个试验:分别让一位戴金丝眼镜、手持文件夹的青年学者,一位打扮入时的漂亮女郎,一位挎着菜篮子、脸色疲惫的中年妇女,一位留着怪异头发、穿着邋遢的男青年在公路边搭车,结果显示,漂亮女郎、青年学者的搭车成功率很高,中年妇女稍微困难一些,那个穿着邋遢的男青年就很难搭到车。

这个实验说明:不同的仪表的人,会有不同的际遇。这不仅仅是以貌取人的问题,而是充分说明了仪表的重要性。外表是否清爽整齐,是让身边的人决定你是否可信的重要条件,也是别人决定如何对待你的首要条件。因此就需要通过仪表美修饰、弥补不足或缺陷。

第一,整洁程度从一个方面展示着一个人的个性与卫生习惯。顶着油腻的头发来面试,说明这个人整洁习惯欠佳,或对这次面试缺乏重视。所以求职者在面试的时候,要做到发型款式大方、不怪异,头发干净整洁、无汗味,也不要使用太多发胶。面容应清洁大方,悦己宜人。男士应修面剃须,女士应着淡雅、自然的淡妆。应保持身体清洁,避免异味,气味浓烈的香水同样视为禁忌,禁食大葱大蒜之类食物。

第二,"服饰往往可以表现人格",莎士比亚如是说。服饰是一种无声语言,它传递了穿着者的个性、涵养和品位。首饰不但说明了一个人的品位,也代表了对自我的要求。然而价格并不是决定性因素,搭配是否得体才能体现品位。

第三,鞋子这个似乎最容易被忽略的部分,往往最能透露出某种关键讯息。一位服装仪容看起来都很完美的人,只是在交谈的过程中,被面试官无意地瞥见了藏在裤管底下的肮脏鞋子,先前所做的努力就有可能付之东流。

2. 风度美

风度是人内在美的自然流露,是个人行为举止和谈吐的综合表现。风度优雅与仪表端庄可以相得益彰。

一个人举手投足之间，就能够表现出自己的神韵气质和精神境界。求职者站和坐的姿态一定要自然。站立时要抬头挺胸，谨防身体东倒西歪，更不能倚靠墙壁，随意抖动不止，也不宜出现叉腰、抱胸等失礼表现。求职者无论是在听面试官的提问还是在回答问题的时候，都应该精神饱满、表情自然、目光温和、手势得体，言谈的内容应力求简明准确、有理有节、雅而不俗。不要随便说诸如"哎哟"、"老天爷"、"噢"之类的感叹词，这些词如果用多了往往使说话变成拿腔拿调。注意听别人讲话，不要心不在焉，只有你留心了解对方所说的一切，才能应对得体。打断对方的讲话是不礼貌的。不管对方讲的内容自己有没有兴趣，都要耐着性子听完。这不仅是一种谈话的正确方式，也是你尊重别人的表现。必须养成准确、清楚地表达自己意见的习惯。

3. 完善的准备

通常在参加面试时，应聘者的心中都有两种情绪在交替跳动，一种是忐忑不安，另一种则是期待。作为应聘者，谁都希望自己在面试中有上乘表现，希望这次面试能成为自己事业发展过程中一次成功的起跳。但是，正如人们经常说的"机遇只降临给有准备的头脑"，要想在面试中表现不俗，就需要事先做好充分的铺垫，这既包括在衣着、举止、谈吐等方面的谨慎处理，同时还包括内在思想、知识层面的良好积淀。

三、良好的第一印象对面试的影响

在目前这个日新月异、人才济济、竞争激烈的社会，人们没有太多的时间去慢慢认识你，只能在有效的时间内迅速地做出判断，而且一旦得出第一印象就不愿意轻易改变自己的看法。一位难得的人才，如果不能在有限的时间内展现出自己最精彩的一面，给别人留下深刻而良好的第一印象，那可能不仅失去了眼前的机会，今后的求职中，也未免能够把握住同样的机会。

参考文献：

[1]李昕. 旅游心理学[M]. 中国财经出版社,2005.

[2]甘朝有. 旅游心理学[M]. 南开大学出版社,2003.

[3]彭聃龄. 普通心理学[M]. 北京师范大学出版社,2004.

[4]戴维·迈尔斯. 现代社会心理学[M]. 人民邮电出版社,2006.

[5]金正昆. 商务礼仪[M]. 北京大学出版社,2004.

高职旅游管理专业课程双语
渗透方式的探索与研究

摘　要：为了探索高职旅游管理专业课双语教学的经验，我校自 2007 年始，在 07 级、08 级、09 级旅游管理专业进行了双语渗透教学试点，并作为一项省级立项课题进行探索研究。以中国旅游地理、中国旅游文化、导游业务等课程作为"双语渗透"在高职旅游管理专业不同课程渗透方式的探索研究对象，分析了高职旅游管理专业实施双语渗透教学的背景，介绍了目前进行的探索研究，并提出了实践后的反思。

关键词：双语渗透教学、高职旅游管理、以学生为中心

一、背景

据世界旅游组织预测，到 2020 年，中国将成为世界第一大入境旅游目的地国和世界第四大出境旅游的客源地国。旅游业的蓬勃发展，必须要有大量高素质的旅游专业人员与之相匹配。

1. 高职旅游管理专业实施双语教学的必要性

旅游业是涉外性较强的行业，高职旅游管理专业学生，需要在世界多元文化的大背景下展现服务技能，提高服务能力。一方面要求要有较强的语言表达能力，另一方面要具备高水准的服务能力和服务理念。在专业课中实施双语教学，对提高学生的外语表达能力特别是在语言获得方式、语言形式、语言知识、语言使用背景和语言运用技巧上获得训练和提高，逐渐达到能够灵活运用外语思维和表达的目的。

2. 旅游管理专业实施双语教学在国内外研究的现状和趋势分析

在我国大陆地区高职旅游管理专业中开展双语教学，与新加坡、澳大利亚、美

国、日本等双语国家相比,还欠缺双语教学的环境支撑,无法做到所有学科完全以第二语言来进行教学。况且,高职学生英语水平参差不齐,教育教学目标与高校教育有很大区别。因此,为培养适应生产、管理和服务第一线的高素质技能型人才,在专业培养计划中选定几门学科进行双语教学,有助于学生知识的掌握和技能的提高,与国际旅游企业接轨,进一步提升学生的就业竞争力和发展潜力。但是,学生英语水平不足、师资不足、语境气氛不够、教材选择不当等也成为制约双语教学的问题。

3. 双语渗透教学更加适合高职学生

渗透式双语教学是指采用中文版教材,以不影响学科教学进度为前提,以扩大学生专业词汇量为主要目的,以每节课渗透 3～5 个专业英语词汇为最低要求,实际渗透量和渗透形式视学生的学习程度、专业需求和不同学年而异的教学模式。双语渗透教学具有以下几个特点:首先,在高职旅游专业双语渗透教学中,是把英语作为语言工具来学旅游专业知识,学生在掌握建立知识结构的同时,能够用英语交流思维。其次,渗透式双语教学则是面向所有学生的,它考虑了双语教学目的的层次性和多元化问题,准确地界定了各个群体、各个层面的差异性。通过渗透式的学习,学生逐渐掌握更多的英文专业词汇是完全可以实现的。最后,在高职学生大多数英语听说能力有限的情况下,渗透式循序渐进的教学模式是一个适宜的选择。

二、"双语渗透"在高职旅游管理专业不同课程的渗透方式研究

1. 以《中国旅游地理》为例

《中国旅游地理》作为高职院校旅游管理专业的专业基础课,双语渗透教学是对传统语言教学和专业教学的充分整合,其目标是培养学生在专业领域内进行双语思维、学习、工作和交际的能力。

1.1 构建以学生为中心的课堂教学模式

双语渗透教学不是教师用外语单向传授专业知识,而是强调师生间通过语言交流进行充分互动。教师尽量用图片、地图、多媒体、举例等具体形象的教学辅助,对《中国旅游地理》中涉及的关键术语或学生比较难理解的内容,如地名、古建名称、旅游资源等采用复述、鼓励学生猜测、具体形象展示等方法,先用英语说一遍,再用中文解释,使学生印象深刻。

以教师为主导、学生为主体,充分尊重学生、相信学生,以平等的态度对待每

一位学生,关注不同层次学生能力的发展。双语教学不是简单地完成两种语言之间的逐字对译和信息转换,而是将语言作为教学媒介,鼓励学生积极参与课堂活动,提出问题、参与讨论,形成师生互动、生生互动的教学氛围,使学生始终保持高昂的学习积极性。

1.2 针对旅游企业岗位需要,贯彻基于"做"的教学

高等职业教育所培养的人才,除具备较高文化知识水平外,还应具备娴熟的专业技术与技能,是生产、管理和服务第一线的高级实用型工作者,具有较强的应用性和实践性能力。针对导游、旅行社前台接待、计调等工作岗位,设计合适的教学项目或任务,鼓励学生用英语去完成。开始以汉语为主,较浅的用英语表达,随后循序渐进,达到充分渗透的目的。例如在讲山东省的时候,针对导游这一工作岗位,教师在基本知识的传授后,下达任务:要求学生以组为单位选题,题目为孔庙、泰山、趵突泉、刘公岛、栈桥、蒲松龄故居六个景点任选其一,组内分工,搜集资料,进行 PPT 制作,并推选一人进行 5 分钟左右英语导游讲解。要求:知识准确、表达规范、符合导游员角色、讲解流畅,并能回答提问,一周的时间准备。一周内,学生多次内部讨论,与教师沟通,做了大量的准备工作。一周后,当同学们用较为流利的英语介绍景点时,赢得了其他同学的热烈掌声。

1.3 灵活多样的教学方法和手段

充分利用多媒体、教学平台、教学资源库等现代化教学技术和条件,根据课程需要,巧妙设计教学方法,确保教学要求与学生能力吻合。组织辩论、小组活动、自由发言等,营造语言环境,让学生根据所学,表述自己的想法和创意,引起对英语的重视,克服羞涩心理。例如,在旅游资源开发部分内容中,结合实际,选了题目:在青岛建立七星级酒店可行与否? 学生们经过认真思考,自由选择自己的意见方,展开辩论。鼓励学生全英语辩论,但就高职学生目前的实际,现场发挥的英语表达能力亟待提高。个别英语单词的渗透使得辩论气氛轻松活跃,学生积极性高。同时,通过任务驱动、项目教学法的实施,让学生充分利用课余时间,查阅资料、熟悉所学内容、进行充分的准备,从而完成团队作业或角色扮演等教学辅助活动,提高学习的积极性。

1.4 教辅环节

为保证双语渗透教学效果,应及时与学生沟通,多渠道了解学生掌握程度、遇到的难题、对本课程的意见等。并根据反馈意见,及时调整教学进度和方法。为保证小组作业的完成,教师需要课下对学生进行指导。鼓励学生课余时间参加英

语角、英语演讲比赛等活动。

2. 以"导游业务"为例

从情景双语教学模式在导游教学的实践来看,教学实施过程主要是创设情景进行双语教学。首先从创设情景来看,在导游业务教学过程中应该注意激发学生愉快积极的学习兴趣把导游业务知识与山东省旅游资源相关知识结合起来.从而使学生所学知识和技能达到巩固。

首先,展现实际工作环境来创设情景。这通常是最直观和直接的方法。例如在讲到导游人员服务规范迎接游客时,需要在旅游车上致欢迎词。这时就可以把教室比喻成旅游车,讲台部分是旅游车的前面导游人员致欢迎词的位置,学生当作游客。总之,创设与实际工作环境相符的工作环境可以极大地增强学生对所授内容的学习欲望,在一定程度上达到理论联系实际的目的。其次,运用实物或图画再现情景。话筒、导游旗,导游证等都是不可或缺的物品,那么把这些实物充分地利用到所创设的情景中,既能协助学生练习和演练,也能对学生所学知识或技能产生正强化的作用。最后,运用语言来描述情景。教师生动灵活的语言能够极大地激发学生的想象力,能够创设出一个个令学生身临其境的情景。而这三个方面都始终贯彻双语渗透。

在以课堂教学形式为主的同时,还应该辅助大量的实践活动,培养学生专业技能和语言技能综合运用的能力。通过实习实训基地,为学生提供在旅行社担当陪同导游、在旅游景区进行讲解等实践锻炼的机会。要求学生在旅行社、景区等实际工作岗位上进行实战演练,不仅可以检验学生掌握和运用专业知识和外语能力的状况,还可以在较长的时间内,根据反馈的信息,不断调整和修正双语教学的内容和方法。

3. 以"中国旅游文化"为例

在旅游管理专业加强"中国旅游文化"双语教学有着重要意义:有助于提升学生的文化素养及英汉双语表达能力,激发学生的民族自豪感、爱国热情,使他们树立起民族的自尊心和责任感,从而为将来能弘扬博大精深的中国文化奠定深厚的人文与英语语言基础。

3.1 诠释法

诠释法即在双语教学中阐述和解释概念术语、专有名称等的教学方法。很多关于中国历史文化的历史事件、现象、约定俗成的概念术语,往往较抽象,很有必要辅以教师的中英文进一步阐释。例如,学习到"Chinese Food and Drink"(中国饮食)内容必然涉及很多带有历史文化背景的菜系、菜肴。这里以"Beggar's Chicken"(叫花鸡)为例。教师先英文导出八大菜系中浙菜的典型菜系的名称,再接着补充讲述"叫花鸡"的缘由。使用诠释法主要是为了较流畅地用英语解释中华文化重要的专有名称、概念术语,用中英文结合交互诠释,以便让学生更好地理解及掌握知识。

3.2 对比法

在"中国旅游文化"双语教学中,哲学和宗教等方面的内容既重要又难理解,用英文表达更不容易。为了突破学习难点,增强理解度,我们运用了纵向或横向比较的方法:针对"Religions in China","Chinese Classic Philosophy"内容,教师指导并协助学生绘制英汉对照表,将宗教内容中的对应部分加以归纳总结,分别从Characteristics, Literary Inheritance, Doctrine, Cultural Relics, Main Influence 等方面对在中国盛行的佛教、道教进行纵向、横向比较。这对于学生能向外国人更准确地解释本国的文化,以及在跨文化交流中可以取得相互之间的理解起着至关重要的作用。

3.3 其他方法

例如将学生置身于一个特定的文化情景里,开展一系列课堂文化活动,让学生在真实情景或模拟情景中锻炼、强化运用语言知识和获得语感的能力。如采用多媒体课件为背景进行口头陈述、角色扮演、面对面的交流等。在内容与形式上以名胜古迹、文化习俗、风味饮食、方物特产等为主题,使学生深受母语文化的熏陶,自然而然地他们的中国文化英语表达能力会在潜移默化中得以进一步升华。

三、反思

1. 应谨慎选定适合开展双语教学的学科

双语渗透教学是我国高等教育改革的新思路,应充分考虑人才培养目标和双语渗透教学的顺利进行,选定适合开展双语教学的学科。高职旅游管理专业双语渗透课程应是课程难度不大、学生学习兴趣容易调动并密切结合旅游实践的学科,如导游实务、导游讲解、旅游服务心理学、前厅接待与运营等课程,把学生培养成既懂旅游专业知识又能熟练运用英语语言技巧的复合型双语人才。

2. 应妥善处理好旅游管理专业课程之间的循序渐进

双语渗透教学是一个动态的、发展的、循序渐进的过程,不仅是语言还包括专业知识能力,仅靠公共外语或者专业英语课程的带动是很困难的,必须依赖一个专业课程体系的双语渗透教学的推行,科学地设置课程,应该制定出整体框架,教学大纲、教学计划以及学时安排也要进行相应的调整,尤其是在哪些课程适宜开设双语教学的问题上更应该经过论证才能进行,因为显然不是所有的课程都适合进行双语教学,有些课程本身的难度就很大,再采用双语教学的形式更不容易理解,给教师和学生都造成沉重的负担,教学质量和效果也难以保证。应根据学生实际情况选择起始时的外语授课比例、合理地调整教学内容,具有较强的灵活性。

2. 师资短缺成为双语渗透教学的瓶颈

在掌握专业知识的基础上,能具备流利的英语表达、准确的发音以及较强的跨文化思维交际能力的教师为数不多。所以,双语渗透课程的教师需要严格选拔并大力培养,教师自身也要有目的、有计划地提高。另外可邀请国外合作院校的同行、校外行业企业专家到课堂上为学生解答专业问题,拓展专业视角并提高英语水平。

3. 学生的积极性是教学成功与否的关键

学生是双语渗透教学的主体,学生的学习积极性是教学成功的关键,往往在很大程度上由其外语水平决定。然而高职学生中普遍英语表达和应用力低致使学生学习积极性很容易挫伤。教师营造出一种温馨、和谐、以鼓励为主的学习氛围,并根据学生水平决定双语渗透的程度,采取灵活多样的方法形式,便于学生接受。同时,多与学生交流,了解他们的意见并及时调整教学。鼓励学生参加英语角、英语大赛、专业大赛等,使学生真正成为双语教学的受益者。

参考文献:

1. 孙琦. 高校旅游管理专业双语教学的研究与实践[J]. 教育探索,2007(8).

2. 刘丽. 高职高专旅游管理专业双语教学模式探讨[J]. 长春师范学院学报.2008(6).

3. 梅迎春. 高职双语教学中存在的问题及对策[J]. 南通航运职业技术学院学报,2009(9).

4. 谢雨萍,李肇荣. 旅游管理专业双语教学的改革及实证分析[J]. 教学研究,2005(30).

5. 李丽娟. 旅游地理学双语教学的实践与体会[J]. 高教探索,2007(6).

"导游讲解"课程建设调研报告(2014年)

为了对旅游管理专业重要的职业能力课程"导游讲解"进行工学结合的有效改革,教学部组织骨干教师开展了旨在了解导游讲解过程中存在的问题、导游人员应该具备的综合素质的社会调查活动,目标是调研社会对导游讲解人才的需求,具体了解社会对导游讲解人才的综合素质、知识结构和专业技能和态度等方面的要求。此次调研活动以淄博市各大旅行社、旅游景区等单位及游客个人为调查对象,重点走访了十余家大型企业,随机访谈了到淄博旅游的游客,主要采取走访面谈的方式,作了关于旅游相关企业、游客对导游人员素质要求的调查研究,获取了大量的第一手资料,为本课程的工学结合改革提供了一定的参考。

淄博市的旅行社及景区导游人员共计600余人,通过调研我们发现,导游人员在导游讲解过程中存在一些不足,针对存在的问题我们提出一些课程改革的办法和措施。

一、存在的问题

(一)准确度不够

现实生活中,一些导游员在讲解当地景点时,喜欢用"世界上最高的"、"中国最大的"、"独一无二的"、"甲天下"等。如果是真的,这能使导游人员讲解的主旨鲜明,给游客留下较深的印象,事实上很多是毫无根据的信口开河。

(二)过于书面化

导游人员的解说词多源于书面语言,有些导游员在讲解时不把书面语转化为口头语而直接运用,从而使导游讲解过于僵硬。

1. 口头语言运用欠缺

在导游讲解时应避免书面化的词语,应该多用口头语言,一些导游在讲解时经常用之、乎、者、也等一类的文言词,游客听起来生涩、不易理解。

2. 没能使口语短句化

导游人员在同游客交谈和导游讲解中应力求口头语言短句化,短句化即是将较长的句子分成两个以上的短句来说,句子太长会造成理解上的困难,现场导游是让游客现场理解其导游内容的,所以应该把长句子改为短句子,这样才能使游客听得明白、清楚、舒心、开心。

(三)死板、老套

人们外出旅游,不仅仅是为了度假、休闲、享受,更多的是以体验异域文化、获取异地知识为目的。因此,求新、求异、求知、求美就成为现代旅游活动中旅游者重要的旅游需求。导游语言也必须鲜明、生动、优美才能满足当前旅游的需求。现实中一些导游在讲解中总是按部就班,没有新意,用词枯燥,让人乏味。实践证明,死板、老套的导游方式只会让游客生厌,不配合导游工作,影响导游服务质量是其一,还会影响到游客的这次旅游经历的好坏。

(四)不善于制造悬念

制造悬念又称"卖关子","抖包袱",就是导游人员先提出问题,但不告之结论或暂时不回答,让游客去思考、琢磨、分析、判断,最后把结论告诉他们。制造悬念能增强游客的参与性,引人入胜,达到良好的导游效果。现实中,有的导游员不善于运用这种技巧,而是从头到尾都是平铺直叙的介绍或是没有铺垫直接奔向主题,让客人觉得呆板或是摸不着头脑,从而影响导游服务质量。

另外,导游员在讲解中还存在一些其他问题,比如:为迎合一些游客的低级趣味,导游员常常会讲些"带彩"的小品,甚至"黄段子",有时还会推广一些本地的"风味脏话"。这种现象现在已十分普遍,但绝不能提倡。"黄段子"不管编得如何精彩,它只能是"亚文化"的一种低级粗俗形态,也正因为它永远与粗俗低级为伍,讲、听"黄段子"也许是极少数人的"低级偏好",但绝不能因为少数人的"偏好"而使千千万万旅游者的利益受损,使旅游地的文化形象受损。

二、对策

(一)表达要准确恰当

准确恰当是指发音和遣词用语的准确恰当。导游讲解的表达效果如何,很大程度上取决于发音和遣词用语的准确性。不管是外语,还是中文普通话、地方方言、少数民族语言,首先发音要准确,同时,讲解的内容也要以事实为依据,准确地反映客观事实,不能空洞无物,言过其实,胡吹乱侃。准确恰当是导游讲解艺术中最基本的技巧,没有准确恰当,再优美的介绍也是失败的,所以说,准确恰当也是导游语言艺术技巧中最重要的技巧。导游人员被誉为"宣传员",它的这个职业性质要求导游人员必须以严肃认真的态度来字斟句酌,以恰当的措辞,适宜的搭配,来介绍景点的价值。除此之外,导游员必须多读书,看报,广泛涉猎各种知识,增加知识储备。这样,才能使导游讲解准确恰当。

（二）表达要通俗易懂

口头语言不像书面文字那样可以反复阅读,旅游者当时听得明白才是最关键的,因为听明白才能理解,因此,现场导游要用浅白易懂的大众化的词语和句式。导游人员的解说词多源于书面语言,在讲解中一定要把书面语言转化为口头语言,只有这样才能通俗易懂,让客人听得容易、明白。

1. 多用口头语言

例如,解说词上有一句这样的介绍:"包公祠坐落在古城开封的西南隅。"其中的"隅"字是古语,现代口语中的"角"字和它同意。西南隅就是西南角,所以,这句话应该改成:包公祠坐落在古城开封的西南角,这样,听起来就会易懂得多。这只是一个简单的例子,意在告诉广大导游员,在讲解时一定要把书面语改成口头语。

2. 使口语短句化

口语化的句子一般较短小,虽然也有长句子,但一般要在中间拉开距离,分出几个小句子来,句子太长会造成理解上的困难。例如:"目前我国保存最完整、建筑规模最大的颐和园中的德和园大戏楼是比故宫的畅音园、承德避暑山庄的清音阁两座清宫戏楼还要高大的古戏楼。"此句特别长,多达60个字,作为书面语无可挑剔,但用口语讲出来颇为费力。换成"颐和园中的德和园大戏楼是清宫三大戏楼之一,它比故宫的畅音园、承德避暑山庄的清音阁这两座戏楼还要高大,是目前我国保存最完整、建筑规模最大的戏楼",就顺口多了。

（三）表达要鲜明生动,做到"色香味形"俱全

口头语言是即时传送的,一定要能打动听众,要鲜明生动、风趣活泼,切忌死板、老套、平铺直叙。导游人员要学会并善于运用一些修辞手法,如比喻、比拟、夸张、对比、映衬等来美化自己的语言,只有美化了语言,才能把所讲的内容如故事传说、名人轶事、自然风物等讲得有声有色,活灵活现,才能以强烈的艺术魅力来吸引旅游者,领会导游人员的意图,并体验所创造的意境,从而提高导游服务质量。例如,在讲解少林寺天王殿前的哼哈二将时,可以这样讲:各位游客朋友们大

家好,现在呈现在我们面前的便是哼哈二将了,我们从它的嘴形上便可看到这位是哼将,而那位是哈将了,传说他们对外作战时,一位哼出两道白光,一位哈出一股黄气,霎时间敌军方寸大乱,于是它们每次都能出奇制胜,凯旋,深受启发的少林弟子练武时也"哼"、"哈",伴以拳打脚踢,承此吉言武功果真大有长进。从这可看到,导游员的这样讲解比较生动形象,活灵活现,具有较强的表现力;比起简单抽象,仅仅向游客们传递了一个信息的导游讲解效果要好得多。

(四)要善于制造悬念

制造悬念艺术技巧是导游人员在讲解时提出令人感兴趣的话题,但又故意引而不发,激起旅游者急于知道答案的欲望,使其产生悬念。其可以激起旅游者对某一事物的兴趣,引起遐想,急于知道结果,从而取得制造悬念的良好效果。

三、课程改革中应注意的问题

"导游讲解"主要是针对导游服务程序中的讲解服务。通过教学使学生了解导游讲解语言的特点、要求,熟悉导游讲解的方法,掌握各服务环节的讲解;掌握导游讲解的技能和技巧,全面提高导游服务水平。

本课程的重点是生动的导游语言、导游讲解技能。由于高职高专学生基础薄弱,导游词写作、导游讲解方法的灵活运用是难点。

解决办法:

1. 加强语言基本功训练。利用每天课前 5 分钟,通过故事会、绕口令、演讲、诗文朗读等比赛推动学生练习。

2. 合理调整教学内容,在课堂上采取由浅入深、由抽象到具体、由实际到理论、循序渐进的教学方法,保证基础,突出重点,特别是在基本方法的导入上与实际问题相结合,使学生有一个感性的认识;对方法的学习采取理论知识与实践教学相结合,教师讲授与学生模拟练习、实地讲解相结合,增强学生的感性认识。

3. 针对个别学习困难的学生,采用辅导、答疑、研讨的方法解决,对普遍感到困难的部分,通过训练课和讨论课解决。

4. 本课程采用多媒体、互动启发式教学,使教学内容图文并茂,更加形象直观、丰富多彩、生动活泼、活跃课堂气氛。在教学中以实践教学为主,以开阔学生的专业视野和专业导游能力。

5. 增加实践性教学。通过模拟教学、实地教学,增强学生的感性认识,帮助学生掌握导游讲解的技能。

四、课程设计建设方案

（一）目标定位

学校以"就业导向、依托行业、产学结合"为人才培养特色，坚持服务地方经济的办学方针，确立了"高素质、强技能、懂管理"的育人目标。根据学院的办学定位及高职人才培养目标，结合现代旅游业发展趋势分析，确定了在注重学生人文素质培养的同时，将学生实践技能培养作为学生职业能力培养的核心，导游讲解技能是旅游专业学生的核心技能。本课程将该课程的前置课程普通话、礼仪、导游基础知识、中国旅游文化、旅游心理学等有机结合，围绕"导游讲解"课程，通过整合、链接，形成素质、技能培养一体的课程体系，为培养和提高学生的"关键性"职业能力提供保障。

1. 能力目标

（1）能独立撰写导游词；

（2）有较强语言表达能力和娴熟导游语言技巧；

（3）灵活运用导游讲解方法进行各类旅游景点的讲解服务；

（4）能把握不同性质旅游景点的讲解侧重，有针对性地为不同游客提供良好的讲解服务；

（5）按导游规范组织游览线路、把握游览节奏，独立完成全程导游接待服务。

2. 知识目标

（1）熟悉导游服务的心理学和基本礼仪知识；

（2）熟悉导游讲解的基本知识；

（3）掌握典型景点的讲解技巧。

3. 素质目标

"导游讲解"主要是针对导游服务程序中的讲解服务。培养学生良好的思想道德素质，健康的身心素质，过硬的职业素质和人文素质。

（二）课程内容

1. 课程内容体系结构

根据旅游专业的特点和工作实际，结合高职学生的情况，我们依照导游讲解的教学规律对本课程的教学内容体系结构改革进行了尝试，将教学内容分成十个单元。为达到良好的教学效果，不同单元对应相应的教学模块，共分三个模块进行模块式教学。

序　号	单元	主要内容	学时
基本知识模块	1	导游语言	4
	2	导游词写作	2
	3	导游讲解方法	2
基本技能模块	4	沿途讲解技巧	2
	5	自然景观讲解技巧	2
	6	人文景观讲解技巧	2
实践教学模块	7	沿途讲解	6
	8	自然景观讲解	6
	9	人文景观讲解	6
	10	模拟导游讲解	4
		合计	36

2. 知识模块及对应学时和选取依据

"导游讲解"课程总课时为 36 学时。分为基本知识、基本技能、实践教学三大教学模块。其中基本知识教学 8 课时,占 22%;基本技能教学 6 课时,占 18%;实践教学 22 课时,占 60%。

(1)基本知识模块。要求学生掌握景点导游服务的基本要求、语言技能。尤其是导游讲解方法和导游词的写作是这一教学模块的主要部分和重点部分。这是对景点导游人员基本层次的要求,也是规范化的要求和为提高导游水平所作的重要铺垫。所需学时为 8 学时,主要包括内容是第一至第三单元。

(2)基本技能模块。这一模块的教学目的是让学生掌握景点导游的必要技能,是基本规范基础上的深化和提高,所需学时为 6 学时,主要内容为第四至第六单元。

(3)实践教学模块。学习导游讲解课程的目的是为了让学生能把导游方法真正运用到实际讲解中,为了进一步强化学生的导游实践能力,通过实践教学使学生在掌握方法的同时,掌握地方性景点讲解内容,巩固和提高其灵活应变的能力。所需学时为 22 学时,主要内容为第七至第十单元。

(三)实践教学设计

1. 实践教学目标

针对导游岗位的职业要求,实地模拟导游是强化学生讲解技能的最佳途径,其目的是使学生在最短时间内将所学知识和方法转变为实践技能,为今后从事导游讲解服务工作实现"零距离"对接。

2. 实践教学的设计思想

实践教学环节是高职人才培养目标的主体教学之一,是高职教育的重要特色之一。"导游讲解"课程的实践教学是旅游专业学生训练讲解技能的最重要部分。在教学内容的组织方式上,我们以教师讲授与学生课堂模拟、实训交叉进行,实地讲解和实习导游相结合。侧重将基本知识、基本方法讲授和职业素养的培养与实践教学相结合,努力做到教与学互动,增强学生学习的主动性、自主性。教学中,把基础知识与地方主要景点景区有机结合起来,并针对岗位的要求,进行实地模拟讲解训练,其目的是使学生所学知识和方法转变为实践技能,通过不断的反复的练习,培养学生较强的讲解能力和表达能力,为今后能更好地适应岗位打下良好基础。为此,主要设计了感知训练、模拟训练和实操训练三个环节。

(1)感知训练。通过教师示范、现场导游影像资料观看,使学生对讲解的规范、技能要求有感知认识。

(2)模拟训练。利用校内模拟导游实训室和校外实训平台,通过完成实训项目,使学生熟练掌握导游讲解的技能并能准确运用。

(3)实操训练。利用校企合作平台,进行社会实践(双休日、黄金周)、顶岗实习(十个月时间),将所学知识和技能运用到实践中,使技能进一步提高和升华,实现"零距离"人才培养目标。

3. 实践教学内容的选取

"导游讲解"实训教学是训练学生讲解能力的重要教学环节。通过实训教学,使学生熟练掌握各服务环节的讲解要求,不同类型景区(点)的导游方法与讲解要领;熟悉景区(点)的常规游览线路、讲解要点;提高学生的应变能力。所需学时为22学时。主要内容为地方性典型景区(点),也就是说,不同院校可根据学生就业区域或所处地区情况灵活设置实践教学的内容。

(1)项目名称和学时安排

内容	教学学时	教学地点
沿途讲解	6	模拟导游实训室
自然景观讲解	6	模拟导游实训室 淄博人民公园

内容	教学学时	教学地点
人文景观讲解	6	模拟导游实训室 中国陶瓷馆
模拟导游讲解	4	模拟导游实训室
	22	

社会实践(学校统一安排)、顶岗实习(1年)不占教学课时。

(2)选取依据

根据导游讲解核心能力要求,突出讲解技能,选取地方代表性景点为实训对象,如:中国陶瓷馆、人民公园、蒲松龄故居、周村古商城等,要求学生能做到触类旁通,举一反三。

(四)课程实施

1. 训练学生的口语表达、形体、仪表仪容、礼节礼貌等导游行为规范,培养学生的景点导游职业素养。

2. 让学生观看主要旅游景区(点)的图片、旅游风光片,以便直观地了解和掌握主要旅游景观的特征和内涵。

3. 制作声、光、电、图像一体的"导游讲解"录像,方便学生在课堂和课余进行模拟导游讲解训练。

4. 组织学生到景点景区进行实地考察,使学生熟悉景点导游的程序、方法和讲解内容,强化学生实地导游的技能。

5. 利用暑寒假、双休日和黄金周时间,组织学生到当地典型景点景区进行义务导游,在兼职教师的指导下,在实践中消化吸收所学知识,积累经验,提高能力。

(五)课程特色

旅游业是实践性很强的行业,导游讲解更是实战型的课程,根据高职学生培养目标和专业特点,本课程主要形成以下特色:

1. 体系科学,强调实践。以"能力为本"为核心理念,突出实用性,强调实践性,做到基础知识"够用",实践教学"实用",技能训练"突出"。课程设计以基本知识、基本技能、实践能力为模块,构建了"课堂 + 实训 + 岗位实习"的教学模式。

2. 教学方法灵活多样,教学效果显著。强调情景教学、案例教学、讲练结合。建立了一批有利于适合综合素质和创新能力培养的实践教学基地,为便于学生课外通过网络进行自主学习,专门拍摄制作了实地导游讲解的影像教学资料,使学生能较好地掌握导游讲解技能,教学效果显著。

3. 实训教学平台良好,实践教学基地稳固。学院建有内容丰富、功能强大的"模拟导游实训室",为导游讲解课进行开放性教学提供了良好的教学平台。目前已建成的校外实训实习基地近 20 多家。

"导游业务"成人教育课程建设与改革探索

一、课程概况

1. 本专业的人才培养目标和生源情况、课程定位和作用

淄博职业学院旅游管理专业主要培养具有丰富的旅行社、酒店等旅游行业管理与服务知识及较强操作能力的,适应旅行社、酒店等旅游行业管理和服务第一线需要的,德、智、体、美等方面全面发展的高等技术应用性专门人才。

"导游业务"是成人教育旅游管理专业所开设的一门专业核心课,本课程对培养学生的导游服务能力、带团技能、讲解技能、应变能力及职业素养起主要支撑作用。本课程也是全国导游资格证考试的必考科目,是一门把导游服务理论运用到导游工作之中,并指导导游工作,理论与实践紧密接合的应用性很强的课程。课程总学时数为 80 学时,共计 5 学分。

自 2003 年淄博职业学院成人教育开设本课程以来,学生主要以旅游企业的管理人员、导游员为主,生源质量和数量呈上升趋势,选修本课程人数累计达到了400 人以上。

通过本课程的学习,使学生理解旅游行业基本理论、导游词创新、服务艺术等内容,使学生掌握做一名合格的导游员必须具备的理论知识,各种导游服务的程序与规范化管理知识。使学生在理论的指引下能够为旅游者提供规范化和个性化的服务,掌握带团服务、讲解服务、旅行生活服务等操作技能;提高学生导游服务能力、语言讲解能力、组织协调能力、分析处理问题的能力及应变能力,形成一套独特的服务艺术,并具备导游词的创新、旅游活动的策划及较强的应变等能力。

2. 课程建设与改革情况

本课程根据成人业余学习的特点,按照学校成人教育应用型人才培养目标设计教学,本课程在教学设计上结合课程自身特点,着重在教学内容、教学方法上进行改革,强调教学内容的实用性、学习方法的灵活性、教学设计的科学性等。

(1)课程内容设置强调理论与实践一体化,从岗位技能的实际出发,将工作实践融入课程体系中,形成了突出实用技术内容的新的课程体系;打破原有教学内容结构,将导游工作过程中,各类理论知识点的学习整合到导游带团的各个任务中,而不是传统地把各个知识点孤立地分析讲述,教学内容更具针对性与实用性;依据导游工作特点,丰富并拓展教学内容。

(2)在教学内容的组织与安排方面,遵循学生职业能力培养的基本规律,以真实工作任务及其工作过程为依据整合教学内容;教学活动的安排以设计学习性工作任务为主,理论和实践相结合。

(3)本课程资源的建设合理兼顾学生、教师、资源三个系统之间的关系,整合应用现代信息技术手段,适应在职从业人员的自主学习需求。以学生为中心,以学生自主学习为主,教师助学为辅,充分结合课程特点,从系统的角度对教学环节安排、课程资源建设和学习环境构建进行一体化设计和建设。

(4)积极进行教学方法的改革和现代教育技术手段的运用。本课程要积极开展教学法的研究活动,改革传统的教学思想观念、教学方法、教学手段和教学管理。在课堂教学中教师以课堂模拟、讨论为主,调动学员参与的积极性。本课程还注意多媒体教学手段的应用,充分利用网上资源进行教学活动,发挥学习者的主体地位,指导学生利用网络资源进行自主探究、发现学习,组织学生在网络环境下进行协商讨论学习。以本课程组成员为主编或主创,陆续开发了"导游业务"电子课件和电子教材,"导游业务"网络课程和相应的网络课件,利用"网络教学综合平台"教学网站,在"导游业务"课程教学中形成了包括教学大纲、电子教案、电子课件、习题集、网上答疑、课程讨论以及网上辅导在内的网络课程教学电子档案和运行系统,并自2007年开始全部实行了网上公开。2008年"导游业务"被评为山东省精品课程。本课程已建设成为一门符合网络教育教学模式、适合在职人员学习、具有丰富多样的立体化教学资源、具备完善的教学支持服务体系、极具特色的专业基础课程,在多次的检查和评估中受到学生和专家的一致好评。

(5)本课程学习活动的设计主要围绕理论知识学习和实践能力培养来展开,以学生自主学习为中心,教师指导为辅。通过现代信息技术手段为学生搭建良好的自主探究学习与协作学习环境,引导学生主动参与学习活动。使学生不但能获取理论知识,还能够培养和提高实践实习能力,用所学的知识解决实际问题。

把理论教学与实践训练结合起来,鼓励学员联系工作实际把学到的理论应用于工作中,做到学以致用,学用结合,这是我们进行教学改革的重要内容。

(6)建立和完善教学文件,把改革的成果以规范的方式落实到教学实践当中,并在实践中进一步深化改革。教学文档课程教学计划、实践(包括实习、毕业论文、毕业设计等)教学指导书、考核办法等完整。在学时分配和某些内容安排上可以有一定的自由度,以利于发挥教师的创造性和学生学习的自主性。

(7)本课程依据成人教育学习特点和课程教学目标选择评价方式。经过几年的探索,形成较为成熟的考试模式:理论测试 + 实际操作。课程考试方法的改革对培养学员驾驭知识的能力、创新能力和解决实际问题的能力有十分重要的作用。

二、课程内容设置

具体课程内容根据学习情境安排如下:

学习情境	工作重点及特点	授课学时	自学学时
情境一 导游工作认知	理解导游概念、分类、职责、职业道德等内容。	4	4
情境二 地陪导游规范服务	安排和组织旅游活动,做好导游讲解。地方陪同导游员的工作特点是具体、琐碎,要求地方陪同导游员不仅要细心,而且要耐心。	6	10
情境三 全陪导游规范服务	监督实施旅游接待计划,做好各个旅游目的地的组织协调工作,重点是全程陪同和生活照料。	6	10
情境四 出境旅游领队规范服务	监督落实接待计划,处理团队内部事务,并做好出、入境的联络工作,维护旅游者的合法权益。	6	10
情境五 问题事故处理	处理旅游过程中各类突发事件,具有较强的应变能力。	6	10
情境六 现场导游讲解	引导旅游者参观游览,为旅游者提供生动活泼的讲解,并进行安全提示,宣讲环保、文保知识。	2	6

1. 本课程强调理论与实践一体化。整合后的课程内容,从岗位技能的实际出发,将操作技能训练融入课程体系中,形成了突出实用技术内容的新的课程体系。

2. 打破原有课程结构。在内容选取上,确保课程目标的实现,从符合职业岗位的需求出发,打破原有教学内容结构,将导游工作过程中,各类理论知识点的学习整合到导游带团的各个任务中,而不是传统地把各个知识点孤立地分析讲述,教学内容更具针对性与实用性。

3. 依据导游工作特点,丰富并拓展教学内容。通过多次由企业代表为主的专业建设委员会的研讨,依据导游带团应具备的实际操作能力,对教学内容进行了拓展。适应了"导游职业化"的新趋势,具有一定的前沿性,对于提高学生的专业理论和专业技能有很大帮助,深受学员的欢迎。

多年来的教学实践表明本课程教学内容的选取具有较强的针对性和适用性,使学生扎实地掌握了导游工作应具备的实践技能,为毕业后完成职业岗位实际工作任务、进行企业管理打下坚实的基础,为学生可持续发展奠定良好的基础。

三、实践教学内容安排

1. 遵循学生职业能力培养的基本规律,以真实工作任务及其工作过程为依据整合、序化教学内容

遵循学生职业能力培养的基本规律,在岗位职业能力分析的基础上,形成综合职业能力培养和训练体系,构建了与岗位流程相一致的能力本位的教学内容。把学生能力的培养贯穿在教学的各个环节之中。以导游员不同工作岗位、工作流程为导向,根据现代导游知识、能力和素质的实际要求设置教学内容,充分突出了成人教育特色。将课程内容进行科学整合、设计,通过对不同岗位导游具体工作环节逐一组织教学,提升学生导游岗位工作技能,全面掌握该工作岗位的应具备的能力。

2. 教学活动的安排以设计学习工作任务为主,理论和实践相结合

在教学设计中,我们根据课程内容分解成六个学习情境,每个情境又分解成若干个任务,学生通过设计完成各个任务,掌握导游各个工作岗位应该具备的各项技能,充分体现了理论实践一体化。

面授学习主要以完成相应的课程任务理论与实践相结合,学员可以利用平时自学时间到旅游企业实践练习。为了保证任务能够很好地被落实,教学实施完整有序,具体包括教师布置工作任务、学员结合所选主题进行工作任务分析、制定任

务实施计划、学生对任务所需知识的检测,学员完成任务方案、任课教师评估六环节。在面授教学中配合情境教学安排实训,如到蒲松龄故居、淄博陶瓷馆实训等。学生在真实的工作环境中,学习专业知识和技能,从而实现旅游实践人才培养的目标。

导游业务课程实践学习任务

实训项目	教学要求	课内实践时数	课外实践时数
1. 导游工作调研	认识导游服务在旅游业中的重要地位和作用,了解导游员应具备的素质能力;	2	2
2. 地陪导游服务	掌握地陪导游服务程序与服务规范,并能熟练操作;	4	6
3. 全陪导游服务	掌握全陪导游服务程序与服务规范,并能熟练操作;	2	6
4. 各类问题和事故处理	掌握处理事故的方法和原则;	2	4
5. 导游词写作	了解导游词写作的重要性,把握导游词写作的要点;	2	6
6. 景点导游实训	能够对景区景点进行导游讲解服务	2	4
合　　计		14	28

四、教学条件

1. 教材建设及使用情况

选用先进、适用教材,与行业职业资格考试接轨。

(1)为配合全国导游资格证考试,成人教育使用的教材是山东省旅游局统一印发的考证系列教材,掌握导游服务技能的同时,更有针对性地进行学习,为学生获取职业资格证提供了有力的保障。

(2)根据理论与实践相结合的原则,选用《模拟导游实训》作为配套实训教材,该教材将情境教学与实际工作紧密结合,体现了教学的先进性和实用性,培养提高综合能力和综合素质。

(3)根据旅游行业发展的趋势和日常工作中的热点问题,引进前沿动态,及时增加新知识、新内容、新进展,减少不必要的重复内容。

2. 课件及相关资料的建设与使用情况

为成人研究性学习和自主性学习的开展提供了充足的学习资料：

（1）为强化教学效果，充分利用了现代化多媒体教学技术手段和网络技术，建设一体化设计、多媒体有机结合的立体化教材和形式多样的数字化课程资源。本门课程有电子教案、电子课件、课程标准、授课计划以及六个学习情境教学内容，每一情境都附有学习目标、任务设计、工作过程、技能训练、案例分析、问题处理、课件学习等相关资料，并附有练习题、测试题等。

（2）为学生提供导游实际工作使用的工作资料。课程组教师利用挂职、培训、指导之机，收集了现行旅行社系统使用的各种工作表格，如接待任务书、导游活动日程安排表、导游带团行前确认表、全陪日志、中国公民自费出国旅游团队名单表、客人意见表等。在教学过程中，引入现行旅行社系统使用的工作表格，理论联系实际，学以致用。

3. 课程主要资源目录

资源类别	名称	类型	备注
教材类	《导游实务》	纸介	全国导游资格考试制定教材
	《导游讲解》	纸介	刘爱月主编
	《模拟导游实训》	纸介	情境教学与实际工作紧密结合
课件类	"导游实务"电子课件	多媒体课件	课程组制作
	"导游实务"教学录像	多媒体	讲授、实训录像
网站类	"导游实务"精品课程	网站	http://jpkc.zbvc.cn/dyyw/
	"导游实务"特色课程	网站	
	师生互动	在线	作业布置、在线答疑、自由讨论、意见建议
其他	教案	电子文档	
	自学指导书	电子文档	
	实践指导书	电子文档	
	资格考试试题	电子文档	
	测试题	电子文档	
	案例分析	电子文档	

4. 多媒体教学设施

我院现有多媒体教室、机房若干,校园网贯穿三个校区。1000 兆的网络系统,网络已进入每个教室和办公室。学院网站开辟网上论坛、数字化教学综合服务平台、精品课程等多个栏目,师生可以通过网上学堂、聊天室、论坛等多种形式交流互动。课程标准、课程设计、教学录像、学习指南、实践教学、课程资源、旅游知识专题等均已上传电子资源,可供远程学习。

5. 教学平台(网站)建设

(1)本课程的精品课程与特色课程网站:课程简介、课程教学大纲、课程教案、多媒体课件、教学资料库、实践教学大纲、主要参考书目、课堂教学视频、学生自学材料、案例集、试题集和业内信息等教学资源已经上网。

(2)学院开辟数字化教学综合服务平台与教学资源库,开发《导游实务》网络课堂教学平台,进行系列资源开发、建设,为更好地开展网络教学提供优质资源。

6. 校内外实践教学条件等

(1)校内实践教学条件

A. 旅游模拟导游室:学院自 2004 年以来,累计投资 6 万余元,建设完成了模拟导游室,能够满足课程室内理论课的讲授与模拟演练。

模拟导游室电子设备由三个系统组成:投影显示系统;音频扩音器系统;中央控制系统。该设备将模拟导游室内的所有用电设备控制集中于一身,由一个触摸屏来集中控制。

系统实现功能:

对各地旅游风景进行回放,进行模拟导游培训;

举行学术讲座、进行技能培训;

显示计算机多媒体信息;

小型影剧院,播放 DVD、VCD 及录像信息。

B. 借助校园环境开展校园模拟导游活动,不同的学员互换角色介绍讲解,不仅使学员们进一步熟悉了学校环境,增强了对学校的感情,更是提高了学员的导游语言表达能力,为实际导游工作打下了良好的基础。

C. 为了支持旅游系的发展,学院先后投入 200 万资金购置了旅游实训大巴 2辆,为导游讲解提供了基础条件。

(2)校外实践教学条件

围绕《导游业务》课程教学要求,教学团队教师在学院的政策支持下,与企业积极合作,建立校外实习基地。与淄博中国旅行社等8家旅行社、6个旅游景区合作建立了校外实习基地,保证课程实习需要,并与企业合作共同培训师资,通过与旅行社和旅游景区等的合作,旅游系的校外实践基地得到了很大的发展。

目前签约的实践教学基地共14处,分两类:景点类(包括人文景观——蒲松龄故居、齐国历史博物馆、淄博陶瓷馆、周村古商城;自然景观——淄川峨庄瀑布风景区、原山国家森林公园等);旅行社类(淄博中旅、淄博山水国旅等),可以全面满足学生实践教学的需要。

五、教学实施

本课程共72学时,教学活动组织形式主要分为面授教学、学生自学、在线交互等三种,其中面授24学时,自学24学时,实训24学时。

1. 面授教学

采取分散与集中相结合的面授方式,面授过程中,教师通过设计一系列的学习任务,引导学生实施与实际工作接近的任务,完成课上的学习。针对成人教育的特点,对教学活动的各个环节进行了精心的设计,针对每个项目的教学目标,安排学习活动,提出具体的学习任务,引导学生将学习与实际工作结合起来,从而更有效地展开自主学习。

2. 学生自学

通过课程网站及教学资源库,公布课程学习大纲、自学指导书、实践指导书、学习注意事项,引导学生尽快进入学习状态,掌握自主学习、协作学习和实践的方法;为学生准备了丰富的思考练习、阅读资料和案例分析,通过师生互动平台、电子邮件、QQ群等讨论区内开展小组交流活动,交流彼此学习的经验和心得,进一步巩固和拓展所学内容。作业采取电子作业和纸质作业相结合的办法。教师及时检查评价学生自学情况及作业情况,给出反馈信息,引领学生学习。

3. 在线交互

建立网上的教学辅导体系,有效解决了函授学习中由于时空隔离所带来的不利影响。针对学生在课程讨论区内提出的疑问,教师给予及时解答。本课程教师每周去课程论坛回答学生在学习过程中遇到的问题,并对问题进行启发式教育,通常会对一个问题进行多次的交流和沟通,直到提问题的学生对疑难问题的相关知识点掌握为止。另外,教师也将通过课程讨论区、E-mail、QQ群等渠道与学生在线交流,最大限度地促进学生参与学习。

4. 实施效果

（1）由于课程构建了较为完善的教学支持服务体系,有效地为学生提供信息资源、教学引领等方面的支持服务,较为及时地解决学生学习过程中碰到的各类问题,较好地满足学生学习的需要。

（2）通过"课程论坛"引导学生和老师形成互动,对学生学习的实时过程予以引导,实现教与学两个环节的有机统一,使"教"和"学"相得益彰,和谐发展。在"教"的方面,我们主要是通过支持服务努力改善教学条件,方便学生学习;在"学"的方面,我们主要是通过不断地补充拓展材料提高同学们学习的兴趣,扩展学生的视野。

（3）本课程为学生提供众多学习资源的前提下,安排并组织一系列的学习活动,激发学生的自主学习热情,取得良好的学习效果。根据统计,本课程作业完成率达95%以上,期末书面成绩合格率达95%。

六、学习过程管理

1. 环节控制

本课程共72学时,学习管理过程采取教师引导统一过程控制与学生自主管理相结合的方式进行。

（1）面授教学环节

教师对教学过程的进行总体计划与周密安排。首先要研究学生的个性特征和知识准备状况,结合课程教学的目标,选择安排相适宜的教学过程管理措施,调动学生的学习积极性,保证学生学习的有效性。其次要研究教学信息资源的媒体表达状况,结合教学实际需要,对原有资源进行合理化组织,综合衡量设计教学方案,提供科学有序的学习环境,营造积极向上的学习氛围。再次,对学员到课情况进行统计。加强对专业管理教师服务意识,课程辅导教师采用灵活的教学方法,吸引学生学习,使其积极参与面授辅导,保证学习的质量与效果。

（2）学生自学环节

通过课程网站、教学资源库及其他网络资源,对学生自主学习进行管理。通过师生互动平台、电子邮件、QQ 群等讨论区内开展小组交流活动,交流彼此学习的经验和心得,进一步巩固和拓展所学内容。主要通过检查学生作业、过程性学习和阶段性检查来了解学生自主学习情况。

(3)实训环节

考虑到成人教育和旅游专业的特点,实训环节通过课程网站中实践指导书、导游心得体会、案例分析、模拟导游等方式进行。采取实训单位鉴定与任课教师评定相结合的办法。

2. 作业管理

要求学生必须完成考核作业(纸质版、电子版),不完成作业或作业不及格的,不能参加本课程的终结性考核。

作业覆盖了本课程的教学内容,每次作业,既有客观题,也有主观题,题量适中。对作业中出现的问题,教师及时与学员沟通,通过 BBS、QQ、E – mail 及时反馈。

加强作业的检查和管理。学生应按教学进度完成作业。课程辅导教师应根据学生完成作业的次数和质量进行成绩评定。每次作业均要求教师按百分制全批全改,并按平时作业管理办法折算成作业成绩,作业占总成绩的10%。

3. 促学措施

在促学上,主要是通过学习目标促学、疑难问题促学、平时作业促学、考核促学、应用促学等方式,在学生自主学习过程中采取具有激励作用和督促作用的教学行为。

学生在平时自主学习过程中遇到的任何问题,都可以通过课程辅导教师的信箱和网上 BBS 系统随时向教师咨询;一般每个月安排一至二次集体网上答疑活动,每次 2 小时,在指定时间段进行。

全学期通过网络环境并结合常规方法(信函、电话、面谈),采用多种方式促进学生学习。通过教学资源库监督学生自学、作业完成情况,记录登录次数、时间等;发布信息督促学生按学习进度达到各阶段的学习目标;通过师生互动,激发学生的学习兴趣;通过解决作业疑难问题,鼓励学生增强学习信心;将作业完成情况、在线学习情况等均纳入平时成绩考核,督促其按进度完成各次作业。

七、实践教学组织

1. 实践教学组织实施办法

本课程是一门实践性较强的课程,我们在教学过程中注重实践教学与理论教学相互结合,重视学生实践操作。

专业课教师能够对技能教学的理论和实践加以把握,树立"知识 + 能力 + 素质"协调发展的观念,编写"导游业务实训指导书"作为用于实践教学的资料,构筑实践技能教学与人文主义教育一体化的新框架;将实践技能教学内容与个人发展相结合,全面提高学生素质。

依据教学目标,按照导游实训要求,在校内实施导游训练任务,由专业教师共同对学生进行岗前模拟培训,强化训练学生的专业基本技能,重点强化学生实际岗位的应战能力,即定点讲解导游词、模拟导游线路讲解、模拟购物、组团、地接等技能训练。

将多媒体技术运用到导游专业教学中,其具体体现就是师生双向控制、共同使用和操作计算机教学软件,进行互动式教学。这不但能增强教学的直观性、动态性和信息量,为学生创造一个浓厚的技术操作氛围,提高其学习兴趣,调动他们的学习积极性,使之在较好的技术环境中主动操作,而且通过实际演练,强化实践技能,获得较强的综合操作能力。

运用多媒体场景模拟技术进行导游实践教学的具体做法是:组织学生在虚拟的网络空间里进行旅游实战演练,消化所学的理论知识,将书本知识用于实战。学生在虚拟的旅游空间里,按照实训任务,根据自己的兴趣爱好选择旅游目的地,设计旅游线路,分饰旅行社经理、计调、外联、导游、领队、景区景点管理服务人员、涉外饭店服务与管理人员、游客等角色,设置各种不同的障碍以考查角色的应变能力和解决问题的能力。

2. 实践教学效果

本课程充分考虑到专业特点和成人教育特色,利用多媒体技术、网络资源进行实践教学,取得良好的互动教学效果。实训教学主要采用以学生为主体的活动型、技能型、实用型和实效型的教学模式,以"情景模拟"、"实景教学"将导游业务服务技能的理论知识应用于导游工作实践中。

通过实践学习学生掌握导游接待业务知识及各种接待程序,熟练掌握接待过程中所应遵循的各项法规与政策;通过随团带团技巧和景点讲解技能的训练,提高独立工作能力、人际交往能力和团队组织能力。

学生普遍反映,这样的实践教学方式他们乐于接受,通过学习他们的实际工作技能明显提高,理论和实践能够互相促进,效果很好。

八、课程考核形式

为保证成人教育的成功,提高学习效果和质量,本课程考核采取以形成性与总结性相结合、学习全过程考核评价体系,将考核成绩分为面授30%、自学40%、实训30%三个部分。重视学生学习态度,强化能力训练与培养,弱化纯理论知识考核。

考核量化表

考核方式	组织方式	分值	评价方法				得分	项目得分
			1	0.8	0.6	0.4		
面授 (30%)	出勤情况统计	100分						面授×30%
	课堂表现							
	个人作业上交							
自学 (40%)	期末考试	100分	卷面成绩					卷面成绩 ×40%
实训 (30%)	项目工作 任务成果	100分	任务成果得分					成果得分 ×30%
得分总计(满分100分)								

九、教学管理与学习服务措施

1. 教学管理与学习服务的措施

(1)结合在职人员学习的需要和网络教学的特点,在制定教学计划及实施时尽可能体现个性化、多样化、灵活性学习的原则,照顾不同学生的学习需要。采取以下多种教学组织与学习服务措施:

网上导学——由开学初的课程开篇导学、学期中的阶段性导学和周导学、学期末的考前辅导等组成。

学生自学——学生通过网络课程网站,以及纸介教材进行自学。

网上答疑——学生在学习中遇到的问题,通过课程网站师生互动、教学资源库、教师信箱、QQ群等途径定期组织答疑。

网上讨论——学生通过课程网站师生互动、教学资源库、教师信箱、QQ群等与课程辅导教师、同学进行讨论、开展网络学习活动。

课程作业——本课程必须在网上完成的课程作业。课程作业成绩合格之后,学生方有资格预约该门课程的考试。

模拟试题自测——学生可以通过网络课程中的历年导游资格证试题库、模拟试题自查学习效果,了解考题要求。

必要的面授辅导——安排24学时必要的面授辅导。

课程考试——课程考试采取学生集中到学院的方式进行。有闭卷考试、开卷考试、提交课程论文等不同的考试(核)形式。

(2)在开展成人教育的过程中十分重视教师队伍的组织与建设工作,目前已经拥有一支集校内任课教师、实践辅导教师、行业企业指导教师为一体的专、兼职教师队伍。(详见师资结构)

(3)严格教学管理。任课教师在教学过程中须具有以下规范完善的教学文件:教学大纲与教学进行计划、自学指导书、习题集或试题库、教案。任课教师应根据行业发展的变化对教学大纲、教学计划、自学指导书、习题集、试题库加以修订、调整,使之不断完善,教案要做到常备常新;授课教师按照规定上满讲足面授课时;另一方面必须严格对学生的考勤。教师每次都要有考勤记录,无故缺课达到课程1/3者,不得参加本课程考试。必须重修。授课结束必须及时进行考勤评分登记课堂考核完毕后,考勤记录同试卷及总评成绩单一并送到继续教育学院存档;教师授课过程或授课结束时,要布置适量作业题。缺交作业超过三分之一者,不得参加本课程考试,待补齐作业后方可参加补考。学员的作业应在授课结束后、考试前交任课教师批改,任课教师批改完毕后应填写作业评分登记,并在考试结束后,连同成绩报告单一同交给继续教院学院存档备查;期末考试由主讲教师出两套题,两份试卷分量相等、易难适中、交叉面不超过百分之二十的两套试卷,连同参考答案与评判标准送到继续教院学院。试卷命题以课程教学大纲为依据,着重考核学生对课程基本理论、基本知识、基本技能的掌握及运用所学知识分析问题和解决问题的能力。

2. 效果

本课程教学管理体现"以人为本",服务于学生的需要,符合社会的需求,同时也体现了教学资源的合理配置,取得较好效果。近五年来,获得省级教学改革成果1项,校级教学改革以及教学建设成果奖4项。

十、教学效果

(一)近三年学生成绩的分布情况

淄博职业学院"导游业务"函授课程一年开设一次,从近三年来的学生成绩分布情况来看,成绩较好,及格率理想。

学生成绩主要由课程作业、实验训练、期末考试及出勤率四部分构成,近三年成绩分析如下:

1. 课程作业

课程作业由教师通过教学平台发布,学生根据要求完成后上交,由辅导教师进行批阅反馈。课程作业占总成绩的30%。

年度	选课人数	及格率	>90分 (优)	80-89分 (良)	70-79 (一般)	60-69 (及格)	<60 (不及格)
2006	105	92.3%	12.2%	50.3%	19.7%	10.1%	7.7%
2007	127	95.9%	13.5%	48.9%	20.6%	12.9%	4.1%
2008	139	97.2%	15.8%	51.2%	19.6%	11.6%	2.8%

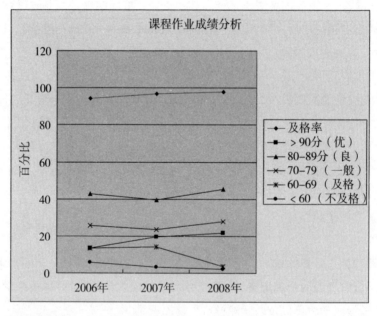

2. 实践教学

实践教学成绩通过完成实训项目,写出实训报告或总结的情况评定。实践教学占总成绩的25%。

年度	选课人数	及格率	>90分（优）	80-89分（良）	70-79（一般）	60-69（及格）	<60（不及格）
2006	105	96.2	12.6	43.8	22.9	16.3	3.8
2007	127	96.9	18.1	40.3	26.6	11.3	3.1
2008	139	98.6	22.3	43.4	27.9	5.7	1.4

3. 期末考试

期末考试采用理论考试和实践考核相结合的方式综合评价,占总成绩的50%。

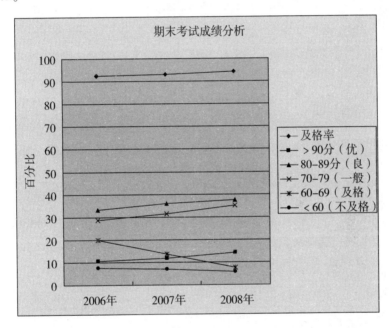

4. 出勤率

根据继续教育学院规定,出勤率少于90%不得参加期末考试。作业和实训次数少于60%,不得参加期末考试。

(二)学生对本课程的评价

采用书面、网络、QQ等形式组织学生对导游业务课程开展教学效果评价工作,近三年评价如下:

满意度 评价指标		满意(%)			基本满意(%)			不满意(%)		
学年		2006年度	2007年度	2008年度	2006年度	2007年度	2008年度	2006年度	2007年度	2008年度
1	课程内容丰富,条理清晰,易于学习	62.6	65.1	78.9	11.6	12.4	11.4	15.8	12.5	9.7
2	课程导航设计合理,界面友好,符合学习习惯		54.3	80		20.5	8.8		25.2	11.2
3	实例讲解透彻,引导性强	80.5	85.6	90.5	12.3	8.1	4.1	7.2	6.3	5.4
4	课程内容采用恰当方式呈现	60.6	78.1	86.5	19.6	4.7	5.8	19.8	17.2	7.7
5	实训安排合理,示范规范,有指导作用	88.9	91.2	93.6	8	5.7	4.8	5.2	3.1	1.6
6	课程辅导重点突出,难度、深度适宜	85.1	88.3	85.2	11.5	6.6	12.6	3.4	5.1	2.2
7	作业数量和难度适宜	78.2	80.3	85.1	11.2	10.6	7.8	10.6	9.1	7.1
8	网上资源多样,内容丰富有利于知识扩展		60.7	77.8		14.1	12.1		25.2	10.1
9	支持服务到位,疑难问题可得到即时有效解决	38.4	52.6	86.7	46.2	34.5	3.7	15.4	12.9	9.6
10	对本门课程资源与支持服务的总体评价	70.1	82.9	90.9	18.6	7.6	4	11.3	9.5	5.1

备注:参加调查人数分别为 2006 年 101 人,2007 年 120 人,2008 年 135 人

通过调查分析,学生对本课程有较高评价,特别是"案例讲解透彻、课程辅导重点突出、实训示范有指导意义、网上资源丰富、学习容易"等方面给予较高评价,学生反映与他们实际相结合的实例引导,从实践中引入,再应用到实践中,教学方法非常有效地促进他们的学习。

十一、本课程的特色与创新

1. 课程定位准确,设计先进合理,体系完整,框架清晰。

本课程根据目标,设计了包括教材体系,教学研究和组织,教学内容,教学模式和教学评价等全方位的网络课程系统。不断更新的自编教材,具有丰富教学经验、丰厚教改积累、结构合理、分工明确的师资队伍,行进有度的教学组织,兼备自主学习、案例参与、资源共享和实战体现的四位一体的教学模式,以及集诊断性、自我性、形成性和终结性评价形式和过程于一体的教学评价机制和手段,组成了框架清晰、结构完整的课程体系,保证了目标的逐渐实现。

2. 教学实施环节周全,过程控制,自我提高。

本课程的教学实施以学习情境为独立的知识模块,结合成人教育的特点,根据"以学员为中心"和"务实、乐学、高效"的教学设计基本原则,按照"导学—教学—辅学—馈学"的内容和顺序来呈现教学内容和配备学习资源。在网络技术上实现了以教师为主导和以学员为主体的"导学"、"自学"、"促学"和"督学"过程,能够实现自我学习和自主提高。

3. 课程资源丰富多彩,案例分享,职业素养提升

本课程除了提供了从电子教案、PPT课件和视频教学课件之外,还提供了形式多样的课程导航系统(包括课程导学、学习指导和情境导学),丰富多彩的"特色资源"(齐鲁故事、淄博游、相关法规等),覆盖面广、题型多样、自动生成、逐渐递进和自我提高的学习测试资源(包括随堂演练、作业与案例、章节测试、模拟试卷),"交互园地"中的互动共享资源。提升了学生的职业素养。

4. 构建了适应成人教育特点的立体学习平台

导游业务课程现已建成了一套集纸质、电子和网络资源于一体的多种媒体教学资源库。教学网站建设至今已经比较完备,同时配有教学平台,学生可以通过网络阅读、下载相关学习资料。为了该课程发展的需要,我校自2002年起与省内的知名旅行社、景区签订协议,建立了一批稳定、高质量的校外实习基地。校外实习基地的工作人员参与了该课程设计、建设的全过程,并在实训环节中给予本课程极大的支持和指导。

《导游业务》网络课程混合式翻转课堂教学实践

1. 选题依据

(1)混合式学习国内外研究现状

在研究内容上,国内外混合式学习研究均与在线学习、远程学习及高等教育领域联系紧密,但对于混合式学习教学设计研究的切入点有所不同:国内研究倾向于先从理论上构建混合式学习模式,然后再进行实证研究;国外研究更倾向于针对具体的教学情境,从微观角度提出并验证混合式教学的策略与方法。国内外学者虽已开始关注混合式学习和翻转课堂的关系,但对两者相融合的教学方式仍是未来研究的重点。在理论框架的构建上,国内外的相关研究均倾向于设计性研究,而对探索性研究和解释性研究关注较少。更多的关注设计模型、框架、策略和方法工具,较少关注对影响混合式学习的相关变量及其关系分析。

(2)翻转课堂国内外研究现状

国外对翻转课堂实践及应用研究已经进入了一个相对成熟的时期,我国在翻转课堂方面的研究起步较晚,在理论研究领域虽然取得了一定的探索,但是在技术平台设计方面研究较少,电子书和云计算技术是目前技术研究的核心。除此之外多媒体技术、慕课(MOOC)技术、虚拟现实技术的研究也应当成为翻转课堂技术研究的重点。另外,国内翻转课堂的研究在教学模式的研究方面具有一定的局限性,如相较于文科,目前的模式探索更适用于理科教学,中小学关于翻转课堂的应用及实践研究较多,而本科及研究生等高等教育以及成人教育、职业教育在翻转课堂方面的研究较少,因此,探究一种能在更广的学科和学龄范围内适用的翻转课堂教学模式,如何科学而系统地激发学习兴趣,课前相应准备等,是目前翻转课堂研究中亟待解决的问题。

(3)翻转课堂理念下旅游管理专业混合式教学研究现状

在研究内容上,对旅游管理专业教学的研究主要集中在翻转课堂教学模式的设计及应用、混合式教学模式的构建,而这些教学模式的应用仅仅局限在旅游英语等少数课程且仍处在探索阶段;其次,在研究方法上多为描述性研究,对教学模型的设计、教学评价等方面的研究较少;最后,翻转课堂和混合式教学相融合的教学改革探索目前还未在旅游管理教学中应用。

(4)本课题相对已有研究的独到学术价值和应用价值

目前,对旅游管理专业课程的研究局限在旅游英语等少数课程,在研究方法上多为描述性研究,翻转课堂和混合式教学相融合的教学模式还未在旅游管理教学中应用。而教育信息化已经进入一个跨越式发展的新阶段,传统教学模式正受到极大冲击,翻转课堂、混合式教学越来越受到人们的关注,而两者相融合的教学方法更是顺应了人才培养和教育发展的要求。基于此现状,开展本课题研究。

2. 研究基础

(1)导游业务课程经过十五年的建设,先后获得山东省成人特色精品课程、全国旅游教职委精品课程、山东省成人高等教育精品资源共享课程,课程团队经验丰富,课程积累深厚,为顺利完成本课题研究奠定了基础。

(2)学校投资12万元正在建设导游实战虚拟仿真系统,对导游带团程序进行分析、模拟,实现导游工作各个环节中的任何一种情况,出现虚拟场景中都和实际情况具有高度仿真效果,声音仿真、动作仿真等特效,模拟现实场景,让学生一目了然,让导游员对导游工作的全过程的每一个细节都了解得清清楚楚。带团过程中的重点、难点、关键环节、注意事项、部分突发事故等,都能以高仿真的动画形式展示出来,可以根据需要随机应变,处理带团过程中遇到的各类疑难问题。该系统的建设将为本课题的研究提供有效支撑。

(3)学校投资6万元建设导游业务网络课程,将各类知识点、技能点的学习整合到导游带团的过程中,从岗位技能的实际出发,将技能训练融入课程体系中,强调理论与实践一体化。将不同岗位导游服务工作流程,设计为一个完整的工作过程。该课程的建设与实施将为本课题提供良好的平台支撑。

（4）承担项目

项目名称	来源	年限
"导游业务"被评为山东省成人特色课程	山东省教育厅	2010.05
"导游业务"精品课程	高职高专旅游教指委	2011.05
"导游业务"被评为精品资源共享课	山东省教育厅	2012.12
课题"旅游管理专业实施'双语渗透教学'提升学生跨文化交际能力的研究与实践"	山东省职业教育与成人教育科研鉴定委员会	2010.09
课题"酒店管理专业实施'双语渗透教学'提升学生跨文化交际能力的研究与实践"	教育部高等学校高职高专餐旅管理与服务类专业教学指导委员会三等奖	2012.01
《酒店英语》教育部高等学校高职高专餐旅管理与服务类专业教学指导委员会精品课程	教育部高等学校高职高专餐旅管理与服务类专业教学指导委员会	2012.01

（5）条件保障：完成本课题研究的时间保证、资料设备等科研条件。

本课程为旅游管理专业核心课程，正常授课中进行教学改革，时间、人员、学生都具备。2015 年学校投资 12 万建设导游实战虚拟仿真系统，正在研发；2016 年，学校再度投资 6 万建设导游业务网络课程，正在建设，预计 2017 年建成。此两项项目的建设将为本课题提供良好的支撑条件。学校作为全国示范性高职院校，已具备的教学改革与研究的基础和环境及对项目的支持情况，具体见《淄博职业学院科研经费管理暂行办法》《淄博职业学院横向项目管理暂行办法及办理指南》等。

研究的阶段性计划

阶段	时间	内容	成果形式
准备阶段	2017.05 – 2017.07	搜集资料	
实施阶段	2017.08 – 2018.01	社会调研、理论分析	调研报告、论文
总结阶段	2018.02 – 2018.05	总结、撰写研究报告	研究报告、网络课程建设效果、教改方案

3. 研究内容

（1）本课题的研究对象

混合式教学是传统教学与网络化教学优势互补的一种教学模式,翻转课堂将课堂中心转向师生互动、同伴协作和交流,本课题基于在建的导游业务网络课程,运用混合式教学理论结合翻转课堂教学方式,以 2016、2017 级旅游管理大专学生为调查对象,对所设计混合式翻转课堂实施,应用效果进行验证和分析,以期为同类研究者提供借鉴。

（2）总体框架

首先,结合导游业务网络课程进行混合式翻转课堂建设;其次,以混合式翻转课堂教学过程为研究出发点,以教学过程理论为理论基础,定性化分析描述混合式翻转课堂教学过程的一般特征,并设计混合式翻转课堂的教学方案,探索混合式翻转课堂教学模式;最后,以导游业务网络课程建成结果为研究对象,对比分析混合式翻转课堂教学与普通教学的效果,从教学评价的角度探究混合式翻转课堂教学模式的教学过程特征。

（3）重点难点

探索导游业务混合式翻转课堂教学模式及本质特征。基于教学过程理论和教学分析理论,描述混合式翻转课堂教学的内涵和教学实践过程,并从知识传递和师生互动角度揭示混合式翻转课堂教学过程的一般特征。

设计课堂教学过程评价方案。从教师、学生、企业评价等角度分析教学过程。

利用分析工具对混合式翻转课堂和传统课堂的教学过程作比较研究。选取教学视频作为研究对象,根据评价方案设计实验并收集数据,对课堂教学过程做比较研究,总结混合式翻转课堂教学过程的一般规律,以指导混合式翻转课堂的教学实践。

本研究以量化方式探讨混合式翻转课堂教学过程的特征,从实践中证明了混合式翻转课堂促进教学过程的师生互动,改变了传统课堂知识信息传递的方式,促进了教育教学的改革实践。

（4）主要目标

建成导游业务网络课程并进行混合式翻转课堂实践;研究其教学过程,对比分析混合式翻转课堂教学与普通教学的效果。对应用效果进行验证和分析,以期为同类研究者提供借鉴。

4. 思路方法

(1)本课题研究的基本思路、具体研究方法

本研究运用了文献分析法、实证研究法、问卷调查与访谈调查等研究方法,将基于混合学习的翻转课堂教学模式引入课堂。我们通过构建教学模型、设计丰富的教学活动、开发教学资源等方式,让学生体验这种新型的教学方式,旨在培养学生自主学习能力、发现问题解决问题能力、合作学习能力等综合能力。同时,希望通过本研究,补充并发展基于混合学习的翻转课堂模式在教学实践中的应用,力求为我国教育改革提供新思路。

(2)研究计划及其可行性

本课题研究计划分为五个步骤:第一个步骤对国内外翻转课堂与混合式教学的研究现状以及文献进行梳理总结,阐明本文的研究意义以及主要的研究方法。第二步对现有的翻转课堂教学模型进行系统性分析,提炼模型的主要构成要素,以及基于该模型课程设计的利与弊。根据教育目标和翻转课堂的特征以及混合式教学的优势等因素,提出基于混合学习的翻转课堂教学设计模型。第三步是实证研究部分,针对构建的基于混合学习的翻转课堂教学设计模型,以导游业务为例,做一个较详细的课程教学设计,主要从学习需要分析、学习内容分析、学习目标设计、学习策略设计、学习活动设计、学习过程设计、评价方式设计等方面进行论述,整体体现翻转课堂教学模式的优势,以及为课堂教学带来的变化,旨在打破传统教学的弊端,为学生提供个性化的学习空间和学习途径。同时,注重协作交流等活动的开展,提高学生自主学习能力,也希望能够促进教师教学水平和教育技术能力的提高。第四部分为课程评价部分。课程实施后,采用调查问卷的形式对学生进行学习效果的调查以及学生满意度的调查,对问卷进行系统化的详细分析,同时采用访谈法与学生和教师进行深入交流,总结基于混合学习的翻转课堂教学设计模型、课程设计以及课程实施方面存在的优势以及不足之处,进行反思,进一步完善教学模型。最后对本文研究的内容和问题进行整体的总结与展望。

本课题建立在导游业务网络课程建设的基础上,教学团队有较为丰富的信息化教学经验,学校具有强大的教学资源平台作为支撑,能够保障本课题的完成。

5. 创新之处

(1)翻转课堂与混合式教学相结合的新型教学模式的探索;

(2)兼顾教学策略和学生学习过程的研究;

(3)导游业务课程作为旅游管理专业的职业能力核心课程,课程资源丰富,师

资队伍实力强,具有丰富的课程开发经验,对于课程建设理念有深入的研究,能够高质量完成网络课程混合式翻转课堂的探索实践。

6. 预期成果

(1)预期成果形式:研究报告、教改方案、网络课程建设效果、论文等。

(2)本项目主要在我院旅游管理专业2016、2017级高职学生中探索实施,实施后教师的教学理念、教学设计能力以及学生的学习主动性有较明显的提升,教学效果较明显。本课题研究的成果(含研究报告、教改方案、网络课程、论文等)可以作为高职院校或其他高等院校的教学范例供参考和借鉴。

(3)推广应用价值

通过本课题的实践研究,构建翻转课堂和混合式教学相融合的新型教学模式,充分发挥学生的主体地位和教师的主导作用,改善传统课堂教学低效率的现状,提高学生学习的积极性和主动性,为广大高校教师提供一个教学范例,在高等学校教学中具有一定的参考和推广价值。

参考文献:

[1]穆肃. 传统大学需要创新变革:HeFlex课程引领未来——访美国旧金山州立大学布莱恩贝迪博士. 开放教育研究,2013(19).

[2]马志强,孔丽丽,曹宁. 国内外混合式学习研究热点及趋势分析——基于2005～2015年SSCI和CSSCI期刊论文比较. 现代远程教育研究,2016(4).

[3]詹泽慧,詹宏基. 混合式活动模式与实施策略研究. 中国教育信息化,2013(18).

[4]韩万江,张笑燕,陆天波,孙艺. 基于混合式教学的软件项目管理课程建设. 大学教育,2015(10).

[5]马金钟,赵国宏,徐鹏. 基于校园网络教学平台的颠倒课堂教学实践研究. 课程与教学,2014(12).

[6]刘斌. 基于在线课程的混合式教学设计与实践探索. 中国教育信息化,2016(11).

《旅游景区服务与管理》课程标准设计

一、课程性质与任务

本课程是三年制高等职业教育旅游管理专业的一门专业技能课程。本门课程的主要任务是让学生掌握旅游景区服务与管理的基本知识和方法,具备旅游景区工作要求的理论素养、操作技能和初级管理能力。能帮助学生树立景区管理意识与职业思想,建立景区服务与管理工作的基本思路和总体概念,具备景区服务与管理的基本知识和技能,进而培养学生在旅游景区实际工作中分析与处理问题的能力。

二、课程教学目标

本课程的主要教学目标是让学生掌握旅游景区基本概念和分类,了解旅游景区的接待服务、解说服务、商业服务、设施维护管理、环境服务、营销服务、质量管理、景区资源管理与可持续发展等内容,对景区服务的方方面面有全面的把握,并要求学生具备一定的旅游职业道德和职业精神。通过对本门课程的学习,能够丰富学生的理论知识,拓展学生的专业视野,提高学生认识、分析和解决专业问题的能力,进而激发学生对其他专业知识的兴趣,树立起旅游职业从业信心。

(一)知识目标

1. 了解现代最新的旅游行业服务理念。

2. 理解和掌握旅游景区的基本概念与景区服务知识。

3. 理解和掌握旅游景区管理知识。

4. 理解景区从业人员应该具备的职业道德与职业精神,并了解旅游景区行业相关从业证书。

(二)能力目标

能够理解旅游景区所涉及的知识框架体系。

能够把握旅游景区服务与管理的发展趋向。

能够具备一定的景区服务质量管理与市场营销能力。

能够全面把握旅游景区基本业态的发展情况。

能够时刻关注行业发展并能分析和解决行业潜在问题。

能够进行旅游景区实践知识再学习。

能够提升人际交往能力、灵活应变能力、语言表达能力等。

(三)素质目标

培养学生旅游职业兴趣,树立正确的旅游从业价值观念。

培养学生独立学习能力,独立思考问题、分析问题、解决问题的职业素养。

培养学生具有爱岗敬业、不断进取、开拓创新的职业精神。

培养学生具有旅游职业道德,遵纪守法、关心他人。

培养学生的团队合作意识;热情、周到、细致、耐心的服务意识;灵活、克制、诚信的职业意识。

三、参考学时

72 学时。

四、课程学分

4 学分。

五、课程内容和要求

序号	教学项目	教学内容与教学要求	活动设计建议	参考学时
1	项目一 旅游景区概述	学习内容： 1. 旅游景区的基本概念与类型； 2. 旅游景区的基本特征及作用； 3. 旅游景区的等级评定。 教学要求： 1. 掌握景区的概念辨析； 2. 掌握景区的类型分析。 3. 理解旅游景区的可创性的意义与作用； 4. 掌握我国旅游景区等级评定的主要形式与评定等级。	1. 课堂讲授为主，灵活采用多种教学方法； 2. 通过 PPT 课件展示进行理论知识的讲授； 3. 注重案例教学法，某些知识点通过实际案例分析来说明问题。	4
2	项目二 旅游景区接待服务	学习内容： 1. 票务服务； 2. 排队服务； 3. 咨询服务； 4. 投诉受理服务。 教学要求： 1. 掌握票务、排队、咨询服务的工作内容； 2. 掌握接待服务的技巧； 3. 熟悉处理游客投诉的步骤。	1. 知识讲授过程中要求学生关注景区行业、旅游者，并总结其服务特点； 2. 注重案例教学法，某些知识点通过实际案例来说明问题； 3. 注重学生责任心、爱心的培养，让学生树立良好的服务意识与职业态度。	6
3	项目三 旅游景区解说服务	学习内容： 1. 景区解说服务的作用； 2. 景区解说服务的主要内容； 3. 景区人员导游服务技能。 教学要求： 1. 掌握景区解说服务的内容； 2. 掌握景区讲解员的导游服务技能。	1. 本项目训练为主，知识讲授理论联系实际； 2. 项目驱动法和 PPT 演讲法：要求学生讲解 5 分钟的 AAAAA 级景区相关内容。	8
4	项目四 旅游景区商业服务	学习内容： 1. 旅游景区娱乐服务； 2. 旅游景区购物服务； 3. 旅游景区餐饮服务； 4. 旅游景区客房服务。 教学要求： 1. 掌握景区娱乐、购物、餐饮、客房服务的要求及特点； 2. 掌握景区商业服务的技巧； 3. 理解景区餐饮服务与一般饭店餐饮服务的区别。	1. 课堂教授、小组讨论，总结景区商业服务与一般商业服务区别； 2. 注重案例分析教学法，某些知识点通过实际案例来说明问题； 3. 引导学生保护生态系统的意识。	8

序号	教学项目	教学内容与教学要求	活动设计建议	参考学时
5	项目五 旅游景区 设施维护 与管理	学习内容： 1. 旅游景区设施类型和要求 2. 旅游景区设施设备管理 3. 旅游景区设施的安全管理 教学要求： 1. 掌握景区设施类型和要求； 2. 掌握景区设施设备管理的基本内容与方法； 3. 掌握景区设施的安全管理的举措。	1. 课堂讲授为主，灵活采用多种教学方法； 2. 通过 PPT 课件展示进行行业知识的讲授； 3. 项目教学法：布置任务要求学生以小组为单位调查当地旅游景区如何抓好设施设备使用管理，每个小组通过 PPT 课件展示向其他同学讲解相关知识，教师负责指导和帮助。	8
6	项目六 旅游景区 环境管理	学习内容： 1. 旅游景区环境容量的确定； 2. 旅游景区的游客管理； 3. 旅游景区环境管理的内容。 教学要求： 1. 掌握景区环境保护的手段和主要措施； 2. 掌握景区卫生管理的重要性和具体举措； 3. 掌握景区垃圾处理的方法和厕所管理问题。	1. 教学主体的转换，以学生为授课主体，每个同学准备一个小的知识点通过 PPT 课件展示向其他同学讲解相关知识，教师负责指导和帮助； 2. 案例分析，培养学生重视景区环境容量，重视游客管理、保护景区环境的意识。	6
7	项目七 旅游景区 营销管理	学习内容： 1. 旅游景区营销概述； 2. 旅游景区市场定位； 3. 旅游景区产品策划； 4. 旅游景区产品销售。 教学要求： 1. 掌握景区营销的特点、内容； 2. 掌握景区市场定位方案； 3. 掌握景区产品策划技巧； 4. 掌握景区产品销售渠道和方法。	1. 课堂讲授主要知识，灵活采用多种教学方法； 2. 项目教学法：布置任务要求学生以小组为单位问卷调查当地旅游景区促销手段效果，并为该景区制定一份策划方案，每个小组通过 PPT 课件展示向其他同学讲解方案，教师负责指导和帮助。	12

续表

序号	教学项目	教学内容与教学要求	活动设计建议	参考学时
8	项目八 旅游景区服务质量管理	学习内容： 1. 旅游景区服务质量管理概述； 2. 旅游景区服务质量的人员管理； 3. 旅游景区服务质量的控制； 4. 旅游景区服务质量的标准化管理。 教学要求： 1. 掌握景区服务质量管理的内涵和基本方法； 2. 理解景区服务质量管理的重要性； 3. 了解景区服务质量管理标准的制定。	1. 课堂讲授为主，灵活采用多种教学方法； 2. 通过 PPT 课件展示进行行业知识的讲授； 3. 注重理实一体化，带领学生进行景区的实地参观，丰富学生的实践知识。	8
9	项目九 旅游景区资源管理与可持续发展	学习内容： 1. 旅游景区资源管理概述； 2. 旅游景区资源保护与利用； 3. 旅游景区资源管理； 4. 旅游景区资源的可持续发展。 教学要求： 1. 掌握景区资源调查、评价的方法； 2. 掌握景区资源有效保护与合理利用的方法； 3. 掌握景区可持续发展的策略。	1. 课堂讲授为主，结合案例分析法，通过 PPT 课件展示进行知识的讲授； 2. 注重理实一体化，带领学生进行景区的实地参观，丰富学生的实践知识。 3. 通过丰富的视频资料加深学生对旅游资源保护与合理利用认知。	12

六、教学建议

（一）教学方法

针对学生实际情况，结合教学内容，多种教学方法手段综合运用。按照项目导向教学理念，可采用工学交替、任务驱动、教学做一体化的教学模式，有针对性地采取小班教学、分组实施的教学组织模式。教学过程中，根据课程的特点，建议在教学中多采用课堂讲授、小组讨论、案例教学、项目驱动、PPT 演讲等方式，运用讨论式、启发式、现场实践式教学方法，有效地激发学生学习热情，充分发挥学生主体作用。

1. 课堂讲授法

教师在准备丰富资料的基础上通过生动形象、富有感染力的口头语言向学生传授旅游景区的相关知识。讲授的内容既有基础理论知识,也有行业一线实践知识,讲授的语言清晰、准确、简练,条理清楚、通俗易懂,语调要抑扬顿挫,适应学生的心理节奏。

2. 小组讨论法

在教师的指导下,学生以全班或小组为单位,围绕教师设定的问题,展开讨论,各抒己见,通过讨论或辩论活动,获得景区相关知识。讨论结束时,教师进行小结,概括讨论的情况,使学生获得正确的观点和系统的知识。

3. 案例分析法

课程教学突出理论与实践案例相结合的特点,在传授知识的同时,会通过具体的案例分析让学生深入理解和把握所讲授的知识点。

4. 项目驱动法

教师组织或指导学习到旅游景区进行实地观察、调查、研究和学习,从而获得新知识或巩固已学的相关旅游知识。参观结束后,学生整理参观笔记,写出书面参观报告,将感性认识升华为理性知识。

5、PPT 演讲

有些知识和项目总结是由学生向其他同学来进行讲授,这种方法有利于训练学生的总结、表达、展示能力。

(二)评价方法

本门课程的考核由平时过程性考核、期末考核和第三方评价组成。

1. 平时过程性考核的考核内容主要有平时项目作业完成情况、课堂参与教学情况、出勤情况等;

2. 期末考核为试卷考试,主要考核学生对本门课程的基础知识的掌握情况;

3. 积极引入企业第三方评价,进一步扩大与行业企业合作的力度,与企业共同开展质量评价工作。

(三)教学条件

1. 课堂教学条件

本门课程开展课堂教学需要多媒体教室、多媒体资料(教学资源库、网络学习模块知识和实际教学案例库)及设备、实物及教具模型。将课程讲授与学生活动相互融合,使教与学相长,利用多媒体教学设备进行教学,增大授课信息量,展示同学们的学习效果,加深印象,激发学习热情,为教学创设一个良好的学习氛围和学习空间。

2. 信息化教学条件

本门课程依托网络化教学平台开展相关教学活动,借助一定的网络教学平台实现信息化教学。借助信息化平台学生可以查看课程介绍、课程设计,下载课件等相关教学资源,完成平台上老师布置的作业,并能通过平台实现在线测试和与老师的实时沟通。

3. 实践环节条件

本门课程利用旅游管理实训室进行理实一体化教学,结合课程知识内容体系进行相关实际训练。

(四)教材编写

1. 教材编写应以本课程标准为基本依据,合理安排教材内容。

2. 教材要充分体现任务引领、实践导向的课程设计思想。

3. 教材要以完成任务的典型活动项目来驱动,采用实际案例、任务分析等多种表现形式组织编写,提高综合职业能力。

4. 教材应以学生为本,文字表达简明扼要,内容展示图文并茂,突出重点,重在提高学生学习的主动性和积极性。

5. 教材中的活动设计应具有可操作性。

(五)数字化教学资源开发

1. 按照三年制高等职业教育学生的认知规律,结合课程教材,尽可能采用现代化教学手段,制作和收集与教学相配套的多媒体课件、挂图、幻灯片、录像带、试听光盘等,搭建起多维、动态、活跃、自主的课程训练平台,使学生的主动性、积极性和创造性得以充分调动。

2. 搭建产学合作平台,充分利用本行业的企业资源,满足学生参观、调研的需要,并在合作中关注学生职业能力的发展和教学内容的调整。

3. 积极利用电子书刊、电子图书馆和各大网站等网络资源,使教学内容从单一化专向多元化,从而拓展学生的知识和能力。

"导游业务"虚拟仿真软件项目建设初探

摘　要:高职高专旅游管理专业的"导游业务"课程是一门专业核心课,主要培养地陪、全程、领队等导游员所需要具备的综合业务能力与素质,对旅游管理专业核心技能的形成起着决定性的作用。但受时间、空间、费用等因素的限制,旅游管理专业"导游业务"课程利用传统的课堂教学难以达到理想的教学效果。本文探索建设虚拟仿真软件,突破目前传统教学的局限性,弥补单凭语言描述的苍白感,调动学生的积极性。

关键词:虚拟仿真导游业务

一、项目研究意义

(一)"导游业务"是高职高专旅游管理专业的专业核心课,在整个旅游管理专业课程体系中起着决定性的作用。

导游的培养是旅游管理专业的重要任务。"导游业务"课程除了传授给学生做一名合格导游员必须具备的理论知识外,更重要的是教会学生不断学习的能力,在理论的引导下,规范操作各种导游服务程序,灵活地为游客提供个性化服务,不断提高带团服务、讲解服务、旅行生活服务等操作技能,养成良好的职业素养。"导游业务"课程作为全国导游资格证考试的必考科目之一,是从业职业资格必考课程,在旅游行业对人才技能的要求越来越高的今天,本课程的地位和作用日益凸显。

"导游业务"课程培养导游员所要具备的综合业务能力与职业素养。对于一线导游员来讲,掌握导游员工作流程、基本服务技能,是应具有的基本素质。

(2)"导游业务"课程执行中,受时间、空间、经费等限制较大。

目前,"导游业务"课程一般在校内实训室进行,安排理论讲授导游知识的学习,教师采用黑板、幻灯片、PPT进行授课,辅以案例分析、现场模拟,部分学校采用任务驱动、小组活动的教学模式改革。但是,导游工作全程会涉及食、住、行、游、购、娱等方面,涉及旅行社、旅游交通、饭店、景区等多个因素,限于安全、经费、时间、空间等因素,无法反复进行现场模拟练习,理论教学无法与有效的实训结合在一起,教学效果严重受到影响,使得学生只会纸上谈兵,实际能力的养成和企业的需求脱节。如果学习过程中又忽视了学生自我学习能力的培养,将来走向社会的毕业生社会适应能力是很差的,这成为旅游管理专业的一个就业难题。为了打破目前的束缚,更好地培养适应社会需要的人才,期望借助虚拟仿真技术可以破解这个难题。

(3)虚拟仿真软件可以较为有效地解决瓶颈问题。

虚拟仿真软件在旅游管理专业不少见,多停留在景区、景点的虚拟游览方面,针对导游实际带团工作程序的项目目前是个空白,教学中没有可以利用的资源,为实际教学带来诸多不便。本项目的建设探索旨在解决实际教学中遇到的上述难题。

二、应用效益分析

(一)通过虚拟仿真技术模拟教学,可以全面培养学生的旅游专业综合素质。

通过虚拟仿真技术软件显示导游员工作程序、工作技能,图文并茂、通俗易懂、注重实用、重点突出,同时项目计划中配有大量实训题,可供学生巩固和练习。通过本项目建设,可以结合导游员工作的实际情境,把实践和理论进行结合,把真实的工作环境利用软件进行模拟开发,使得教学更加直观化。学生可以轻松掌握旅游业务的吃、住、行、游、购、娱等服务流程与操作技能,使理论教学与虚拟实践无限度贴合,边教学边虚拟实训,全面培养学生的旅游专业综合素质。

(二)通过本项目可以建立旅游管理专业优势资源的共享平台。

依托导游业务虚拟项目,力图实现导游讲解、导游基础知识、旅游政策法规等多门专业考证课程的有效融合,以点带面,推动相关课程的教学内容、方式方法改革探索,打造专业课程群的信息化、网络化,打破课程间的隔膜,逐步实现教学资源共享,实现从注重知识传授到注重技能训练、能力培养和素养提升的转化。

(三)当前此类虚拟仿真项目稀缺,具有很强的应用性,可以把使用价值推广到行业、企业。

旅游行业每年大量的导游年审培训、导游员资格考试培训,都可以应用此项目,既可以降低旅游行业、企业人员培训的时间和经费,又可以大大增强培训效果,建设软件能够最大限度地发挥其应有的经济和社会应用效益。

三、项目基本功能

导游业务虚拟仿真项目主要实现的功能是导游带团程序三维动画的设计与应用。通过虚拟仿真技术中的三维动画的应用,对导游带团程序进行分析、模拟,实现导游工作各个环节中的任何一种情况,出现在虚拟场景中都和实际情况具有无限逼真的效果,游戏闯关式的场景设计、细致入微的脚本撰写、真人配音、逼真的3D人物和场景,动静结合,引人入胜。通过模拟现实场景,让学生一目了然,积极性极高地一次次自我挑战闯关,无形中使学生掌握了导游带团程序的每一个细小环节和注意事项,有效地将课本知识转化为学生的认知。

四、项目建设的基本框架

(1)导游任务介绍:设置导游场景,介绍导游任务;

(2)导游服务准备:熟悉落实接待计划、带团准备;

(3)导游迎接服务:旅游团抵达前后的服务、赴饭店途中的服务;

(4)入住饭店服务:登记办理入住手续、照顾游客住宿;

(5)参观游览服务:出发前的准备工作、景点导游讲解等;

(6)导游送站服务:送站前的工作、送行服务;

(7)导游后续工作:总结任务完成情况,做好后续工作的处理。

参考文献:

[1]瞿葆.高职旅游专业模拟导游实训室建设初探.商场现代化,2009(10).

[2]陈保霞.旅游管理专业"导游业务"教学改革初探.教育与职业,2010(6).

[3]教育部关于进一步深化本科教学改革全面提高教学质量的若干意见.中国大学教学,2007(6).

旅游管理专业人才培养状况报告（2016 年）

（一）人才培养目标

1. 培养目标

本专业培养拥护党的基本路线，适应生产、建设、管理和服务第一线需要的，具有良好的职业道德、敬业精神、职业习惯及仪表仪态，掌握旅游企业经营管理的理论、方法和手段，具备旅行社、饭店经营管理的基本能力和导游、酒店前厅、客房、餐饮等方面的专业技能，能综合所学知识分析和解决经营管理中的实际问题，具有良好的外语能力、灵活的跨文化交流技能、德智体美全面发展的在旅行社、酒店等部门从事一线服务和管理工作的高素质技能型人才。

2. 培养规格

（1）知识

基础知识：

①了解马克思主义、毛泽东思想、邓小平理论和"三个代表"重要思想等基本原理；

②具备一定的文学、历史、哲学、艺术、法律等方面的知识；

③具备良好的思想品德修养和心理学知识；

④掌握技术应用型人才必备的外语知识和计算机知识。

专业知识：

①掌握导游服务的业务知识；

②掌握景区服务与管理的业务知识；

③掌握旅行社经营与管理方面的专业知识；

④掌握酒店行业服务与管理方面的专业知识；

⑤熟悉旅游业相关的人文科学知识；

⑥熟悉公关、营销、旅游线路设计等方面的市场知识。

（2）能力

专业能力：

①熟练掌握旅行社管理的原理、程序、方法和技巧，能进行旅行社的成本核算、形象设计、市场营销、人力资源管理等工作；

②熟悉旅行社、饭店等的网上业务，具备一定的旅游英语交流能力。熟悉旅行社、旅游饭店、旅游景点等旅游企业的服务和管理，并具备熟练的操作能力；

③掌握社交礼仪知识并熟练运用；能按照服务规范和标准作好全陪、地陪、定点导游服务与接待工作，能按照规范标准做好领队、计调、外联等服务与管理工作；

④具备旅游景区服务的讲解和管理技能。熟悉旅游景区的票务、交通、食宿、娱乐和购物等服务工作，熟练掌握旅游景区的导游服务技能，掌握从旅游景区产品、景区旅客行为、景区营销、景区的设施设备、景区的安全等方面进行景区管理的能力；

⑤具备熟练的前厅、客房、餐饮服务与基层管理能力，具有酒店员工培训、考核、岗位设置、班次安排、员工激励、市场分析、营销策略制定等能力。

方法能力：

①具备较强的计算机应用能力：能熟练使用 Windows 操作系统和 Office 软件；能熟练地在因特网上检索、浏览信息、下载文件、收发电子邮件；

②具备较强的外语应用能力：可借助字典阅读英文专业资料及说明书，具有初步的外语口头交际能力；

③具备较强的语言文字表达能力：能针对不同场合，恰当地使用语言与他人交流，能有效运用信息撰写比较规范的常用应用文。如调查报告、工作计划、研究论文及工作总结等，且书写工整；

④具备自主学习、自我提高能力：能不断更新知识，善于接受新事物，学习新技术，不断自我提高；

⑤具备自我控制、管理与评价能力：具有自我教育和管理的意识和能力，确定符合实际的个人发展方向并制定切实可行的发展规划、安排并有效利用时间完成阶段工作任务和学习计划，能正确的评价（自我、他人）能力；

⑥具备创新能力：在学习和工作中，勤于思考，愿意提问，积极发表自己的见解，在实验、实习、实训和毕业设计（或毕业综合实践）中善于动脑，乐于探索，有一

定的创新见解。

社会能力:

①具备良好的思想政治素质;

②具备较强的法律意识和责任意识;

③具备良好的品格和严谨的行为规范;

④具备较强的口头与书面表达能力、人际沟通能力;

⑤具备较强的团队精神和协作精神;

⑥具备良好的心理素质和克服困难的能力及坚忍不拔的毅力;

⑦能够进行自我批评与检查,勇于承担责任。

(3)素质

基本素质:

①具备良好的思想道德素质:提高学生的思想政治素质,有正确的政治方向;有坚定的政治信念;遵守国家法律和校规校纪;爱护环境,讲究卫生,文明礼貌;为人正直,诚实守信。

②具备良好的科学文化素质:提高学生的人文素质,有科学的认知理念与认知方法和实事求是勇于实践的工作作风;自强、自立、自爱;有正确的审美观;爱好广泛,情趣高雅,有较高的文化修养。

③具备良好的身体心理素质:提高学生的身体和心理素质,有切合实际的生活目标和个人发展目标,能正确地看待现实,主动适应现实环境;有正常的人际关系和团队精神;能处理好男女之间的友谊、爱情关系;积极参加体育锻炼和学校组织的各种文化体育活动,达到大学生体质健康合格标准。

职业素质:

①具备良好的职业道德:增强学生的诚信品质、敬业精神、责任意识和遵纪守法意识,不谋私利,廉洁自律,坚持公平、公正的工作原则,保守职业秘密。

②具备良好的职业行为:增强学生风险意识、责任意识、吃苦耐劳精神,有严谨、认真、细致的工作作风;文明生产,团结协作,热爱集体,求新追优。

③具备良好的职业态度:树立正确的择业观,健康的择业心态,正确的择业方法、工作取向、独立决策能力与择业态度。

(二)培养能力

1.专业设置情况

旅游管理专业办学历史悠久,成立于2002年,2003年首次招生,是淄博市旅游行业定点培训单位。现有专兼职教师 16 人,其中校内专任教职工 8 人:高级职称 1 人,博士 1 人,硕士 6 人,省级优秀教师 1 人。现有院级精品课程 3 门,省级成人特色课程 1 门,省级资源共享课程 1 门。该教学团队秉承"求真、务实、创新、奉献"的工作作风,长期为旅游局、旅行社、酒店、旅游景区提供专业技能培训,在淄博市享有很高声誉。

该专业办学理念先进,注重培养学生良好的职业道德和敬业精神,以及语言沟通能力、人际交往能力等,打造绅士风度、淑女气质,着意提高学生的就业竞争力和发展潜力。该专业始终坚持面向旅行社、酒店、旅游景区培养人才,先后与淄博国际旅行社、中国旅行社、山东山川国际旅行社等多家旅行社和阿联酋迪拜、上海、北京等多家星级酒店建立长期合作关系,学生不出校门便有众多企业上门求贤。

2. 在校生规模

截至 2016 年 11 月份,旅游管理专业拥有在校生 227 人,毕业生每年就业率均在 100%,就业前景十分乐观。

3. 课程设置情况

按照学院提出的"逆向分解、整合重构、正向实施、动态反馈、循环提升"的课程体系重构和改革思路,专业课程体系构建按照岗位跟踪、动态反馈、循环提升的原则,以职业能力与岗位(群)需求为导向,企业人员参与共同分析旅游管理专业岗位(群)工作任务,确定了旅游管理专业毕业生就业岗位的典型工作任务及其所要求的职业能力,具体见表1。

表 1 工作任务与职业能力分析表

典型工作任务	工作任务分解	职业能力
1. 领队导游服务	1.1 服务准备	1.1.1 会研究旅行团情况 1.1.2 会核对各种票据、表格和旅行证件 1.1.3 能做好各项物质准备 1.1.4 能开好出国前的说明会
	1.2 全程陪同服务	1.2.1 会办理中国出境手续 1.2.2 会办理国外入境手续 1.2.3 能做好各项境外旅游服务 1.2.4 保管好证件和机票
	1.3 后续工作	1.3.1 能请旅游者填写征求意见表并收回 1.3.2 会填写《领队小结》,并整理反映材料 1.3.3 能与有关方面结清账目,归还物品 1.3.4 能协助旅行社领导处理遗留问题

典型工作任务	工作任务分解	职业能力
2. 全陪导游服务	2.1 服务准备	2.1.1 熟悉旅游接待计划 2.1.2 能做好各项物质准备 2.1.3 能与接待社联系,妥善安排相关事宜
	2.2 首站接团服务	2.2.1 能提前半小时到接站地点与地陪一起接团 2.2.2 核对旅游团人数、行李件数、住房、餐饮等情况 2.2.3 会致欢迎辞 2.2.4 能安排游客集合等车
	2.3 进住饭店服务	2.3.1 能协助领队办理住店手续 2.3.2 掌握住房分配名单,保持联系 2.3.3 掌握饭店总服务台的电话和与地陪紧急联系的办法,能保持联系
	2.4 各站服务	2.4.1 能向地陪通报旅游团的情况,协助地陪工作 2.4.2 能监督各地服务质量,酌情提出改进意见和建议 2.4.3 能保护旅游者的安全,预防和处理各种事故 2.4.4 能为旅游者当好购物顾问 2.4.5 能做好联络工作
	2.5 离站服务	2.5.1 能提醒地陪落实离站的交通票据及离站的准确时间 2.5.2 能协助领队和地陪办理离站事宜 2.5.3 能妥善保管票证
3. 地陪导游服务	3.1 服务准备	3.1.1 能熟悉接待计划、落实接待事宜 3.1.2 能做好物质准备、语言和知识准备、形象准备、心理准备
	3.2 迎接服务	3.2.1 能做好旅游团抵达前的服务安排 3.2.2 能做好旅游团抵达后的服务 3.2.3 能做好赴饭店途中的服务
	3.3 入店服务	3.3.1 能协助办理住店手续 3.3.2 会介绍饭店设施 3.3.3 能带领旅游团用好第一餐 3.3.4 宣布当日或次日活动安排,确定叫早服务 3.3.5 能照顾行李进房
	3.4 商定活动日程	3.4.1 能与领队、全陪商定好活动日程
	3.5 参观游览服务	3.4.1 能做好出发前的各项准备 3.4.2 能做好途中导游 3.4.3 能做好景点导游和讲解 3.4.4 能安排好参观活动 3.4.5 能做好返程中的工作

续表

典型工作任务	工作任务分解	职业能力
3. 地陪导游服务	3.6 其他服务	3.5.1 能安排好社交、文娱活动 3.5.2 能做好购物和餐饮服务
	3.7 送客服务	3.6.1 能协助做好送行前的业务 3.6.2 能协助做好离店服务 3.6.3 能做好送行服务
	3.8 后续工作	3.8.1 能做好票据整理和报账工作 3.8.2 能建立客户档案
4. 景点(区)服务	4.1 服务准备	能做好接待旅游团的各项物质、心理和知识准备
	4.2 导游讲解	4.2.1 能做好景点的详细讲解工作 4.2.2 能提醒游客注意安全和环保
	4.3 送别服务	能做好送客服务,征求客人意见
5. 旅行社前台接待服务	5.1 接待上门客户	5.1.1 能微笑接待游客 5.1.2 能询问游客需求 5.1.3 能向游客推介产品、提供建议
	5.2 旅游方案设计与提交	5.2.1 会设计、提供旅游服务计划方案 5.2.2 能形成方案上报 5.2.3 能修订方案,请客户审阅
	5.3 旅游服务合同签订	5.3.1 能与游客签订合同 5.3.2 能收取相应费用
6. 餐饮服务	6.1 餐前准备	6.1.1 能熟记当日菜点供应情况 6.1.2 能打扫好环境卫生 6.1.3 能做好摆台工作 6.1.4 能准备好用餐物品 6.1.5 能站在相应位置迎宾
	6.2 迎宾服务	6.2.1 能引领客人到位 6.2.2 会拉椅让座 6.2.3 能问位开茶 6.2.4 能递送菜单、酒水单
	6.3 餐中服务	6.3.1 会点菜 6.3.2 做好餐前准备 6.3.3 能斟倒酒水 6.3.4 能上菜分菜 6.3.5 能做好巡台服务 6.3.6 能做好甜品水果服务

续表

典型工作任务	工作任务分解	职业能力
6. 餐饮服务	6.4 结束工作	6.4.1 会用不同的方式为客人结账 6.4.2 能做好送客服务 6.4.3 能做好其他收尾工作
7. 客房服务	7.1 客房清洁	7.1.1 能做好住客房和离店房的清洁工作 7.1.2 能及时补充客用品,规范做床
	7.2 专项服务	7.2.1 洗衣服务 7.2.2 送餐服务 7.2.3 会客服务等

针对职业能力,融旅游管理专业职业资格标准,职业能力与职业素质培养指向岗位(群)需求,职业能力与职业素质培养融合,校企共同对课程进行系统设计,构建了基于岗位(群)工作任务的工作过程系统化课程体系。如图1所示。

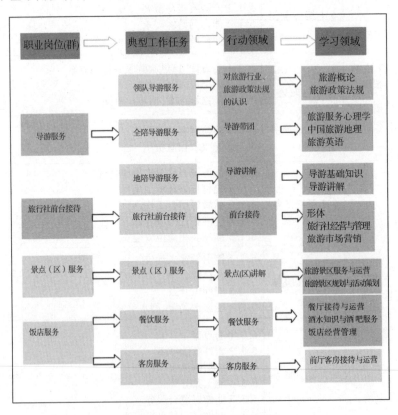

图1 旅游管理专业课程体系开发的构思图

　　为确保实现专业人才培养目标和规格,旅游管理专业课程体系由人文素养课程、职业能力课程和职业拓展课程三部分组成。遵循认知规律和职业成长规律,以职业能力为本位,依据旅游管理专业的人才培养模式,职业能力课程按照能力三级递进的培养进程由简单到复杂递进式排序。基于岗位(群)工作任务的模块化课程体系结构框图如图2所示。

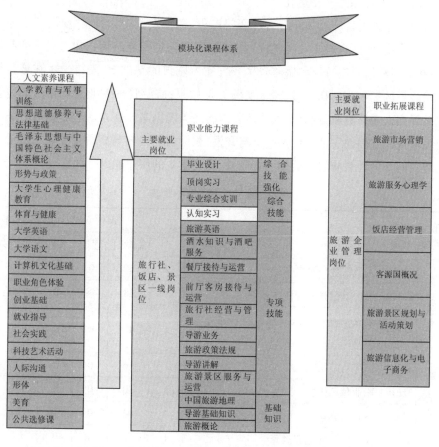

图2　旅游管理专业基于工作过程系统化课程体系

在2016级人才培养方案的制定中拟做出以下调整:

(1)在教学安排上"工学交替"更为合理

　　首先,将在第一、二、三学期针对景点讲解、旅游线路设计、导游带团等核心职业能力分别设置一周的认知实习和三周的专业综合实训课程,强化学生的实践操作能力。

其次,2016级人才培养方案继续维持2015级新改进的措施:第三年分为三段教学:第一段为30周的顶岗实习;第二段为为期4周的理论授课,目的是在学生经历实习过程,已经对旅游企业基层服务岗位非常熟悉的基础上,有针对性地设置拓展类和管理类的课程,提升学生的知识层次和管理能力。第三段为毕业设计,培养学生综合运用所学理论知识发现、分析、解决实际问题的能力。

(2)课程体系进一步优化

合并导游语言训练和导游讲解两门课程,课程设置更为科学合理;课程体系进一步优化;根据旅游业发展现状,为适应新形势,增开旅游信息化与电子商务课程;在巩固和拓展旅行社和旅游景区校外实习基地的基础上,安排学生在旅行社和旅游景区集中实训和实习,保证实践教学效果;旅游管理专业实训条件的完善也是提高人才培养质量、丰富人才培养内涵的关键因素。在本次教学指导方案中应该重视此方面的实训软件的引进与开发,积极与国内知名旅游企业联系接洽引入或共同开发智慧旅游方面的实训软件,提高学生的从业能力。详见表2。

表2 课程设置情况一览表

课程模块	课程代码	课程名称	学分	课内学时			活动课程学时
				总学时	理论	实践	
人文素养课程	32525	入学教育与军事训练	2	60	0	60	
	31332	思想道德修养与法律基础	3	48	48	0	
	31333	毛泽东思想与中国特色社会主义体系概论	3	48	48	0	
	31334	形势与政策	1	16	0	16	
	31216	职业角色体验	1	30	0	30	
	31331	体育与健康	4	64	0	64	
	32006	大学生心理健康教育	1	18	18	0	
	30823	社会实践	2	0	0	0	60
	32306	科技艺术活动	2	0	0	0	60
	33294	创业基础	1	16	14	2	
	33250	就业指导	1	18	14	4	
	31553	职业生涯规划	1	16	14	2	
	33287	美育(实用礼仪)	1	16	16	0	

续表

课程模块	课程代码	课程名称	学分	课内学时			活动课程学时
				总学时	理论	实践	
人文素养课程	30478	计算机文化基础	4	64	32	32	
	30140	大学英语	8	132	110	22	
	30765	人际沟通	3	48	36	12	
	30141	大学语文	4	64	64	0	
		形体	2	32	0	32	
		公共选修课	4	0	0	0	64
		小计(占总课时 23.5%)	48	690	414	276	184
职业能力课程	30620	旅游概论	4	64	64	0	
	31242	中国旅游地理	4	64	50	14	
	30628	旅游英语	8	144	110	34	
	30561	酒水知识与酒吧服务	2	36	20	16	
	30105	餐厅接待与运营	2	36	20	16	
	30755	前厅客房接待与运营	2	36	20	16	
	30147	导游基础知识	5	80	60	20	
	30151	导游业务	5	80	50	30	
	30629	旅游政策法规	6	96	96	0	
	30148	导游讲解	6	102	30	72	
	30625	旅游景区服务与运营	2	36	20	16	
	30617	旅行社经营与管理	4	72	62	10	
	31275	专业综合实训	10	300	0	300	
	30216	顶岗实习	24	720	0	720	
	30082	毕业设计	4	120	0	120	
		小计(占总课时 67%)	88	1986	602	1384	0
职业拓展课程	30626	旅游市场营销	4	72	50	22	
	30619	旅游服务心理学	2	36	36	0	
	32047	客源国概况	4	72	50	22	
	30260	饭店经营管理	2	36	36	0	

课程模块	课程代码	课程名称	学分	课内学时			活动课程学时
				总学时	理论	实践	
		旅游信息化与电子商务(专业选修)	2	36	0	36	
	33102	旅游景区规划与活动策划(专业选修)	2	36	18	18	
		小计(占总课时9.5%)	16	288	190	98	0
合计			152	2964	1206	1758	184

4. 创新创业教育

旅游管理专业的创新创业教育探索以"唤醒学生的创新创业意识、培养创业精神和锻炼创业技能"为目标,将创新创业教育融入专业教育中,构建专业学习和实践能力相结合的桥梁,有的放矢地培养旅游管理专业创新创业人才,将国家职业标准融入课程体系中,通过学习与训练使学生具备较完善的职业能力与职业素养,并将创新创业教育贯穿人才培养全过程,具体体现在:

(1)将创新创业教育知识和理念融入人才培养方案

开设创业基础、职业生涯规划、就业指导课程,对学生进行职业生涯规划教育,普及职业生涯基本知识,开展岗位技能培训和专业实践,指导学生顺利完成就业与创业。

(2)转变就业创业观念教育

旅游市场潜力巨大,面对目前旅游行业的新情况,教育学生须转变就业观念,有针对性、前瞻性地对专业学生进行系统时效的就业创业教育,让学生改变就业观念,敢于面对激烈的市场竞争。

(3)针对性开设职业拓展课程

依据市场需求和前沿动态需要,积极做好职业拓展教育。开设景区服务与管理、旅游信息化与电子商务等课程,满足其就业创业知识储备需要。

(4)练就就业创业能力

学校师资密切与校外企业家相结合,定期举行校内讲座,通过外出见习和长期的顶岗实习等多种途径,使专业理论知识的学习、运用与创新创业活动相结合,创建特色鲜明的课程体系,提升创新创业指导水平。学生创业教育课程体系的设计需要以创新思维为基础,以提升学生创业素质和能力为导向,将理论与实践密切结合灵活互动。引导鼓励学生基于所学专业开展创新创业活动,倡导创新与学习相互促进、创业与能力相互促进、创新与创业相互促进,实现学以致用。

图 3　李京军受邀做客淄博人民广播电台

(三)培养条件

1. 教学经费投入

表 3　教学经费投入统计表

时间	教学经费投入	生均经费
2015 年 9 月—2016 年 7 月	206129.03	908.06

2. 教学设备

表 4　已建成实验(训)室资产统计表

实验(训)室名称	实验(训)室位置	面积(m²)	资产总额	备注
导游模拟实训室	南区综合楼 C710	67.20	108970.00	
客房做床实训室	南区综合楼 B807	80.64	39934.00	
仿真标准间实训室	南区综合楼 B808	80.64	37776.00	2016 年 6 月建成投入使用
前厅接待实训室	南区八楼 C 区电梯口处	20.00	24046.00	
生产性酒吧实训室	南区综合楼 C801	67.20	86131.00	
餐饮服务实训室	南区综合楼 C704	72.24	91074.00	
合计:		387.92	387931.00	

3. 师资队伍建设

旅游管理专业本年度 1 名副教授退休,现拥有专兼职教师 16 人,其中专任教师 8 人,兼职教师 8 人,专兼职比例 1:1。专职教师中高级职称减少 1 人,只剩 1 人;中级职称 7 人;博士 1 名,硕士 6 人,本科 1 人;50 岁以上减少 1 人,只剩 1 人,30—50 岁 5 人,30 岁以下 2 人。

表 5　专职教师结构变化情况表

	2015 年	2016 年
专职教师数	9	8
双师型教师数及比例	9(100%)	8(100%)
职称结构(高级/中级/初级)	2:6:1	1:6:1
学历结构(硕士及以上比例)	8(89%)	7(88%)
年龄结构 - 老中青教师的比例(分 46 - 60 岁、36 - 45 岁、35 岁以下三个层次)	2:2:5	1:3:4

为加强师资队伍建设,每年都派出教师到企业挂职锻炼,派出多位教师到省内、国内专业建设经验丰富的学校进修培训学校,派出教师参加政府行业组织的各项培训、活动等。本年度增加 1 万余元用于教师业务学习。教学部 5 名教师先后到国内先进院校学习专业及课程建设、行业发展新动态等。

4. 实习基地

表 6　校外实习基地情况统计表

序号	2014 年 7 月—2015 年 7 月合作单位	2015 年 7 月—2016 年 7 月合作单位
1	北京凯美佳国际会议中心	青岛高投紫荆苑宾馆有限公司
2	青岛国信旅游酒店管理有限公司	北京友谊宾馆
3	青岛高投紫荆苑宾馆有限公司	山东山川国际旅行社
4	北京友谊宾馆	北京新华联伟业房地产有限公司丽景湾酒店分公司
5	淄博齐盛国际宾馆	青岛鑫江置业集团有限公司希尔顿逸林酒店
6	邹平雪花山度假村	淄博银座华美达大酒店

续表

序号	2014 年 7 月—2015 年 7 月合作单位	2015 年 7 月—2016 年 7 月合作单位
7	广饶蓝海大饭店有限公司	淄博蓝海国际大饭店
8	北京新华联伟业房地产有限公司丽景湾酒店分公司	北京华电集团高级培训中心
9	青岛鑫江置业集团有限公司希尔顿逸林酒店	厦门喜来登酒店
10	青岛八大关宾馆	青岛八大关宾馆
11	淄博蓝海国际大饭店	淄博百事通旅游有限公司学院分公司
12	淄博银座华美达大酒店	
合计	12	11

校企合作实习基地趋于稳定,并且实习基地质量逐年提高,类别逐年完善,以图更加适应旅游管理专业学生职业发展的需要。

5. 信息化建设

专业教师充分利用网络和多媒体教学资源,在日常授课、任务布置、指导学生、作业提交等环节,实时、生动、有效地进行安排,激发了学生参与课堂的热情,提高了教学工作效率。

(1)持续不断进行数字化教学资源建设。建有山东省精品资源共享课程 1 门,教指委精品课程 1 门,院级精品课程 3 门,形成了省级、院级二级精品课程建设体系,正在建设 1 个"导游实战"虚拟仿真软件。

(2)以导游实务课程为突破点,积极探讨"互联网 +"背景下教育教学探索。积极探讨基于慕课理念的网络课程建设,目前在建基于慕课理念的导游实务网络课程,预计 2017 年实现该课程训练、考核、评价信息化。并希冀以点带面,带动其他专业课程网络化建设。

(3)积极推进数字化教学资源建设利用。通过微课比赛、教学改革项目、教师教学设计、教学技能大赛,促进教师教学现代化教学技术和手段的运用,促进优质教学资源的利用。

(四)培养机制与特色

1. "四模块驱动、工学交替递进"校企协同育人机制

旅游管理专业在过去"2 + 1"人才培养模式、"3 + 1"模块教学、工学交替递进

的基础上将探索实行"四模块驱动、工学交替递进"（"3"个职业能力模块，"1"个专业基础模块）工学结合的校企协同育人机制。

（1）四模块驱动

整个教学过程基本上分为四个模块：一个人文素养和职业基础模块；三个职业能力模块（旅行社服务与管理、景区服务与管理、酒店服务与管理）。具体情况见下结构图4：

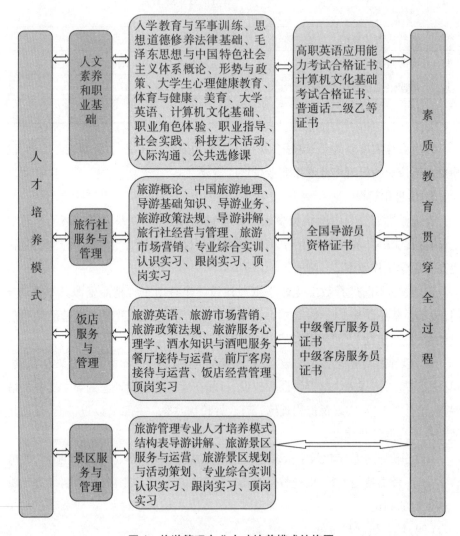

图4 旅游管理专业人才培养模式结构图

（2）工学交替递进

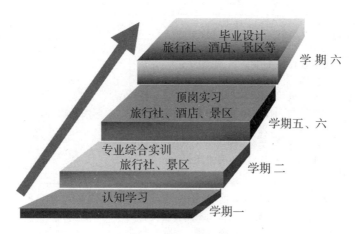

图5　工学交替递进图

——第一阶段为专业感性认识。主要通过在校内模拟导游室、餐饮实训室、客房实训室以及到本地有代表性的旅行社、星级酒店、旅游景区参观体验的形式进行,使学生首先对该专业有一个整体的、感性的认识。

——第二阶段为专项强化训练。在第二、三学期旅行社服务与管理模块相应课程教学结束后,由教师带队到淄博周边旅游景点(景区)进行导游讲解专项训练一周,另外到国内热点旅游线路、景点景区进行为期两周的旅游线路设计和导游业务综合实训。

——第三阶段为专业顶岗实习。在第五学期三个职业能力模块课内教学结束后,根据学生实习意向分组,由教师带队到淄博市及周边地区的旅行社、旅游景区以及北京、上海、广州及当地四星级以上酒店进行专业顶岗实习。

——第四阶段为综合实践提高。通过第六学期的毕业设计,学生能对所学知识进行系统总结和应用,提高学生综合运用所学知识解决实际问题的能力。

2."四模块驱动、工学交替递进"校企协同育人机制实施过程

表 7　旅游管理专业人才培养实施过程

模块内容	对应理论课程	对应实践教学环节	主要教学学期
人文素养和职业基础	入学教育与军事训练、思想道德修养法律基础、毛泽东思想与中国特色社会主义体系概论、形势与政策、大学生心理健康教育、体育与健康、美育、大学英语、计算机文化基础、职业角色体验、职业指导、社会实践、科技艺术活动、人际沟通、实用礼仪、公共选修课	课内实践	一、二
旅行社服务与管理	旅游概论、导游语言训练、中国旅游地理、旅游英语、旅游服务心理学、旅行社经营与管理、旅游市场营销、导游基础知识、导游业务、旅游政策法规、导游讲解	专业综合实训（10 周）	二、五
旅行社服务与管理		顶岗实习（30 周）	五、六
饭店服务与管理	旅游英语、旅游市场营销、旅游政策法规、旅游服务心理学、酒水知识与酒吧服务、餐厅接待与运营、前厅客房接待与运营、饭店经营管理	顶岗实习（30 周）	五、六
旅游景区服务与管理	旅游概论、中国旅游地理、旅游服务心理学、旅游政策法规、旅游市场营销、导游讲解、旅游景区服务与运营、旅游景区规划与活动策划	专业综合实训（10 周）	二、五
旅游景区服务与管理		顶岗实习（30 周）	五、六
综合能力提升：毕业设计（4 周）；第六学期			

（五）培养质量

1. 毕业生就业率

旅游管理系 2016 届共计 60 名毕业生。其中旅游管理专业 36 人，2016 届毕业生就业率 100%。

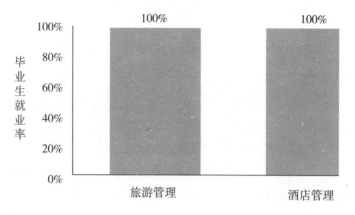

2. 就业专业对口率

2016 届毕业生就业对口率11%。根据分析,学生毕业后大部分选择回生源地就业或选择继续在顶岗实习单位直接就业,但对口率相对较低,经跟踪调查学生转入行政服务类行业。

3. 毕业生发展情况

截至 2016 年 11 月底,2016 届毕业生的就业单位分布情况如下:

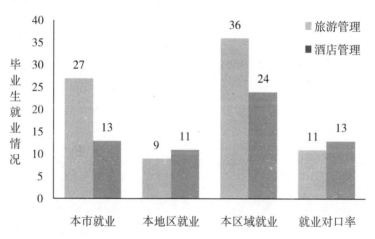

4. 就业单位满意率

旅游管理专业近5年毕业生平均就业率达98.20%,学生初次就业状况一直保持高就业率水平,2016 届毕业生就业率达到100%。就业单位满意度高,旅游管理专业近5年毕业生在月收入方面,平均月收入呈递增趋势,表现出就业质量逐年提升。

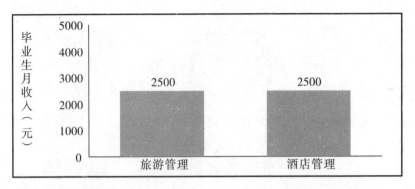

5. 社会对专业的评价

近年来,该专业学生的综合竞争实力在省级大赛、全国大赛中获得一致认可。毕业生现从事旅行社(导游、前台接待、外联、计调等岗位)服务与管理工作,旅游景区(客服、咨询、讲解、景区营销与策划岗位、景区开发与规划的辅助岗位)服务与管理工作,酒店(服务员、主管、经理等岗位)服务与管理工作,部分毕业生现已成长为旅行社、景区及酒店优秀业务骨干,毕业生受到社会的好评。

但是,旅游管理专业近5年毕业生从事工作与专业相关度较低,学生从事"酒店/旅游/会展"职业类的比例下降较多,而从事"销售"职业类的比例较上届上升较多。

6. 学生就读该专业的意愿

每年报考旅游管理专业的学生有所增加,就读该专业的意愿有所增加。

通过数据对比发现,2016级新生报到率和规模都有显著提高,学生就读该专业的意愿正在逐步变强。

(六)毕业生就业创业

1. 创业情况

经分析发现,旅游管理专业毕业生虽就业对口率低,但起薪高,学生满意率高。诸多毕业生进入了社会服务行业,也有部分学生开启自主创业之路。具体见集体就业、境外就业、优秀就业案例。

2. 采取措施

(1)加强专业建设调研,向国家示范性高职院校及我校示范性专业学习建设经验,查找专业建设发展的不足和发展方向,立足区域经济找到专业发展的突破口;

(2)根据专业自身发展的不足,加强专业建设,尤其是实习和实践环节建设,例如校内实习基地建设和高质量、高层次的校外高端实习就业基地开拓等；

（3）加强专业教育和职业前瞻教育，提高学生对服务行业自身"门槛低"的特点和未来职业认知，更合理地规划自身职业发展，更理性地面对毕业后的工作起点和职业发展；

（4）加强对就业创业的指导，引导学生理性对待未来职场，选择工作时更加谨慎周全，同时在工作中摆正心态，更好地适应职场；

（5）加强就业跟踪和校友会建设，形成就业跟踪意见和优秀校友案例反哺教学。

3. 典型案例

（1）集体就业：酒店管理专业 7 名学生在青岛紫荆园宾馆专业顶岗实习任务后直接与企业签订了劳动合同，实现了实习就业零压力。在企业走上部门主管、领班等管理岗位，实现了高端就业目标，通过顶岗实习找到了开启就业之门的金钥匙。

（2）境外就业：闫荟林，女，旅游管理专业 P13 旅游管理班，原系 2013 届学生会主席，曾荣获"淄博职业学院优秀共青团干部"、"淄博职业学院优秀学生干部"、"淄博市优秀学生干部"、淄博职业学院优秀志愿者等称号，获得省政府奖学金，在第十四届山东省大学生科技文化艺术节"品齐鲁古韵寻文明足迹"传统文化游学线路设计大赛中荣获团队一等奖。毕业后现工作于津巴布韦国际旅行社，是一名办公室操作，主要负责报价、申请签证和境外预定。

（3）优秀就业案例：于思远，女，旅游管理系 P13 酒店管理班学生，原旅游管理系 2013 级学生会副主席，曾荣获"淄博职业学院优秀共青团干部"、"淄博职业学院优秀学生干部"、"山东省优秀学生"、"山东省优秀毕业生"等称号，并获得国家励志奖学金、省政府励志奖学金。现工作于济南乐活网络有限公司—嗨趣网，是一名旅游策划，主要负责报价、定制行程方案、客户接待和沟通工作，包括网站在线咨询、订单管理、自助游建议等。入职后，一直保持良好的个人形象和素养，专业技能或业务水平优秀，为公司业务创造更多机会和效益，受公司客户及合作企业好评，为公司创造出较好的企业效益或社会效益。

（七）专业发展趋势及建议

1. 趋势

中国旅游业的发展迅猛，前景广阔，旅游人才的需求巨大，人才的缺口也非常大。据统计，目前全国旅游业从业人员 600 万人，随着中国旅游业的快速发展，实际需要专业旅游人才800万以上,旅游业人才缺口至少在200万以上。旅游高峰时,各大宾馆酒店爆满,旅行社应接不暇,盈利背后却潜伏巨大的人才危机。以导游人才为例,时下全国获得职业资格证书的合格导游仅8万多名,特级导游只有数十名,高级导游也仅几百名;全国旅游专业院校毕业生每年不足50万名。每年临近毕业生毕业时,用人单位络绎不绝,但毕业生的数量却远远不能满足用人单位的需求。

旅游管理专业就业方向包括酒店管理方向、旅行社管理方向、旅游风景区管理方向、会展旅游管理方向、餐饮管理方向、休闲娱乐管理方向、旅游行政管理方向等。就酒店管理方向而言,目前我国有星级酒店9751家,并且正处于酒店改制转型期,8000多家公有制的酒店要进入市场经济,对酒店管理人才的需求大大增加,而且酒店管理者的待遇在管理层中算较高的。目前,我国酒店的本土管理者基本上都是以前中专、职业技校相关专业的学生在从事酒店业务、积累经验后从基层升上去的,普遍存在理论知识不够的情况。因此,有一定经验的专科毕业生是相当受欢迎的。据相关数据统计,旅游管理专业在我国最好就业的十大专科专业中排名前三,可见本专业的就业前景很好,在现今社会就业压力增大、一毕业就失业的大环境中,旅游管理专业毕业的学生可谓是炙手可热的"人才"。

移动互联网正给人们的生活方式带来天翻地覆的变化,成为年轻人获取信息、选择旅游产品、互动体验、完成旅游消费、分享评价旅游经历的便捷渠道。旅游业者通过线上在线视频、音频、图片、文字展示个性化旅游产品,激发旅游动机;旅游者可以线上对来自全世界的旅游信息进行比较、选择,可以利用软件或平台根据自己的时间、金钱、爱好等定制旅游产品。通过线下体验,回归线上分享、评价自己的旅游经历,这些分享又会影响后来的信息搜寻者的选择与消费。随着移动互联网的广泛应用,旅游业的格局发生着变化,几乎所有的旅游产品都实现了在线销售,旅游信息资源获取的途径越来越容易。

2. 建议

(1)逐年适当增加专业培养适应的方向

如旅行社(业务部、计调部、接待部、导游部、外联部、财务部等),旅游咨询公司(出境旅游咨询、国内旅游咨询、旅游中介、商务考察咨询、移民及留学咨询、代订全国各地酒店、代订旅游/商务用车、会议会展、旅游顾问、导游培训服务等),旅游电子商务企业(提供旅游信息,预订酒店、机票、旅行线路及商旅实用信息查询检索等),旅游规划策划机构,旅游营销策划企业(旅游景区、大型旅游演出、大型旅游活动、旅游线路以及旅游目的地的市场营销策划、会展的组织营销业务),旅游景区,主题公园,旅游、休闲俱乐部(高尔夫俱乐部、健身俱乐部、攀岩俱乐部、沙滩浴场、沙漠滑沙俱乐部等行业的经营和管理,酒吧、KTV 等娱乐场所的经营和管理等),旅游度假村等等。

(2)培养旅游与休闲行业的自主创业意识

各式各样有个性的旅游纪念品商店,经济型特色化的旅游小饭店,有文化品味的酒吧与茶馆,风味餐饮、小吃业,前面谈到的陶艺陶吧、蜡染吧,教授种植花草、制作盆景的园艺吧,插花的花吧,摄影的摄吧等。城市与旅游目的地的旅游与休闲的自主创业可说是万紫千红,从当代人的旅游与休闲消费需求催生了特色个性的服务机会。

(八)存在的问题及整改措施

1. 存在的问题及成因分析

(1)专业相关度低

旅游管理专业毕业生毕业后,由于家庭、社会或收入的影响,选择与专业无关的工作,或者跳槽较快,导致毕业生就业专业相关度低,分析其原因如下:

第一,高职旅游管理专业毕业生往往将自己的就业范围狭窄地限定在旅行社导游这个工作岗位上,其实旅游是综合性行业,旅游管理专业的毕业生应将自己的就业范围放大,积极从事与旅游相关的行业,像高层管理者、旅游规划、旅游电子商务、会展旅游等新兴职业,三百六十行,行行出状元,只要通过自身的努力,没有什么工作是不利于自身发展的。

第二,家庭的期望值过高。家长长期以来对社会上从事旅游管理人员的印象便是很体面的旅游主管、经理等高层职业。就旅游管理本身专业的名字而言,给人的第一印象也是职业白领、企业高管形象,这也给学生造成了一定的想象空间,认为本专业毕业后从事的工作必然是这样的高薪阶层,因此对社会的期望值也随之增高,具有一定的优越感。但当学生走出校园应聘工作岗位的时候才发现,理想与现实还是有一定差距的,这时候家庭还是抱有原有的观念,学生心理上便形成巨大的压力,就业时往往高不成低不就。

第三,学生的实践经验不够突出。由于服务类行业发展变化迅速,学校课程设置没有紧跟时代发展和市场需求变化步伐,校内教学条件无法达到良好的实训效果,校外实训因安全、经费等条件的限制,造成了学生在学习过程中只是进行了理论方面的学习,实践经验少,操作能力弱,在就业时自信心不强,在实际的工作中,达不到企业的要求。

（2）职业期待吻合度低

第一，旅游行业虽然存在大量的人才需求，但旅游管理专业学生实际的工作能力不足而无法胜任。

第二，旅游行业需要先吃苦、坚持、从基层最辛苦的岗位做起，并且具有良好的抗打击心理，许多学生在遇到一次挫折后就放弃，自我认可度低、缺乏归属感等，形成旅游管理专业学生就业市场的一个特殊现状，全国皆如此。

（3）个别专业课程的有效性有待提高，核心课程有待改进

旅游管理专业日新月异，埋头苦干是不能适应社会对岗位需求的变化速度的，闭门造车导致了人才培养方案中课程更新速度不够，与行业新事物脱轨。因实训条件限制，学生实训技能练习不够，且缺乏系统的业务实训指导方案。

（4）创新创业意识培养不足

创新创业意识的相关课程缺乏，更谈不上系统性灌输，导致学生中创业的较少，创新创业与本专业相关的更少。

2. 整改措施

（1）就业教育从新生抓起

让学生一入学即能明确自己所学的旅游管理专业的性质、未来的就业方向、专业所需技能、从业人员所具备的品质等。邀请旅行社等企业到学校对学生进行宣讲，帮助学生明确社会和企业需要怎样的人才，对学生关心的就业择业问题排疑解惑。

（2）在教学中潜移默化地转变学生观念，培养吃苦耐劳、踏实敬业的工作态度

高职学校毕业生就业中出现了一些盲目跟风的现象，盲目随大流，拜金心理、功利心理较强。降低自己的就业标准，提高自身思想境界，克服不良的就业思想，如享乐主义、功利主义等，努力培养自己的高尚思想，积极就业。

（3）加强教学相关内容与旅游行业工作的匹配度，增强学生的实践动手能力

首先，加强与专业相关行业的合作，以市场要求规划教学内容与教学模式。紧跟工作岗位要求，修订人才培养方案。适当调整课程设置，考虑在培养过程中加强实习和实践环节，以提升课程对实际工作或学习的有效性。

其次，规范实践教学计划和教学内容设置，使学生实践贯穿整个教学过程。加强实践前动员，让学生更加明确专业实践活动对于能力培养和今后工作的重要意义，以及不积极参与的危害。实践课教师选用熟悉行业实际的任课教师负责，不断开拓本地与外地实习基地，增加学生的选择面，进一步提高自身的就业适应

能力和实际工作技能。

（4）多种渠道为学生提供就业信息，丰富学生的就业选择

政府、教育部、学校等单位应该保持联系，加强就业信息的沟通扩散，共同构建毕业生人才信息网，尤其在毕业时应积极搜集、发布、更新企业招聘信息，实现毕业生方便地在网上搜寻工作。同时，政府和学校应开展定期或不定期的人才现场招聘会，让大学生可以与企业进行面对面地直接交流沟通。作为旅游管理专业的毕业生，可以积极从互联网、亲戚朋友、老师等这些渠道中搜寻工作。

（5）培养创新创业意识

探索开设与旅游管理相关的创新创业课程，使学生具备创新创业意识，学到创业的技能，系统性培养。

旅游管理专业学分制人才培养方案（2017 级）

一、专业名称

旅游管理（640101）

二、招生对象

普通高中毕业生、中职毕业生

三、学制与学历

三年制,高职专科

四、就业面向

表1 旅游管理专业就业面向岗位一览表

序号	就业领域	就业岗位			备注
		初始岗位	发展岗位	高级岗位	
1	旅行社	导游员、前台接待员、行政人员等一线岗位	计调、外联等岗位	行政主管、计调部经理、前台经理、导游部经理等管理岗位	
2	旅游景区	景区讲解员;行政人员;商店、客房、餐饮服务员等一线岗位	人事、行政管理员;商店、客房、餐饮主管等基层管理岗位	人事行政部经理;商店、客房、餐饮部主管等管理岗位	
3	星级酒店	餐饮服务员、前厅服务员、客房服务员等一线岗位	餐饮部领班或主管、前厅部领班或主管服务员、客房部领班或主管等基层管理岗位	餐饮部经理、前厅部经理、客房部经理等管理岗位	

五、培养目标和规格

（一）培养目标

本专业培养德、智、体、美全面发展，践行社会主义核心价值观，具有一定的文化水平、良好的职业道德和人文素养，具有良好的职业道德、敬业精神、职业习惯及仪表仪态；掌握旅游管理专业的基本知识和主要技术技能，面向旅行社、酒店、景区等技术领域，能够从事旅游管理行业相关岗位一线服务和初级管理工作的高素质技术技能型人才。

（二）培养规格

1. 知识

（1）基础知识

①了解马克思主义、毛泽东思想、邓小平理论和"三个代表"重要思想等基本原理；

②具备一定的文学、历史、哲学、艺术、法律等方面的知识；

③具备良好的思想品德修养和心理学知识；

④掌握技术应用型人才必备的外语知识和计算机知识。

（2）专业知识

①掌握导游服务的业务知识；

②掌握景区服务与管理的业务知识；

③掌握旅行社经营与管理方面的专业知识；

④掌握酒店行业服务与管理方面的专业知识；

⑤熟悉旅游业相关的人文科学知识；

⑥熟悉公关、营销、旅游线路设计等方面的市场知识。

2. 能力

（1）专业能力

①熟练掌握旅行社管理的原理、程序、方法和技巧，能进行旅行社的成本核算、形象设计、市场营销、人力资源管理等工作；

②熟悉旅行社、饭店等的网上业务；具备一定的旅游英语交流能力。熟悉旅行社、旅游饭店、旅游景点等旅游企业的服务和管理，并具备熟练的操作能力；

③掌握社交礼仪知识并熟练运用；能按照服务规范和标准作好全陪、地陪、定点导游服务与接待工作；能按照规范标准做好领队、计调、外联等服务与管理工作；

④具备旅游景区服务的讲解和管理技能。熟悉旅游景区的票务、交通、食宿、娱乐和购物等服务工作;熟练掌握旅游景区的导游服务技能;掌握从旅游景区产品、景区旅客行为、景区营销、景区的设施设备、景区的安全等方面进行景区管理的能力;

⑤具备熟练的前厅、客房、餐饮服务与基层管理能力,具有酒店员工培训、考核、岗位设置、班次安排、员工激励、市场分析、营销策略制定等能力。

(2)方法能力

①具备较强信息技术应用能力:能熟练使用 Windows 操作系统和 Office 软件;能熟练地在因特网上检索、浏览信息、下载文件、收发电子邮件;

②具备较强的外语应用能力:可借助字典阅读英文专业资料及说明书,具有初步的外语口头交际能力;

③具备较强的沟通表达能力:能针对不同场合,恰当地使用语言与他人交流;能有效运用信息撰写比较规范的常用应用文。如调查报告、工作计划、研究论文及工作总结等,且书写工整;

④具备终身学习能力:能不断更新知识,善于接受新事物,学习新技术,不断自我提高;

⑤具备自我控制、管理与评价能力:具有自我教育和管理的意识和能力,确定符合实际的个人发展方向并制定切实可行的发展规划、安排并有效利用时间完成阶段工作任务和学习计划,具备正确的评价(自我、他人)能力;

⑥具备创新创业能力:在学习和工作中,勤于思考,积极动脑,乐于探索,有创新创业的激情和能力。

(3)社会能力

①具备良好的思想政治素质;

②具备较强的法律意识和责任意识;

③具备良好的品格和严谨的行为规范;

④具备较强的口头与书面表达能力、人际沟通能力;

⑤具备较强的团队精神和协作精神;

⑥具备分析解决问题的能力,具备良好的心理素质和坚忍不拔的毅力;

⑦能够进行自我批评与检查,勇于承担责任。

3. 素质

(1)基本素质

①具备良好的思想道德素质:提高学生的思想政治素质,有正确的政治方向;有坚定的政治信念;遵守国家法律和校规校纪;爱护环境,讲究卫生,文明礼貌;为人正直,诚实守信。

②具备良好的科学文化素质:提高学生的人文素质,有科学的认知理念与认知方法和实事求是勇于实践的工作作风;自强、自立、自爱;有正确的审美观;爱好广泛,情趣高雅,有较高的文化修养。

(2)职业素质

①具备良好的职业道德:增强学生的诚信品质、敬业精神、责任意识和遵纪守法意识,不谋私利,廉洁自律,坚持公平、公正的工作原则,保守职业秘密。

②具备良好的职业行为:增强学生风险意识、责任意识、吃苦耐劳精神,有严谨、认真、细致的工作作风;文明生产,团结协作,热爱集体,求新追优。

③具备良好的职业态度:树立正确的择业观,健康的择业心态,正确的择业方法、工作取向、独立决策能力与择业态度。

④具备良好的职业精神和职业意识:培养学生工匠精神、创新精神,增强质量意识、安全意识、环保意识。

(3)身心素质

①具备良好的身体素质:提高学生的身体素质,积极参加体育锻炼和学校组织的各种文化体育活动,达到大学生体质健康合格标准。

②具备良好的心理素质:提高学生的心理素质,有切合实际的生活目标和个人发展目标,能正确地看待现实,主动适应现实环境;有正常的人际关系和团队精神;能处理好男女之间的友谊、爱情关系,达到大学生心理健康合格标准。

六、职业证书

1. 国家旅游局颁发的导游员资格证书;

2. 山东省人力资源和社会保障厅颁发的餐厅服务员或客房服务员中级证书;

3. 山东省人力资源和社会保障厅颁发的中级调酒师证书。

说明:以上职业技能证书学生至少考取其中一种。

七、培养模式

(一)"四模块驱动、工学交替递进"人才培养模式的内涵

本专业在过去"2+1"人才培养模式、"3+1"模块教学、工学交替递进的基础

上将探索实行"四模块驱动、工学交替递进"（"3"个职业能力模块，"1"个专业基础模块）工学结合的人才培养模式。

1. 四模块驱动

整个教学过程基本上分为四个模块：一个人文素养和职业基础模块；三个职业能力模块（旅行社服务与管理、景区服务与管理、酒店服务与管理）。具体情况见下结构图：

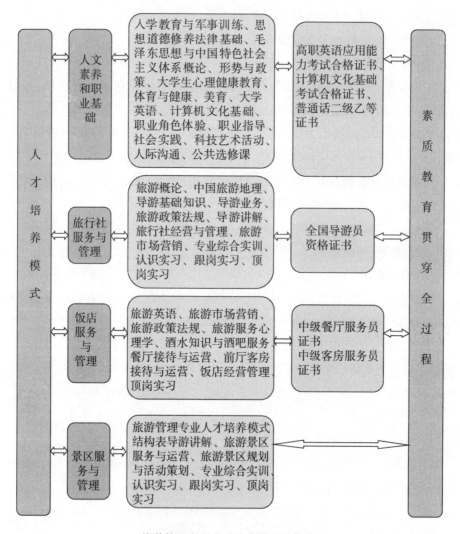

旅游管理专业人才培养模式结构表

2. 工学交替递进

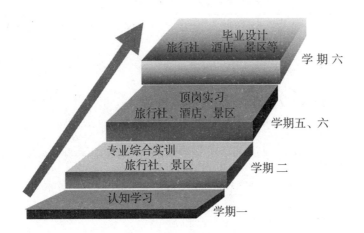

——第一阶段为专业感性认识。主要通过在校内模拟导游室、餐饮实训室、客房实训室以及到本地有代表性的旅行社、星级酒店、旅游景区参观、体验的形式进行，使学生首先对该专业有一个整体的、感性的认识。

——第二阶段为专项强化训练。在第三学期旅行社服务与管理模块相应课程教学结束后，由教师带队外出到旅游景点（景区）进行导游讲解、线路设计和导游业务综合实训。

——第三阶段为认识实习、跟岗实习和顶岗实习。在第五学期三个职业能力模块课内教学结束后，根据学生实习意向分组，由教师带队到淄博市及周边地区的旅行社、旅游景区以及北京、上海、广州及当地四星级以上酒店进行认识实习、跟岗实习和顶岗实习。

——第四阶段为综合实践提高。通过第六学期的毕业设计，学生能对所学知识进行系统总结和应用，提高学生综合运用所学知识解决实际问题的能力。

（二）"四模块驱动、工学交替"人才培养模式的实施

旅游管理专业人才培养方案实施过程

模块内容	对应理论课程	对应实践教学环节	主要教学学期
人文素养和职业基础	入学教育与军事训练、思想道德修养法律基础、毛泽东思想与中国特色社会主义体系概论、形势与政策、大学生心理健康教育、体育与健康、美育、大学英语、计算机文化基础、职业角色体验、职业指导、社会实践、科技艺术活动、人际沟通、实用礼仪、公共选修课	课内实践	一、二
旅行社服务与管理	旅游概论、导游语言训练、中国旅游地理、旅游英语、旅游服务心理学、旅行社经营与管理、旅游市场营销、导游基础知识、导游业务、旅游政策法规、导游讲解	专业综合实训（1周）	三
旅行社服务与管理		认识实习（1周）跟岗实习（12周）顶岗实习（20周）	五、六
饭店服务与管理	旅游英语、旅游市场营销、旅游政策法规、旅游服务心理学、酒水知识与酒吧服务、餐厅接待与运营、前厅客房接待与运营、饭店经营管理	认识实习（1周）跟岗实习（12周）顶岗实习（20周）	五、六
旅游景区服务与管理	旅游概论、中国旅游地理、旅游服务心理学、旅游政策法规、旅游市场营销、导游讲解、旅游景区服务与运营、旅游景区规划与活动策划	专业综合实训（1周）	二、五
旅游景区服务与管理		认识实习（1周）跟岗实习（12周）顶岗实习（20周）	五、六

综合能力提升：毕业设计（2周）；第六学期

八、课程体系设计

（一）课程体系构建

按照学院提出的"逆向分解、整合重构、正向实施、动态反馈、循环提升"的课程体系重构和改革思路，专业课程体系构建按照岗位跟踪、动态反馈、循环提升的原则，以职业能力与岗位（群）需求为导向，企业人员参与共同分析旅游管理专业岗位（群）工作任务，确定了旅游管理专业毕业生就业岗位的典型工作任务及其所要求的职业能力，具体见表8-1。

表8-1　工作任务与职业能力分析表

典型工作任务	工作任务分解	职业能力
1. 领队导游服务	1.1 服务准备	1.1.1 会研究旅行团情况 1.1.2 会核对各种票据、表格和旅行证件 1.1.3 能做好各项物质准备 1.1.4 能开好出国前的说明会
	1.2 全程陪同服务	1.2.1 会办理中国出境手续 1.2.2 会办理国外入境手续 1.2.3 能做好各项境外旅游服务 1.2.4 保管好证件和机票
	1.3 后续工作	1.3.1 能请旅游者填写征求意见表并收回 1.3.2 会填写《领队小结》,并整理反映材料 1.3.3 能与有关方面结清账目,归还物品 1.3.4 能协助旅行社领导处理遗留问题
2. 全陪导游服务	2.1 服务准备	2.1.1 熟悉旅游接待计划 2.1.2 能做好各项物质准备 2.1.3 能与接待社联系,妥善安排相关事宜
	2.2 首站接团服务	2.2.1 能提前半小时到接站地点与地陪一起接团 2.2.2 核对旅游团人数、行李件数、住房、餐饮等情况 2.2.3 会致欢迎辞 2.2.4 能安排游客集合等车
	2.3 进住饭店服务	2.3.1 能协助领队办理住店手续 2.3.2 掌握住房分配名单,保持联系 2.3.3 掌握饭店总服务台的电话和与地陪紧急联系的办法,能保持联系
	2.4 各站服务	2.4.1 能向地陪通报旅游团的情况,协助地陪工作 2.4.2 能监督各地服务质量,酌情提出改进意见和建议 2.4.3 能保护旅游者的安全,预防和处理各种事故 2.4.4 能为旅游者当好购物顾问 2.4.5 能做好联络工作
	2.5 离站服务	2.5.1 能提醒地陪落实离站的交通票据及离站的准确时间 2.5.2 能协助领队和地陪办理离站事宜 2.5.3 能妥善保管票证

续表

典型工作任务	工作任务分解	职业能力
3. 地陪导游服务	3.1 服务准备	3.1.1 能熟悉接待计划、落实接待事宜 3.1.2 能做好物质准备、语言和知识准备、形象准备、心理准备
	3.2 迎接服务	3.2.1 能做好旅游团抵达前的服务安排 3.2.2 能做好旅游团抵达后的服务 3.2.3 能做好赴饭店途中的服务
	3.3 入店服务	3.3.1 能协助办理住店手续 3.3.2 会介绍饭店设施 3.3.3 能带领旅游团用好第一餐 3.3.4 宣布当日或次日活动安排,确定叫早服务 3.3.5 能照顾行李进房
	3.4 商定活动日程	3.4.1 能与领队、全陪商定好活动日程
	3.5 参观游览服务	3.4.1 能做好出发前的各项准备 3.4.2 能做好途中导游 3.4.3 能做好景点导游和讲解 3.4.4 能安排好参观活动 3.4.5 能做好返程中的工作
	3.6 其他服务	3.5.1 能安排好社交、文娱活动 3.5.2 能做好购物和餐饮服务
	3.7 送客服务	3.6.1 能协助做好送行前的业务 3.6.2 能协助做好离店服务 3.6.3 能做好送行服务
	3.8 后续工作	3.8.1 能做好票据整理和报账工作 3.8.2 能建立客户档案
4. 景点(区)服务	4.1 服务准备	能做好接待旅游团的各项物质、心理和知识准备
	4.2 导游讲解	4.2.1 能做好景点的详细讲解工作 4.2.2 能提醒游客注意安全和环保
	4.3 送别服务	能做好送客服务,征求客人意见

续表

典型工作任务	工作任务分解	职业能力
5. 旅行社前台接待服务	5.1 接待上门客户	5.1.1 能微笑接待游客 5.1.2 能询问游客需求 5.1.3 能向游客推介产品、提供建议
	5.2 旅游方案设计与提交	5.2.1 会设计、提供旅游服务计划方案 5.2.2 能形成方案上报 5.2.3 能修订方案,请客户审阅
	5.3 旅游服务合同签订	5.3.1 能与游客签订合同 5.3.2 能收取相应费用
6. 餐饮服务	6.1 餐前准备	6.1.1 能熟记当日菜点供应情况 6.1.2 能打扫好环境卫生 6.1.3 能做好摆台工作 6.1.4 能准备好用餐物品 6.1.5 能站在相应位置迎宾
	6.2 迎宾服务	6.2.1 能引领客人到位 6.2.2 会拉椅让座 6.2.3 能问位开茶 6.2.4 能递送菜单、酒水单
	6.3 餐中服务	6.3.1 会点菜 6.3.2 做好餐前准备 6.3.3 能斟倒酒水 6.3.4 能上菜分菜 6.3.5 能做好巡台服务 6.3.6 能做好甜品水果服务
	6.4 结束工作	6.4.1 会用不同的方式为客人结账 6.4.2 能做好送客服务 6.4.3 能做好其他收尾工作
7. 客房服务	7.1 客房清洁	7.1.1 能做好住客房和离店房的清洁工作 7.1.2 能及时补充客用品,规范做床
	7.2 专项服务	7.2.1 洗衣服务 7.2.2 送餐服务 7.2.3 会客服务等

　　针对职业能力,融旅游管理专业职业资格标准,职业能力与职业素质培养指向岗位(群)需求,职业能力与职业素质培养融合,校企共同对课程进行系统设计,构建了基于岗位(群)工作任务的工作过程系统化课程体系。

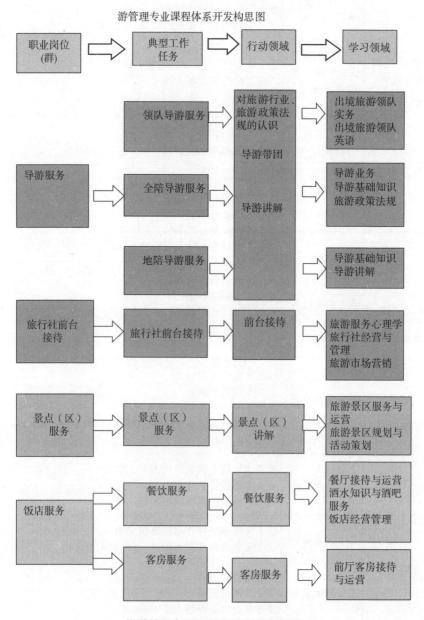

旅游管理专业课程体系开发构思图

(二)课程设置

为确保实现专业人才培养目标和规格,旅游管理专业课程体系由人文素养课程、职业能力课程和职业拓展课程三部分组成。遵循认知规律和职业成长规律,以职业能力为本位,依据旅游管理专业的人才培养模式,职业能力课程按照能力三级递进的培养进程由简单到复杂递进式排序。基于岗位(群)工作任务的模块化课程体系结构框图如图8-2所示。

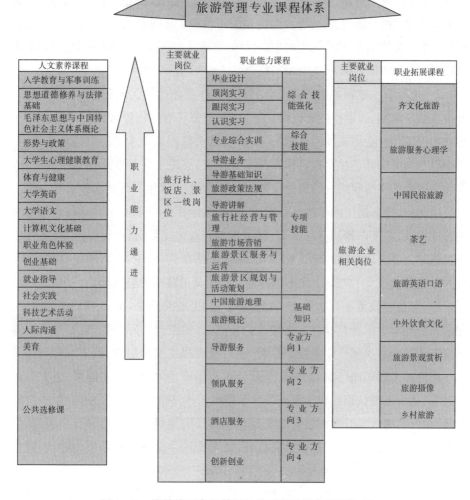

图8-2 旅游管理专业基于工作过程系统化课程体系

（三）课程描述

1. 人文素养课程描述

（1）人文素养必修课程

1. "思想道德修养与法律基础"（3学分,48学时）,建议开设在第一学期,该课程的后续课程是"毛泽东思想和中国特色社会主义理论体系概论"。"思想道德修养与法律基础"是一门公共必修课。本课程以马列主义、毛泽东思想和中国特色社会理论体系为指导,以社会主义核心价值体系和社会主义核心价值观教育为主线,结合当代大学生的成长规律,帮助和指导大学生运用马克思主义的立场、观点和方法,解决有关人生、理想、道德、法律等方面的理论问题和实际问题,增强识别和抵制错误思想行为侵袭的能力,确立远大的生活目标,培养高尚的思想道德情操,增强社会主义法制观念和法律意识,成为合格的社会主义事业的建设者和接班人。

2. "毛泽东思想和中国特色社会主义理论体系概论"（3学分,48学时）,建议开设在第二学期,该课程的先修课程是"思想道德修养与法律基础"。"毛泽东思想和中国特色社会主义体系概论"是一门公共必修课程。本课程以马列主义、毛泽东思想和中国特色社会理论体系为指导,从马克思主义基本原理与中国革命、建设和改革的实际相结合的理论成果的角度,帮助大学生弄清楚为什么马克思主义要中国化,什么是中国化的马克思主义;使大学生系统掌握中国化马克思主义的形成发展、主要内容和精神实质,深刻理解它对中国革命、建设和改革,实现中华民族伟大复兴中国梦的重要性,不断增强道路自信、理论自信、制度自信,从而使大学生坚定在党的领导下走中国特色社会主义道路的理想信念。

3. "形势与政策"（1学分,16学时）,是一门公共必修课。本课程以马列主义、毛泽东思想和中国特色社会主义理论为指导,紧密结合国际形势,特别是我国改革开放和社会主义现代化建设的形势,进行马克思主义形势观、政策观教育。要求学生能够了解国内外重大时事,全面认识和正确理解党的基本路线、重大方针和政策,从而正确认识党和国家面临的形势和任务,理解和拥护党的路线、方针和政策,增强实现改革开放和社会主义现代化建设宏伟目标的信心和社会责任感,提高投身于建设社会主义事业的自觉性,增强爱国主义责任感和使命感,明确自身的人生定位和奋斗目标。

4. "体育与健康"（4学分,共64学时）,是以学生身体的运动参与为主要手段,以促进学生身体素质、增进学生健康为主要目的的一门人文素养类课程。该课程主要培养学生的运动技术和技能,培养学生终身参与体育锻炼的意识,培养良好的团结精神和协作意识。

本课程开设两个学期,两个学期分别以"身体素质提升"和"运动技能提升"为教学主线实施教学活动。通过学习本课程学生能够初步掌握身体锻炼的基本原理和常用方法,学生的身体素质得到针对性的锻炼和提升,学生能够掌握1-2个运动项目的基础运动技术和技能,学生的团队精神和协作意识逐步加强,学生初步形成终身参与体育运动的意识和能力。

5."创业基础"(1学分,共16学时),是一门公共必修人文素养课程。该课程力图对高职生创业观念进行科学指导,培养他们的创业意识,帮助他们正确认识企业在社会中的作用和自我雇用,了解创办和经营企业的基本知识和实践技能,掌握国家对大学生创业相关扶持政策,从而提升他们的创业能力和就业能力。

6."就业指导"(1学分,共16学时),是一门人文素养课必修课程。旨在对学生进行就业方面的指导。为学生提供就业政策、求职技巧、就业信息等方面的指导,帮助学生了解我国、当地的就业形势、就业政策,根据自身的条件、特点、职业目标、职业方向、社会需求等情况,选择适当的职业;对学生进行职业适应、就业权益、劳动法规、创业等教育,帮助学生树立正确的世界观、人生观、价值观,充分发挥自己的才能,实现自己的人生价值和社会价值,促使学生顺利就业、创业。

(2)人文素养限选课程

1.计算机文化基础(A)(2学分,共32学时),本课程旨在提高学生的计算机应用能力和信息素养,着重使学生了解计算机文化在信息社会中的作用,掌握计算机的基本使用方法,具备在使用计算机应用程序的能力。通过本课程的学习,应能使学生了解计算机的基础知识、Word、Excel的基本功能和操作技巧,为进一步学习其他计算机课程打下良好基础。该课程的后续课程是各专业计算机操作类课程,如"微机制图"等。

2.计算机文化基础(B)(4学分,共64学时),本课程旨在提高学生的计算机应用能力和信息素养,着重使学生了解计算机文化在信息社会中的作用,掌握计算机的基本使用方法,具备在计算机的单机和网络操作环境中使用应用程序的能力,并对计算机安全维护知识有一定的了解。通过本课程的学习,应能使学生了解计算机的基础知识、计算机系统的基本结构和工作原理;熟练掌握 Windows 7、office 2010 套装软件(Word、Excel、PowerPoint)的功能和操作技巧,了解计算机网络的基本知识,掌握 Internet 的应用,具备计算机操作能力,为进一步学习其他计算机课程打下良好基础。该课程的后续课程是各专业计算机操作类课程,如"微机制图"、"计算机维护"等。

3. 大学英语（A）（6 学分,96 学时）,建议开设在第一、二学期,按照 4＋2 二学期设置。本课程是三年制高等职业教育非英语专业的一门人文素养限选课程。其任务是使学生掌握良好的语言学习方法,具有一定的听、说、读的能力,了解东西方文化差异,培养学生综合应用能力,能阅读真实工作环境下的真实语言材料,包括电话交谈、面谈、公司对外宣传等职场内容,后续课程为根据专业和学生的实际需求开设的以听、说、读为主的行业英语、职场英语,满足学生自考和后续发展的需求。建议供艺术、陶琉等专业学生选择。

4. 大学英语（B）（8 学分,128 学时）,建议开设在第一、二、三学期,按照 2＋4＋2 三学期设置。本课程是三年制高等职业教育非英语专业的一门人文素养限选课程。其任务是使学生掌握良好的语言学习方法,具有一定的听、说、读、写的能力,激发学生学习英语的兴趣,了解东西方文化差异,能够模拟真实的工作任务,阅读和撰写函电、电子邮件等应用文本,培养学生的实践、参与和创新能力,后续课程是"行业英语"和"专业英语"。建议供建筑、理工类专业学生选择。

5. 大学英语（C）（10 学分,160 学时）,建议开设在第一、二、三学期,按照 4＋4＋2 三学期设置。本课程是三年制高等职业教育非英语专业的一门人文素养限选课程。其任务是学生掌握良好的语言学习方法,具有一定的听、说、读、写、译的能力,能以英语为工具进行日常交流及相关行业的简单交流,能借助字典阅读本专业的英语教材和题材熟悉的英文报刊类文章,能书写一般类题材文章及基本应用文,为将来工作领域相关产品的英文说明等阅读翻译等工作奠定基础。该课程的后续课程是"专业英语"。建议供文商类、教育类和医护类和旅游大类有一定学习基础的学生选择。

6. 高等数学（A）（4 学分,64 学时）,本课程是一门限选的公共基础课程。该课程主要学习一元函数微积分的基础知识以及相关数学软件的使用,旨在培养学生的逻辑思维能力、数学运算能力、数形结合能力、自主学习能力、运用数学解决实际问题的数学建模能力、探究创新能力,为学生学习后续课程提供必要的数学思想方法和思维方式,提高学生的数学素养和核心职业能力。

7. 高等数学（B）（6 学分,96 学时）,本课程是一门限选的公共基础课程。该课程主要学习一元微积分的基础知识和按照不同专业大类分方向从微分方程、空间曲线与曲面、多元函数微积分、线性代数初步、概率论与数理统计中选择二至三个部分内容的基础知识以及相关数学软件的使用,旨在培养学生的逻辑思维能力、数学运算能力、数形结合能力、自主学习能力、运用数学解决实际问题的数学建模能力、探究创新能力,为学生学习后续课程提供必要的数学思想方法和思维方式,提高学生的数学素养和核心职业能力。

8. 高等数学(C)(8学分,128学时),本课程是一门限选的公共基础课程。该课程主要学习一元函数微积分的基础知识和按照不同专业大类分方向从微分方程、空间曲线与曲面、多元函数微积分、线性代数初步、概率论与数理统计中选择四至五个部分内容的基础知识以及相关数学软件的使用,旨在培养学生的逻辑思维能力、数学运算能力、数形结合能力、自主学习能力、运用数学解决实际问题的数学建模能力、探究创新能力,为学生学习后续课程提供必要的数学思想方法和思维方式,提高学生的数学素养和核心职业能力。

9. 人际沟通(3学分,48学时),人际沟通按"1+2"两学期开课,可安排在第一学年或第二学年。本课程是人文素养课程之一,旨在通过基本沟通能力训练和职场沟通能力训练,使学生能够熟练地运用规范的语言表达技巧,消除沟通障碍,在生活与职场中进行有效沟通,不断提高沟通能力,提升职业形象,处理好人际关系,建立良好的人脉网络。为学生能够成为"能说会做有修养"的优秀职业人奠定基础。

10. 大学语文(A)(2学分,32学时),由学生在第一至第四学期完成选修,本课程是人文素养课程之一,肩负着传承民族文化、张扬人文精神、陶冶审美情操等多项重任。课程内容是以中国文学史为线索,涵盖了历代优秀文学作品。课程用以文带史,以史串文的方法,指导学生进行经典作品阅读和艺术欣赏。通过课程的学习,培养学生对汉语文本的阅读理解能力和写作能力,增进学生对我们民族传统文化的系统了解,发展学生的审美感悟力、文学艺术鉴赏力以及思辨能力,促进学生的想象力和创造力,从而提高学生的综合文化素质。

11. 大学语文(B)(4学分,64学时),由学生在第一至第四学期完成选修,本课程是人文素养课程之一,肩负着传承民族文化、张扬人文精神、陶冶审美情操等多项重任。课程内容是以中国文学史为线索,涵盖了历代优秀文学作品。课程用以文带史、以史串文的方法,指导学生进行经典作品阅读和艺术欣赏。通过课程的学习,培养学生对汉语文本的阅读理解能力和写作能力,增进学生对我们民族传统文化的系统了解,发展学生的审美感悟力、文学艺术鉴赏力以及思辨能力,促进学生的想象力和创造力,从而提高学生的综合文化素质。

12. 职业生涯规划(1学分,16学时),是一门人文素养限选课程。旨在帮助学生了解职业生涯规划基础知识,培养职业规划意识,掌握职业规划方法,制定适合自己的职业生涯规划,从而规划、指导在校学习生活,提高职业素养,为实现从校园人到社会人的顺利转变,促进个人生涯发展,为把自己培养成应用性、职业型的高技能实用性人才奠定基础。

13. 职业素养提升(1 学分,16 学时),是一门人文素养限选课,本课程针对高等职业院校学生的特点,培养学生的社会适应性,教育学生树立终身学习理念,提高学习能力,学会交流沟通和团队协作,提高学生的实践能力、创造能力、就业能力和创业能力。以"培养就业观念端正,掌握职业发展与就业基本技能,能理性将自身发展与区域经济发展融为一体的高素质技能型专门人才"为课程开设宗旨。帮助学生在完成学校人—职业人—企业人的转变过程中,掌握基本职业能力之外的社会能力和方法能力,为其他专业课程、培养专业素养提供有力支撑,奠定坚实基础,使学生拥有良好的职业态度和持久的职业热情。

14. 大学生心理健康教育(1 学分,16 学时),是一门让人文素养限选课程。本课程根据社会发展需要和大学生身心发展的特点,以专题教学的形式,设置了心理健康解读、适应大学新生活解读、学习与生涯规划心理解读、人际交往解读、爱情心理解读、挫折心理解读、情绪管理与塑造人格心理解读、网络心理解读共八个教学单元,以培养学生良好的心理素质、自我认知能力、人际沟通能力、自我调节能力为目标,为学生终身发展奠定良好、健康的心理素质基础。

15. 高职美育(1 学分,16 学时),本课程是美育课程理论基础模块。本课程主要通过学习美的本质与特征,使学生了解美的分类、美的内容、美的形式,通过学习自然美、艺术美、语言美、科技美的主要特征,引导学生在学习美的形态、审美体验等方面,了解美育的内涵与定位,端正美育思想,实现自我审美发展,从而在生活中走进美、认识美、发现美、探索美、创造美。通过美育,促进学生完善人格,实现"以美启真、以美引善、以美导行"的美育目标,全面提升审美能力和人文素养,培养具有审美素养和德智体美全面发展的高素质人才。

16. 美育(实用礼仪模块)(1 学分,16 学时),由学生在第一至第四学期完成选修,本课程是美育课程模块之一,主要讲述职业形象礼仪、求职礼仪及各类职场礼仪,通过职场交往中的沟通技巧、职场往来中的礼仪互动、礼仪理念等内容,全面展示各类场合礼仪的精华所在,从而为未来职业人士打造个人交际魅力提供有效的指导。本课程主要通过22 项任务设计,64 个技能点来完成职业形象礼仪、学校礼仪、日常社交礼仪、求职就业礼仪、办公礼仪、仪式礼仪、酬宾礼仪、涉外礼仪等八大项目的内容。

17. 美育(文学欣赏模块)(1 学分,16 学时),由学生在第一至第四学期完成选修,本课程是美育课程模块之一,通过对经典文学作品的赏析,将人类优秀的人文素质内化为学生的人格、气质、修养,使之成为学生生命意识中相对稳定的内在品质,同时引导学生如何做人,即如何处理好人与自我、人与社会、人与自然的关系,如何处理好自身的理性、情感、意志等方面的问题,为学生今后走向社会,参与竞争打下安身立命的精神基础。本课程对于全面提高学生综合素质,提高学生的想象能力、思辨能力以及感悟能力等有直接的推动作用。

18. 美育(音乐欣赏模块)(1 学分,16 学时),是人文素养美育模块中的公共选修课。本课程以审美为主线,以古今中外的优秀音乐作品为基础,向学生讲授一些相关的音乐知识理论,介绍中外音乐发展的历史、音乐的不同形式,认识并了解中外著名音乐家,欣赏经典的音乐作品。目的是让学生掌握不同国家不同民族的多方面的音乐表现形式、音乐体裁等知识,扩大学生的音乐视野。本课程"赏"、"析"、"问"、"答"结合的教学方法,力求感性认识与理性认识互为作用的良好效果,使学生掌握一定的欣赏知识和赏析方法,培养学生具有正确的审美观念和音乐鉴赏能力。

19. 美育(美术欣赏模块)(1 学分,16 学时),由学生在第一至第四学期完成必修,本课程是美育课程模块之一,对美术作品和美术现象的分析和研究,在欣赏视觉艺术的过程中培养学生的审美能力和综合文化素质,发展思维和创造能力。本课程着眼于培养学生从新的角度观察、认识和理解二维和三维空间,把握视觉艺术原理,学会恰当地运用视觉艺术语言分析和判断事物,用爱美之心来对待学习和生活。本课程作为基础课程,将在有限的范围对视觉艺术进行考察与分析,并结合观赏大量的视觉艺术作品,以画面和视频的形式,来帮助学生理解和欣赏美术,获得所必需的基本概念和技能。

(3)活动课程

1. 入学教育(1 学分,1w 学时),是一门公共必修课,共一周,是我院所有专业必须开设的一门人文素养课程。该课程是在新生入学后相对集中的一段时间内开展的一系列符合新生特点的教育活动。其基本任务是让学生了解学校,了解新的学习环境,了解所学专业的基本情况与学习方法,树立新的学习理念,培养自主学习的能力与习惯,形成与大学相适应的思维方式和生活习惯,顺利完成从高中生向大学生的转变,为学生在学校健康成长打下良好的基础。

2. 军事理论教育(2 学分,1w + 16 学时),是一门公共必修课,共一周加 16 学时,是我院所有专业必须开设的一门人文素养课程。该课程包括军事技能训练和军事理论教学两个部分组成。军事技能训练以中国人民解放军的条令条例为依据,严格训练,严格要求,培养学生良好的军事素质和军训作风,强化学生的集体主义观念,组织纪律性等;军事理论教学主要涵盖了国防知识、人民防空、军事高技术等内容,增强学生的国防观念和国家安全意识,强化爱国主义、集体主义观念。

3. 职业角色体验(1学分,1w学时),是一门公共必修课,共一周,是我院所有专业必须开设的一门人文素养课程。该课程通过校内劳动周和校内外志愿劳动来完成。学生在规定时间内,通过承担相应的职业角色,执行相关任务,对自己的具体劳动职责和职业角色扮演进行体验和评估,并与他人分享,提高职业认同水平。缩短从学生角色到职业角色转化的时间,快速适应今后岗位工作,也为其后续专业课程的学习、岗位技能的培养、综合素养的提升和未来职业生涯奠定良好的基础。

4. 科技艺术活动(2学分,2w学时),是一门让人文素养活动课程。本课程是根据学院人才培养理念和科技艺术活动特点,以科技、文化、体育、艺术等形式开展的活动,学生在学校的倡导支持和指导老师的帮助下,利用课余时间,立足专业学习,以参与科技、学术、文化、艺术、体育等活动的形式完成课业。通过多样化的活动,培养学生的学习兴趣和自我教育、自我管理、自我服务能力。

5. 社会实践(2学分,2w学时),建议开设在第二学期,该课程的后续课程是就业指导。该课程主要是指学生在课堂教学之外,深入社会、了解社会、适应社会和服务社会的各项实践活动,学生社会实践分校内学生社团实践活动,校外社会实践活动两部分。校外社会实践活动可在学期内课余时间或周末分散开展,也可在寒暑期集中开展;校内学生社团实践活动主要指学生参与各类社团活动。该课程主要是培养学生交流、动手、创新和社会适应能力,在培养学生创新精神及活跃院园文化和学术氛围方面有重要作用。

6. 思想理论课社会实践(1学分),是一门公共必修课,是思想政治理论课教学的一个重要环节,是对学生的思想政治素养进行综合培养和检查的教学形式,是培养学生运用马克思主义思想政治理论认识、分析、解决社会与人生问题能力的重要过程。通过思想政治理论课社会实践,学生应了解我国社会主义现代化建设事业发展情况,学会理论联系实际,运用"思想道德修养与法律基础"、"毛泽东思想和中国特色社会主义理论体系概论"、"形势与政策"等课程中学到的基本原理,发现问题、分析问题,并能力所及地解决问题。

(4)公共任选课程

公共任选课程由学生在第2-5学期从学院提供的课程菜单中进行选课,学生至少修读4个学分。

2. 职业能力课程描述

表 2 职业能力课程描述表

序号	课程名称	学时	学分	课程性质与任务	主要教学内容与要求	技能考核项目与要求
1	旅游概论	32	2	本课程是旅游管理专业群职业能力平台课程中的专业群"导游业务"等课程的学习奠定基础。	● 主要教学内容：本课程主要讲述旅游业的基本知识，包括旅游业的性质、构成、特点、意义和作用，旅游业的发展过程，旅游业的三大支柱产业，旅游行业组织、行业管理以及旅游业的发展趋势。要求学生通过对本课程的学习对旅游行业有整体、系统的认识和把握，为后续课程的学习打下坚实的基础。 ● 要求：使学生了解旅游的基本理论、基本原则和基本方法，具有一定的分析和解决问题的能力。	旅游概论基本原理、方法，能够综合运用所学知识对旅游现象具备一定的分析和解决问题的能力。
2	★中国旅游地理	32	2	本课程是旅游管理专业群职业能力平台课程中的专业群"导游业务"等课程的学习奠定基础。	● 主要教学内容：旅游地理学的基本问题，旅游与地理环境，中国旅游资源地理，中国旅游交通与旅游线路，旅游信息与旅游图，山东省主要产品与线路设计。 ● 要求：熟悉旅游地理的基本知识，旅游线路的主要旅游资源，景点知识，旅游线路。	掌握全国各地旅游分区情况和主要地区基本旅游线路，能够设计基本的旅游线路。掌握山东省本的旅游线路。

续表

序号	课程名称	学时	学分	课程性质与任务	主要教学内容与要求	技能考核项目与要求
3	导游基础知识	48	3	本课程是旅游管理专业群职业能力必修课程中的专业必修课。"旅游管理概论"、"中国旅游地理"为后续"旅行社经营管理"、"旅游市场营销"等课程的学习奠定基础。	● 主要教学内容：中国历史文化常识，传统古建筑、古典园林等历史文化景观基本知识；中国的民族民俗、民族传统技艺、四大宗教和风俗特产，港澳台地区以及山东地方主要客源国概况等民俗知识；自然景观以及山东地方导游基础知识。 ● 要求：掌握中国历史文化景观知识，传统古建筑、古典园林等历史文化常识；能够熟练掌握中国八大菜系和土特产品的名称、产地，并把握著名手工艺品和特产的综合性评价；能够掌握其他地方菜系和风味的名称，特点与代表菜肴；能够掌握不同地区，不同民族形式的民族传统技艺；能够掌握我国主要旅游客源地的概况和习俗禁忌；熟悉中国主要自然景观的基本类型；熟悉山东省各地景点的情况，并能进行旅游线路设计。	具备导游员的基本知识结构，并能够通过导游资格证考试中有关部分的考核，将所学的知识运用到导游服务过程中： 能够生动地讲解常见的历史景观、民俗风情、宗教景观、建筑景观、园林景观； 做好带团过程中购物环节的服务； 能够熟练地向客人介绍，根据客人的口味安排好他们的接待客饮； 做好境外游客的接待服务和国内游客的出境服务； 根据山东省旅游资源分布情况，进行线路设计。
4	旅游政策法规	48	3	本课程是旅游管理专业群职业能力必修课程中的专业必修课。"旅游管理概论"、"中国旅游地理"为后续"旅行社经营管理"、"旅游市场营销"等课程的学习奠定基础。	● 主要教学内容：以旅游政策和旅游法概论，旅游社管理法规制度，导游人员管理制度，旅游安全与保险法律法规，旅游交通与出入境管理法律制度，旅游住宿与食品管理法律制度，旅游资源管理法律制度，旅游合同，消费者权益保护法，山东省旅游条例为学习载体，完成该事故工作任务。 ● 要求：通过学习实践，全面掌握各旅游政策法规的本质、掌握与旅游客要求及发变故事故工作任务。的知识和基本原理；准确运用旅游政策法规的相关规范，准确运用旅游政策法规达相关的政策与法律规范。能从准确判断和表达切相关的政策法律问题，提出解决实际问题。从业人员职业活动密切相关的政策与法律规范。能从理论上分析实际问题，提出解决问题措施。	通过工作任务引领的项目活动，培养学生熟练运用旅游政策法规知识并依法处理旅游职业活动中所遇到的各种问题的动手能力。具体包括以下内容： 1. 熟悉旅游政策，并能正确地运用导游语言艺术对内游客、特别是外国游客宣传我国的各项政策。 2. 熟悉掌握旅游政策法规的具体内容，增强运用法律的动手能力。 3. 能独立并准确地处理各种旅游突发事件等项工作。

续表

序号	课程名称	学时	学分	课程性质与任务	主要教学内容与要求	技能考核项目与要求
5	★导游业务	48	3	本课程是旅游管理专业群职业能力必修课，先修课程是"旅游管理""中国旅游地理"，为后续"旅行社经营管理""旅游市场营销"等课程奠定基础。	●主要教学内容：导游业务课程以旅游市场需求为导向，以能力培养为主线，改革传统的学科课程结构模式，按照岗位群职业能力要求设置课程。将不同岗位导游服务工作流程，设计学习情境，构建适应高职课程任务"为载体，按照岗位群导游服务工作能力，引入课程新技能、新流程及对从业者的职业新要求引入课程内能，将导游规范服务能力、导游讲解能力、特殊问题处理能力及应变能力作为主要教学内容。按照全陪、地陪、领队、景点等导游不同工作岗位要求，实践性和开放性。充分体现了该课程的职业性，实践性和开放性。●要求：通过学习实践，学生能按照全陪、地陪、领队、景点等导游不同工作岗位要求带团，能够处理带团过程中的各类问题。	通过本课程的学习，使学生理解导游员基本概念、分类、工作职责、素质要求、导游服务质量标准、导游词创新、服务艺术等内容，掌握一名合格的导游员必须具备的理论知识，各种导游服务的程序与规范化管理知识。学生能够为旅游者提供规范化和个性化的服务，旅行生活导游服务能，提高学生导游服务能力，语言讲解能力，组织协调能力，分析处理问题的能力及应变能力。要求学生具备良好的旅游职业道德，健康的身体和心理素质，较强的语言能力，并在情感、礼仪等各方面都有所提高，培养学生的团队精神和协作共事的能力。
6	导游讲解	48	3	本课程是旅游管理专业群职业能力必修课，先修课程是"旅游管理""中国旅游地理"，为后续"旅行社经营管理""旅游市场营销"等课程奠定基础。	●主要教学内容：基础普通话语音、体态语言、书面语言的基本功训练；导游语言技巧等。以导游工作过程中讲解程序为主线，以语言语言训练为主要形式，完成欢迎词、沿途介绍，人文景观、自然景观的讲解任务。●要求：通过学习实践，能掌握规范的普通话发音，会组织编写讲解词，并能针对各类型团队正确、全面，生动、灵活地进行讲解。	能熟练进行欢迎词讲解能熟练进行沿途词讲解能熟练进行欢送词讲解能灵活生动地进行人文景观讲解能灵活生动地进行自然景观讲解

续表

序号	课程名称	学时	学分	课程性质与任务	主要教学内容与要求	技能考核项目与要求
7	★旅行社经营与管理	32	2	本课程是旅游管理专业群职业能力必修课，先修课是"导游业务"、"导游讲解"等，为后续"旅游景区服务与管理"、"旅游运营与活动规划"、"旅游景区规划与活动策划"等课程的学习奠定基础。	• 主要教学内容：以典型旅游企业旅行社的设立与组织机构建设，计调业务，旅行社信息管理，制作，面市、销售与接待业务，旅行社财务管理为载体，协助完成申请成立一家旅行社的各项相关机构，产品策划、制作，面市，销售开发，服务采购，旅行社信息管理，组团与接待，成本核算等工作任务。 • 要求：通过学习实践，制作，面市，组团与接待，成本核算等操作技能。能对典型线路产品开发和旅行社服务质量监控管理，并对典型线路产品开发行销上进行分析，从理论上进行分析，提出解决问题出现的问题，提高管理能力。	能协助办理申请成立一家旅行社的各项相关事宜；能设计一个旅行社的组织机构图以及说明相关的基本的业务范围；能根据流程进行基本新产品设计、产品开发，会分析新产品优劣，提出调整方案；能独立对旅游线路进行成本核算，对外报价以及利润核算；能针对不同类型的游客，不同的产品，选择可行的促销方法，报价的计算；能独立进行团队的行程制作，报价的计算，信息反馈等一系列的讨论的常见问题；能处理调工作过程中遇到的常见问题；能协助办理旅游票务中心的申办手续，能进行基本的票务操作；能独立地进行旅行社组团业务的操作；能挑选合作的地接社，会进行资产折旧计算，会进行单团团的财务核算。
8	旅游市场营销	32	2	本课程是旅游职业能力管理专业群的核心课程，先修课是"导游业务"、"导游基础知识"等，为后续"旅游景区服务与管理"、"旅游景区规划与活动策划"等课程的学习奠定基础。	• 主要教学内容：本课程主要围绕旅游企业在经营管理过程中设计具体项目，每个具体项目设计按照实际情景下的案例教学，使学生能够掌握旅游市场的各种现象。 • 要求：使学生了解旅游市场的基本方法，具有一定的旅游市场管理，市场预测及分析的能力。	旅游市场运营基本原理，产品促销与销售，交通等服务采购，成本核算及人力资源管理。能够综合运用所学知识对旅游市场的现象进行分析，能掌握旅游市场的发展规律。

序号	课程名称	学时	学分	课程性质与任务	主要教学内容与要求	技能考核项目与要求
9	★旅游景区服务与运营	32	2	本课程是旅游业管理专业群职能力课程中的专业必修课，先修课程是"旅游市场营销"，为后续"旅游服务心理学"等课程的学习奠定基础。	• 主要教学内容：了解旅游景区的分类和定级；了解景区服务与经营管理的基本原理和方法；培养学生的旅游服务技能，编写调查报告的能力以及在旅游景区经营管理工作中分析与处理问题的能力。 • 要求：通过本课程的学习，要求学生具备良好的旅游职业道德，健康的身体素质和心智，培养学生的身体素质，较强的旅游语言能力和职业能力，培养学生的团队精神和协作共事的能力，提升学生能从事景区接待、导游、商业服务，同时能够进行初步的景区设备、营销、人力资源、环境卫生等管理工作。	能了解旅游景区的分类和定级；了解景区服务与经营管理的基本原理和方法；能编写调查报告；能在旅游景区经营管理工作中分析与处理问题。
10	★专业综合实训	30	1	本课程是旅游业管理专业群职能力课程中的专业必修课，先修课程是"导游业务"，为后续"旅游景区服务与运营"等课程的学习奠定基础。	• 主要教学内容：旅游线路设计和导游业务实训。目的是了解和熟悉旅行社中的计调工作，能够独立地设计和组合旅游线路，了解和掌握旅游团队的运作和带团技巧，在第三学期进行，为期1周。 • 要求：通过学习，增强处理突发事件处理的实践技能，同时锻炼学生处理突发事件处理技能，激发学生的多方面的能力，激发学生的专业热情。	动手操作、实地体验、撰写实训报告。

续表

序号	课程名称	学时	学分	课程性质与任务	主要教学内容与要求	技能考核项目与要求
11	认识实习	30	1	本课程是旅游管理专业职业能力课程群中的专业必修课，先修课程是"专业综合实训"，为后续"跟岗实习"、"顶岗实习"等课程的学习奠定基础。	• 主要教学内容：对旅游行业涉及的酒店、旅游景区、旅行社实际参观了解。 • 要求：熟悉职业岗位要求，为跟岗实习做好准备。	实际了解熟悉职业岗位，撰写实习周记。
12	跟岗实习	360	12	本课程是旅游管理专业职业能力课程群中的专业必修课，先修课程是"认识实习"，为后续"顶岗实习"等课程的学习奠定基础。	• 主要教学内容：校企指导教师指导学生参与旅行社、旅游景区、饭店等较高层次大规模的专题性活动等内容。 • 要求：掌握景区、旅行社、酒店服务与酒店管理技能，具备单独顶岗实习的素质。	利用专业实习的机会，将所学知识与具体的生产实践结合起来，培养学生的职业能力和职业素质，撰写实习周记和实习报告。
13	顶岗实习	600	20	本课程是旅游管理专业职业能力课程群中的专业必修课，先修课程是"跟岗实习"，为后续"毕业设计"等课程的学习奠定基础。	• 主要教学内容：景区、旅行社、酒店等相关岗位顶岗实习。 • 要求：通过学习，主要培养学生主动参与社会沟通的能力，自我推销能力和分析判断定位能力，提高就业率。实现实习与就业的顺利接轨，提高就业率。	利用专业实习的生产实习与具体的生产实践结合起来，培养学生的职业能力和职业素质，促进就业。

续表

序号	课程名称	学时	学分	课程性质与任务	主要教学内容与要求	技能考核项目与要求
14	毕业设计	60	2	本课程是旅游管理专业群中的专业必修课，先修课程是"顶岗实习"，为毕业奠定基础。	●主要教学内容：最后一学期，学生要在校进行为期两周的毕业设计，主要是针对毕业设计，分析、解决实际问题，又有创造精神。●要求：毕业设计课题由指导教师与学生共同选定，一般一位教师辅导几名学生进行设计，学生可以选择不同的课题，毕业设计成绩评定方法如下：学生的工作态度；完成毕业论文（设计）任务质量；毕业论文答辩。	1.能提高学生综合运用所学知识的能力，启迪应用所学专业知识解决实际问题的能力；2.能对所学知识进行系统总结和应用；3.能独立地完成毕业设计；4.能巩固和掌握专业知识，提高工作能力，更好地适应实际工作岗位的需要。
15	中国传统文化	32	2	本课程是旅游业能力方向课，是旅游业职业专业群中的专业方向课，先修课程是"导游业务"，"中国旅游地理"，为后续"旅游产品开发设计"、"旅游线路设计"等课程的学习奠定基础。	●主要教学内容：全国、省导游服务大赛规定的笔试内容。●要求：熟练掌握、灵活运用。	
16	模拟与现场导游	48	3	本课程是旅游业能力方向课，是旅游业职业专业群中的专业方向课，先修课程是"导游业务"，"中国旅游地理"，为后续"旅游产品开发设计"、"旅游线路设计"等课程的学习奠定基础。	●主要教学内容：全国、省导游服务大赛规定的自选景点内容和抽选景点内容。●要求：熟练掌握、灵活运用。	

续表

序号	课程名称	学时	学分	课程性质与任务	主要教学内容与要求	技能考核项目与要求
17	导游才艺与表演	16	1	本课程是旅游管理专业群职业能力方向课程中的专业选修课，先修课程是"导游业务"，为后续"中国旅游地理"、"旅游线路设计"、"旅游产品开发"等课程的学习奠定基础。	●主要教学内容:导游带团才艺展示类内容，如乐器、语言、魔术、舞蹈等。 ●要求:熟练掌握,灵活运用。	
18	导游英语	32	2	本课程是旅游管理专业群职业能力方向课程中的专业选修课，先修课程是"导游业务"、"中国旅游地理"，为后续"旅游线路设计"、"旅游产品开发"等课程的学习奠定基础。	●主要教学内容:欢迎词、欢送词、景点讲解等内容; ●要求:通过该课程的学习,使学生能够掌握旅游服务与管理的基础理论和基本知识,熟悉旅游管理和导游工作中各环节的操作技能,尤其训练掌握导游工作过程中各环节的主要程序和方法,具备一定的岗位协调能力,应急处理能力和较强的人际沟通能力,突出职业技能、职业态度、职业习惯的培养和训练,为今后从事旅游服务与管理工作打下良好的专业基础。	1. 通过阅读和翻译,培养学生阅读和翻译旅游专业英语的能力; 2. 通过听力与口语对话,培养学生以英语进行口语交际的能力。
19	旅游目的地概况	32	2	本课程是旅游管理专业群职业能力方向课程中的专业选修课，先修课程是"导游业务"、"中国旅游地理"，为后续"旅游线路设计"、"旅游产品开发"等课程的学习奠定基础。	●主要教学内容:本课程旨在让学生了解世界旅游市场概况及中国主要旅游目的地概况。 ●要求:拓展学生的国际化视野。	世界旅游市场概况及中国主要旅游目的地的概况。

续表

序号	课程名称	学时	学分	课程性质与任务	主要教学内容与要求	技能考核项目与要求
20	出境旅游领队实务	32	2	本课程是旅游管理专业群职业能力方向课程中的专业方向课务",本课程是"导游业务","中国旅游地理","旅游线路设计","旅游产品开发"等课程的学习奠定基础。	● 主要教学内容:领队的主要特征,常用表格,基本理论和方法,业务流程和常用会话等。 ● 要求:通过该课程的学习,用所学知识分析,解决领队中的实际问题。	领队带团业务流程。
21	出境旅游领队英语	32	2	本课程是旅游管理专业群职业能力方向课程中的专业方向课务",本课程是"导游业务","中国旅游地理","旅游线路设计","旅游产品开发"等课程的学习奠定基础。	● 主要教学内容:办理登机手续,乘坐飞机,任移民办公室,海关申报手续,外币兑换,结账;介绍旅游产品和线路,讨论投诉,处理投诉;帮助旅游客人预订,事发前准备,途中导游,景点讲解,参观活动,返回工作,致欢送词,办理离站手续。 ● 要求:通过该课程的学习,使学生能够掌握旅游服务与管理的基础理论和基本知识,熟悉旅游管理和导游工作的主要程序和方法,尤其训练掌握导游工作过程中的各环节的操作技能,具备一定的岗位协调能力,应急处理能力和较强的人际沟通能力,突出职业技能,职业态度,职业习惯的培养和训练,为今后从事旅游服务与管理工作打下良好的专业基础。	通过阅读和翻译,培养学生阅读和翻译旅游专业英语的能力; 通过模拟客房预订单,住宿登记单,洗衣单,广告,投诉英语忆写和翻译客房预订单,住宿登记单,洗衣单,广告,投诉信回复,个人简历,求职信等职业英语应用文的能力; 通过听力与对话,培养学生以英语进行口语交际的能力,即:机场迎接游客,人住酒店,游览参观直至机场送客。

续表

序号	课程名称	学时	学分	课程性质与任务	主要教学内容与要求	技能考核项目与要求
22	酒店英语	32	2	本课程是旅游管理专业群职业能力课程中的专业方向课，先修课程是"旅游概论"、"中国旅游地理"、"旅游服务心理学"、"顶岗实习"等课程的学习奠定基础。	●主要教学内容：客房预订、接待、信息咨询，处理投诉、外币兑换、结账。●要求：通过该课程的学习，使学生能够掌握酒店服务与管理工作过程中英语沟通能力，突出职业技能、职业态度与职业习惯的培养和训练，为今后从事酒店服务与管理工作打下良好的专业基础。	通过阅读和翻译，培养学生阅读和翻译旅游专业英语的能力；通过模拟撰写，培养学生参照范例英语拟写和翻译套房登记单、洗衣单、通告、广告、投诉信回复、个人简历，求职信等应用文的能力；通过听力与对话，培养学生以英语进行口语交际的能力。
23	酒水知识与酒吧服务	16	1	本课程是旅游管理专业群职业能力课程中的专业方向课，先修课程是"旅游概论"、"中国旅游地理"、"旅游服务心理学"、"顶岗实习"等课程的学习奠定基础。	●主要教学内容：主要讲授酒水、酒吧服务和调酒的系统知识。●要求：掌握酒吧管理与控制的理论知识，增强学生对调酒销与管理的鉴赏能力，对酒水的鉴赏能力以及调酒品创意，获得山东省劳动厅中级调酒师证。	酒水、酒吧服务和调酒的系统知识；酒吧管理与控制的理论知识；酒吧营销与管理的能力；酒水的鉴赏能力以及酒品创意。
24	餐厅接待与运营	16	1	本课程是旅游管理专业群职业能力课程中的专业方向课，先修课程是"旅游概论"、"中国旅游地理"、"旅游服务心理学"、"顶岗实习"等课程的学习奠定基础。	●主要教学内容：讲授餐饮管理的理论知识和服务的规范技能。●要求：熟练掌握中、西餐服务的操作技能和各种餐饮服务管理的内容和方法，具备较高餐饮服务与管理的能力。获得山东省劳动厅中级餐厅服务员证书。	中、西餐服务的操作技能和各种服务程序及规范；餐饮业务管理的内容和方法；较高餐饮服务与管理的能力。

续表

序号	课程名称	学时	学分	课程性质与任务	主要教学内容与要求	技能考核项目与要求
25	前厅客房接待与运营	32	2	本课程是旅游管理专业群中的专业方向课，先修课程是"旅游概论"、"中国旅游地理"，为后续"旅游服务心理学"、"顶岗实习"等课程的学习奠定基础。	● 主要教学内容：讲授前厅运营与管理的系统知识和操作技能，掌握客房管理的规范操作程序，掌握洗衣房运营的知识。 ● 要求：使学生掌握营销技巧，学会处理突发事件，具备进行前厅正常运营与管理的能力，获得客房部的管理能力和客房区域的服务能力，获得山东省劳动厅中级客房服务员证书。	前厅运营与管理的系统知识和操作程序；客房管理的理论知识和服务的规范技能；洗衣房运转的知识。
26	饭店经营管理	32	2	本课程是旅游管理专业群中的专业方向课，先修课程是"旅游概论"、"中国旅游地理"，为后续"旅游服务心理学"、"顶岗实习"等课程的学习奠定基础。	● 主要教学内容：讲授饭店经营与管理的系统理论和方法，使学生掌握饭店的产品组成，促销策略等理论。 ● 要求：具备饭店中、高级管理者的素质能力。	饭店经营与管理的系统理论和方法；掌握饭店的产品组成，产品竞争分析、经营环境、促销策略等理论。
27	旅游创新创业项目设计	32	2	本课程是旅游管理专业群中的专业方向课，先修课程是"旅游概论"、"中国旅游地理"，为后续"旅游服务心理学"、"顶岗实习"等课程的学习奠定基础。	● 主要教学内容：全国、省市创新创业项目大赛 ● 要求：熟练掌握，灵活运用。	全国、省市创新创业项目大赛。

续表

序号	课程名称	学时	学分	课程性质与任务	主要教学内容与要求	技能考核项目与要求
28	旅游线路设计	32	2	本课程是旅游管理专业群中的专业能力方向课程中的"旅游概论"、"中国旅游地理"，为后续"旅游服务心理"、"顶岗实习"等课程的学习奠定基础。	● 主要教学内容：全国、省市旅游线路设计大赛内容。 ● 要求：熟练掌握、灵活运用。	全国、省市旅游线路设计大赛
29	旅游产品开发	32	2	本课程是旅游管理专业群中的专业能力方向课程中的"旅游概论"、"中国旅游地理"，为后续"旅游服务心理"、"顶岗实习"等课程的学习奠定基础。	● 主要教学内容：全国、省市旅游产品设计开发大赛要求掌握内容。 ● 要求：熟练掌握、灵活运用。	全国、省市旅游产品设计开发大赛
30	旅游创新策划	32	2	本课程是旅游管理专业群中的专业能力方向课程中的"旅游概论"、"中国旅游地理"，为后续"旅游服务心理"、"顶岗实习"等课程的学习奠定基础。	● 主要教学内容：全国、省市旅游创新策划大赛内容。 ● 要求：熟练掌握、灵活运用。	全国、省市旅游创新策划大赛

说明：★表示专业核心课程。

3. 职业拓展课程描述

表3 职业拓展课程描述表

序号	课程名称	学时	学分	课程性质与任务	主要教学内容与要求	技能考核项目与要求
1	旅游服务心理学	32	2	本课程是旅游管理专业群职业能力课程中的专业群平台课，先修课程是"旅行社经营与管理"、"景区服务与运营"，为后续"顶岗实习"等课程的学习奠定基础。	●主要教学内容：掌握旅游者的旅游行为和心理的规律，并会分析影响旅游者旅游决策的心理因素，通过对旅游企业管理和服务心理的学习，了解个体、群体、领导、组织等各层次的行为特征及所蕴含的心理规律。 ●要求：学会运用心理学的研究成果来提高旅游管理活动的科学水平和旅游服务的质量，提高学生从业活动的综合素质，特别是培养学生良好的职业心理素养。	在学习和了解旅游消费心理的知识基础上，能善于运用所学知识增强对客人的观察能力；通过对旅游服务的认识，培养健康的旅游服务心理；了解旅游者在前台、客房、餐厅、商场、游览过程中的心理活动，根据客人的心理需求做好各部门的服务接待工作；通过运用服务中的人际交往原则从而使客人产生好感。
2	齐文化旅游	32	2	本课程是旅游管理专业群职业能力课程中的专业群平台课，先修课程是"旅行社经营与管理"、"景区服务与运营"，为后续"顶岗实习"等课程的学习奠定基础。	●主要教学内容：了解齐文化的形成和发展，重点掌握管子学、晏子学、齐兵学、稷下学思想独特的内涵和艺术魅力，了解齐文化在传统文化中的地位，及对社会发展的影响，通过对齐文化的学习，了解这一优秀的传统地域文化的精神和内涵，提高旅游专业学生的整体素质。 ●要求：学会运用齐文化的研究成果来提高为区域旅游服务的质量，通过实现传统文化现代价值观的转变，提高学生从业活动的综合素质，培养学生的职业品德。	在学习和了解齐文化知识的基础上，能善于运用文化的智慧，赋予现代价值观的新理念，增强分析问题、解决问题的能力。

续表

序号	课程名称	学时	学分	课程性质与任务	主要教学内容与要求	技能考核项目与要求
3	中国民俗旅游	32	2	本课程是旅游管理专业群中的专业能力课程中的专业群平台"旅行社经营与管理"课、"景区服务与运营"为后续"顶岗实习"等课程的学习奠定基础。	• 主要教学内容：了解民俗，民俗学，民俗旅游资源的定义及种类。熟悉民俗与旅游的关系，民俗学的性质、范围及任务，掌握民俗旅游的含义、特征、类型。 • 要求：提高学生运用该课程的知识解决旅游工作中实际问题的能力。	使学生对我国丰富多彩的民俗风情有比较系统的全面了解和认识，提高学生的知识储备，培养学生的专业基本素质。
4	茶艺	32	2	本课程是旅游管理专业群中的专业能力课程中的专业群平台"旅行社经营与管理"课、"景区服务与运营"为后续"顶岗实习"等课程的学习奠定基础。	• 主要教学内容：本课程用人类文化学，民俗学，社会学，农学，经济学等理论和方法，介绍了茶文化历史，茶与人的饮食艺术，品饮艺术，饮茶趋势，茶与茶道艺术的结缘，茶文化的发展等内容，突出茶艺术内容，引导培养学生茶文化方面的知、说技能，茶叶的品、评、鉴赏技能。 • 要求：通过该课程的学习，使学生能够掌握茶艺基本知识和技能。	初级茶艺师技能

238

续表

序号	课程名称	学时	学分	课程性质与任务	主要教学内容与要求	技能考核项目与要求
5	旅游英语口语	64	4	本课程是旅游管理专业群中的专业能力平台课，先修课程是"旅行社经营与管理"、"景区服务与运营"，为后续"顶岗实习"等课程的学习奠定基础。	●主要教学内容：办理登机手续、检查和托运行李；乘坐飞机，在移民办公室、海关申报手续；客房预订、接待、信息咨询、处理投诉、外币兑换、结账；介绍旅游产品和线路，讨论旅行计划和日程安排，帮助客人预订、事发前准备，途中导游、景点讲解、参观活动、返回工作，致欢送词、办理离商站手续 ●要求：通过该课程的学习，使学生能够掌握旅游服务与管理的基础理论和专业知识，熟悉旅游管理工作的主要程序和方法，尤其训练掌握导游工作过程中的各环节的操作技能，具备一定的岗位协调能力，应急处理能力和较强的人际沟通能力，突出职业技能、职业态度、职业习惯的培养和训练，为今后从事旅游服务与管理工作打下良好的专业基础。	通过阅读和翻译，培养学生阅读和翻译旅游专业英语的能力；通过模拟套写和翻译客房预订单、住宿登记单、洗衣单、个人简历、广告、投诉信回复，培养学生参照范例英语拟写和翻译客房预订单、住宿登记单、洗衣单、个人简历、广告、投诉信回复，求职信等应用文的能力；通过听力与口语对话，培养学生以英语进行口语交际的能力，即：机场迎接游客，入住酒店，游览参观直至机场送客。
6	中外饮食文化	32	2	本课程是旅游管理专业群中的专业能力平台课，先修课程是"旅游管理"、"旅行社经营与运营"，为后续"顶岗实习"等课程的学习奠定基础。	●主要教学内容：世界饮食文化和中国饮食文化；中外饮食民俗、中外饮食礼仪、中外茶饮文化和中外酒文化中的基本情况，了解中外饮食文化交流的历史和现状，以及饮食文化交流的障碍和途径。 ●要求：根据所学知识，解决中外交流时的饮食障碍。	解决中外交流时的饮食障碍

续表

序号	课程名称	学时	学分	课程性质与任务	主要教学内容与要求	技能考核项目与要求
7	旅游景观赏析	32	2	本课程是旅游管理专业群中的专业群能力课程中的专业群能力课平台课，先修课程是"旅行社经营与管理"、"景区经营与运营"，为后续课程的"顶岗实习"等课程的学习奠定基础。	● 主要教学内容：旅游景观赏析方法、能力。 ● 要求：在旅游活动中，运用所学方法，更好地获得旅游享受，激发探究地理问题的兴趣和动机，提高地理审美情趣。	学会欣赏美、发现美、传递美。
8	旅游摄影	32	2	本课程是旅游管理专业群中的专业群能力课程中的专业群能力课平台课，先修课程是"旅行社经营与管理"、"景区经营与运营"，为后续课程的"顶岗实习"等课程的学习奠定基础。	● 主要教学内容：旅游摄影的基本概念、基本原理和基本操作。学生既要从理论上懂得旅游摄影的特点、意义和作用，也要从实践上掌握旅游摄影的基本用法，旅游摄影的技术技巧和数码照片的后期加工处理技能，为今后开展旅游管理工作和旅游摄影实务打下必要的基础，也对培养学生个人创作能力和提高自身艺术素养有着重要的作用。 ● 要求：系统掌握摄影基础知识，能够使用数码相机拍摄出符合要求的照片，并能完成一系列专题摄影任务，并对照片进行后期加工，为学生更好地从事旅游服务和接待工作提供支持，为毕业后适应旅游工作的需要奠定良好的基础。	开展旅游管理工作和旅游摄影实务打下必要的基础

续表

序号	课程名称	学时	学分	课程性质与任务	主要教学内容与要求	技能考核项目与要求
9	旅游景区规划与活动策划	32	2	本课程是旅游管理专业群职业能力课程中的专业必修课,先修课程是"旅游市场营销""旅游服务心理学"等课程,为后续"学"等课程的学习奠定基础。	● 主要教学内容:旅游景观的概念及内涵,景观设计原理,景观设计的技术方法等。 ● 要求:通过学习,会用旅游景区规划与活动策划的基本原理和方法设计简单的旅游规划方案。	能够进行简单的旅游规划方案设计

说明:★表示专业核心课程。

九、实践教学体系

（一）内容架构

旅游管理专业实践教学体系的构建循序渐进的层次性，它必须有利于培养学生的实际操作能力、研究问题的能力和开拓创新的能力。因此，高职旅游管理专业中实践教学应与理论教学紧密结合，形成"认知—模拟实训—专业综合实训—认识实习—跟岗实习—顶岗实习—毕业设计"的全方位的立体化分层次的实践教学体系。

（1）第一个层次：旅游认知实习。认知实习是通过新生入学教育、中国旅游地理课程等，加强学生对专业知识认知，让学生对今后的工作产生感性认识；实践的方式有酒店参观实习、旅游景区考察，会展和旅行社实际参观，或进行案例分析讨论、课堂演示等多种形式的实际训练，激发学生的学习兴趣。本环节在第一学期进行。

（2）第二个层次：模拟实训。模拟实训是利用校内实训室，如形体训练房、多媒体教室、模拟餐厅、模拟客房、模拟酒吧、模拟导游实训室以及旅游电子商务等进行专业课程中实训项目的练习。在校内进行模拟实训是配合专业课的课程实习，也是校外实战实习的前奏。本环节结合专业课程的开设进行。

（3）第三个层次：专业综合实训。旅游线路设计和导游业务实训，目的是了解和熟悉旅行社中的计调工作，能够独立地设计和组合旅游线路，了解和熟悉地陪、全陪、领队的岗位职责，掌握旅游团队的运作和带团技巧，在第三学期进行，为期1周。

（4）第四个层次：认识实习、跟岗实习和顶岗实习。本层次是为提升学生专业能力而设计的，根据学生意愿分旅行社实习、酒店实习和旅游景区实习三个方向，主要利用校外实习基地进行，时间1周、12周、20周。通过专业实践，使学生全面了解旅游企业的业务流程和基层管理，为他们走上工作岗位奠定坚实的基础。

（5）第五个层次：研究实践（毕业设计）。高职旅游管理专业虽然主要是培养学生的实际操作能力，但也要求学生有一定的分析问题、解决问题的能力，研究实践主要是结合学生在顶岗实习过程发现的问题进行，综合利用学到的专业理论知识和专业技术方法，通过独立思考，站在一个旅游管理者的角度，独立提出解决各种问题的对策，撰写毕业设计，从而提高学生分析解决具体问题的能力。

（二）组织与实施

表9-1 旅游管理专业实践教学安排表

实践教学名称	开设学期	学时安排	项目要求（开设项目）	教学地点
课程模拟实训	中国旅游地理（第一学期）	8	旅游专业认知	模拟导游实训室
	旅游概论（第一学期）	8	旅游行业认知	形体训练房
	导游基础知识（第二学期）	20	导游词设计、模拟景点讲解、旅游线路设计	模拟导游实训室
	导游业务（第二学期）	20	全陪导游服务、地陪导游服务、景区导游服务	模拟导游实训室
	导游讲解（第二、三学期）	48	1. 欢迎词、沿途讲解、自然景观讲解、人文景观讲解、欢送词 2. 导游语言训练、导游大赛讲解训练	模拟导游实训室
	旅行社经营与管理（第三学期）	8	旅行社前台接待、计调、导游服务	旅行社实训室
	旅游市场营销（第四学期）	8	旅游产品设计、营销	多媒体教室
	旅游景区服务与运营（第四学期）	8	景区活动设计、景区讲解服务	景区
	旅游景区规划与活动策划（第三学期）	8	景区活动策划	景区
	茶艺（第三学期）	8	红茶、绿茶冲泡方法	实训室
	旅游景观赏析（第四学期）	8	旅游景观赏析	模拟导游实训室
	旅游摄影（第三学期）	16	景观摄影、人物摄影	实训室或户外

实践教学名称	开设学期	学时安排	项目要求(开设项目)	教学地点
专业综合实训	第三学期	30	教师带队到景点景区进行专业综合实训	校内实训室+校外实习基地
认识实习	第五学期	30	根据学生意向,分酒店、旅行社、旅游景区三个方向进行顶岗实习	校外实习基地
跟岗实习	第五学期	360	根据学生意向,分酒店、旅行社、旅游景区三个方向进行顶岗实习	校外实习基地
顶岗实习	第五、六学期	600	根据学生意向,分酒店、旅行社、旅游景区三个方向进行顶岗实习	校外实习基地
毕业设计	第六学期	120	结合顶岗实习中发现的问题进行毕业设计	校外实习基地

十、培养进程

(一)教学环节分配表

学期 \ 周数 \ 项目	非综合实践课程	综合实践课程	法定放假	考试	学期周数	寒暑假期	备注
一			1	1	19	6	26
二			1	1	20	6	26
三			1	1	20	6	26
四			1	1	20	6	26
五			1	1	20	6	26
六			1	1	19	6	26
合计			6	6	118	36	154

内涵说明:基本学制3年,共6个学期。其中第二至第五学期各20周、第一、第六学期19周,共118周。试行多学期、分段式等教学组织模式的专业,可根据实际情况安排培养进程。

（二）教学进程安排表

课程结构	课程性质	课程代码	课程名称	学分	教学学时		各学期教学学时分配							备注
					总学时	实践学时	1	2	3	4	5	6	
人文素养课程	必修课	31332	思想道德修养与法律基础	3	48	0	**	**	**	**	**	**	
		31333	毛泽东思想与中国特色社会主义体系概论	3	48	0	48						
		31334	形势与政策	1	16	0	8	8					在线教学
		31331	体育与健康	4	64	64	32	32					
		33294	创业基础	1	16	0	16						
		33250	就业指导	1	16	0				16			
			小计	13	208	64	104	88	0	16	0	0	
	限选课	34006	计算机文化基础（A）	2	32		32						开课学期视选课情况可在第1至第4学期
		30140	大学英语（A）	6	96		64	32					开课学期视选课情况可在第1至第4学期
		31894	人际沟通	3	48		16	32					开课学期视选课情况可在第1至第4学期
		32006	大学生心理健康教育	1	16		16						开课学期视选课情况可在第1至第4学期

245

续表

课程结构	课程性质	课程代码	课程名称	学分	教学学时		各学期教学学时分配						备注
					总学时	实践学时	1	2	3	4	5	6	
人文素养课程	限选课	33287	美育（实用礼仪模块）	1	16	0	16	**	**	**	**	**	开课学期视选课情况可在第1至第4学期
		33600	美育（文学欣赏模块）	1	16	0	16	**	**	**	**	**	开课学期视选课情况可在第1至第4学期
		33289	美育（音乐欣赏模块）	1	16	0	16	**	**	**	**	**	开课学期视选课情况可在第1至第4学期
			小计	15	240	0	176	64	0	0	0	0	
	任选课		课程一	1	16	0	0	16					
			课程二	1	16	0			16				
			课程三	1	16	0				16			
			课程四	1	16	0				16			
			小计	4	64	0	0	16	16	32	0	0	
			合计	32	512	0	280	168	16	48	0	0	

续表

课程结构	课程性质	课程代码	课程名称	学分	教学学时		各学期教学学时分配						备注
					总学时	实践学时	1	2	3	4	5	6	
	专业（群）平台课	30620	旅游概论	2	32	8	32						
		31242	中国旅游地理	2	32	8	32						
			小计	4	64	16	64	0	0	0	0	0	
职业能力课程	专业必修课	30147	导游基础知识	3	48	20		48					
		30629	旅游政策法规	3	48	20		48					
		30151	导游业务	3	48	20		48					
		30148	导游讲解	3	48	48		16	32				
		30617	旅行社经营与管理	2	32	8			32				
		30626	旅游市场营销	2	32	8			32				
		30625	旅游景区服务与运营	2	32	8				32			
		31785	专业综合实训	1	30	30			1W				
		34022	认识实习	1	30	30					1W		
		34021	跟岗实习	12	360	360					12W		
		30216	顶岗实习	20	600	600					6W	14W	
		30082	毕业设计	4	120	120						4W	
			小计	56	1428	1332	0	160	126	32	570	540	

续表

课程结构	课程性质	课程代码	课程名称	学分	教学学时		各学期教学学时分配						备注
					总学时	实践学时	1	2	3	4	5	6	
							**	**	**	**	**	**	
职业能力课程	导游服务方向	34023	中国传统文化	2	32	0			32				
		34024	模拟与现场导游	3	48	48			48				
		34025	导游才艺与表演	1	16	16			16				
		34026	导游英语	2	32	0			32				
			小计	8	128	64							
	领队服务方向	34027	旅游目的地概况	2	32	0			32				
		34028	出境旅游领队实务	2	32	16			32				
		34029	出境旅游领队英语	2	32	16			32				
		34031	模拟与现场导游	2	32	32			32				
			小计	8	128	64							
	酒店服务方向	34032	酒店英语	2	32	0				32			
		30561	酒水知识与酒吧服务	1	16	16				16			
		30105	餐厅接待与运营	1	16	16				16			
		30755	前厅客房接待与运营	2	32	32				32			
		30260	饭店经营管理	2	32	0				32			
			小计	8	128	64							

续表

课程结构	课程性质	课程代码	课程名称	学分	教学学时		各学期教学学时分配						备注
					总学时	实践学时	1	2	3	4	5	6	
职业能力课程	创新创业方向	34033	旅游创新创业项目设计	2	32	16	＊	＊	＊	32	＊	＊	
		34034	旅游线路设计	2	32	16	＊		＊	32	＊	＊	
		34035	旅游产品开发	2	32	16	＊		＊	32	＊	＊	
		34036	旅游创新策划	2	32	16	＊		＊	32	＊	＊	
			小计	16	256（每学期限选一个方向）	128（每学期限选一个方向）	0	0	128	128	0	0	限选16学分
			合计 76	1748	1468	192	64	254	192	570	540		
职业拓展课程	必修或限选课	30626	旅游服务心理学	2	32	0			32				必修课
		33622	齐文化旅游	2	32	0				32			必修课
		31991	中国民俗旅游	2	32	0			32				
		33158	茶艺	2	32	32			32				
		31976	旅游英语口语	4	64	0				64			
		33601	中外饮食文化	2	32	0				32			
		33272	旅游景观赏析	2	32	8				32			

续表

课程结构	课程性质	课程代码	课程名称	学分	总学时	实践学时	1	2	3	4	5	6	备注
职业能力课程	创新创业方向	32199	旅游摄影	2	32	16	*	*	*	*	*	*	
		33102	旅游景区规划与活动策划	2	32	8	*	*	32	*	*	*	限选12学分（3、4学期各6学分）
			合计	12	320	64	0	0	160	160	0	0	
			总计	120	2580	1772	344	328	430	400	570	540	

注：各学期教学学时分配下分 1、2、3、4、5、6 学期；教学学时下分总学时、实践学时。

（三）活动课程安排表

课程结构	课程性质	课程代码	课程名称	学分	总学时	实践学时	1	2	3	4	5	6	备注
活动课程	必修课	30777	入学教育	1	30	30	1W						
		33799	军事理论教育	2	46	30	1W+16						
		31216	职业角色体验	1	30	30		第二或第三学期（1W）					
		32306	科技艺术活动	2	60	60							课外
		30823	社会实践	2	60	60							第一学年暑假
			总计	8	226	210							

（四）综合实践进程表

序号	综合实践教学课程名称	开设学期	周数	学时	学分	备注
1	入学教育	第一学期	1	30	1	
2	军事理论教育	第一学期	2	46	2	
3	职业角色体验	第二学期	1	30	1	
4	专业综合实训	第三学期	1	30	1	
5	认识实习	第五学期	1	30	1	
6	跟岗实习	第五学期	12	360	12	
7	顶岗实习	第五、六学期	20	600	20	
8	毕业设计	第六学期	4	120	4	
小计			42	1246	42	

（五）课程结构及学分分配一览表

课程类别		总学分	必修课学分	限选课学分	任选课学分
人文素养课程		32	13	15	4
职业能力课程	专业（群）平台课程	4	4	0	0
	专业必修课	56	56	0	0
	专业方向课程	16	0	16	0
职业拓展课程		12	4	8	0
合计		120	77	39	4

十一、考核评价

（一）知识考核

依据《淄博职业学院教学管理规范》第五章第四十四条之规定，进行考试或考查并评定成绩。

鼓励考试模式创新和改革，采用多种考试方式，如笔试、口试、一张纸考试、理论和技能均进行考试等方式，充分反映学生的知识掌握程度。

（二）综合实践考核

1. 实训实习

实训实习是指时间在一周以上的某门课程实训实习、专门实训实习（综合实训实习或课程设计)和岗位就业(毕业生产)实习。

依据《淄博职业学院实践教学管理规范》之第一章、第二章的要求评定成绩。

在顶岗实习的考核中实习单位拥有否决权,考核以企业考核为主。

2. 毕业设计

毕业设计是高职学生在校学习期间最后一个综合性实践教学环节,是实践教学的重要组成部分,依据《淄博职业学院实践教学管理规范》第三章第四条之规定,毕业设计平时成绩(30%)、审阅成绩(30%)和答辩成绩(40%)折算后按优(90—100),良(70—89),及格(60—69),不及格(59 分以下)评定等级。

毕业设计考核中,要求企业的专家参与学生毕业设计的审阅和答辩过程,在总成绩中占有一定比例。

3. 课外教育考核

依据《淄博职业学院学生课外教育活动管理规范》进行考核。

(三)能力、素质考核

依据本专业能力、素质考核指标体系,实行过程性考核。

十二、毕业条件

1. 学业要求

总学分不低于 148 学分,必须修完所有职业能力课程。

证书规定

(1)毕业证书

国家教育部普通高等学校毕业证书(大专)

(2)基本技能证书

山东省语委考核认定的普通话二级乙等证书

(3)职业技能证书

①国家旅游局颁发的导游员资格证书;

②山东省人力资源和社会保障厅颁发的餐厅服务员或客房服务员中级证书;

③山东省人力资源和社会保障厅颁发的中级调酒师证书。

说明:以上职业技能证书学生至少考取其中一种。

十三、其他说明

1. 指导性教学安排

根据各类课程之间的内在联系,遵照教学规律和循序渐进原则,将各门课程按一定的时间和空间合理地排列组合,形成有机的课程体系。执行中要根据实际需要及时安排综合实践课程,包括专业见习、顶岗实习等。

指导性教学安排作为旅游管理专业教学实施方案,为适应行业、企业的实际需要和院本课程开发应用,可以适当微调。

2. 课程安排以及考核形式必须与时俱进,以适应新一轮的人才培养方案,达到实效。

3. 参加技能大赛的学生,可根据大赛成绩及淄博职业学院相关规定折合为相应学分。

4. 学生修完人才培养方案规定的课程可以通过专升本考试,进入本科院校进一步深造。

5. 其他未尽事宜,遵照淄博职业学院相关规章制度执行。

旅游管理专业"十三五"发展规划
（2016－2020 年）

一、发展基础

（一）"十二五"期间的建设成效

1. 办学条件。在校学生 226 人，现有 5 个校内实训室。

2. 师资队伍。院级教学团队，现有专职教师 8 人，其中副教授 1 人，讲师 7 人。博士 1 人，硕士 6 人，专兼职比例 1∶1。教学团队完成省级课程 3 门，省级课题 1 项，专利 3 项，论文 30 余篇。多次承担淄博市旅游相关培训。

3. 专业学科建设。2002 年创建，2003 年开始招生。

4. 校企合作。先后与 20 余家旅行社、景区、酒店建立长期合作关系。

5. 实训基地建设。5 个校内实训基地及与多家企业合作建立校外实训基地，满足学生实习、实训需要。

6. 人才培养方案。成立旅游管理专业建设指导委员会，每年召开一次会议，努力保持人才培养工作始终能紧贴社会经济发展变化的需要。

（二）存在不足

1. 办学条件有待进一步加强，校内实训设施设备不能紧跟发展需要。

2. 师资队伍中职称比例失调，教师学历须提升。

3. 校企合作深度与广度有待进一步提升，急需开拓知名景区、旅行社。

4. 行业影响力有待加强。

5. 人才培养方案有待进一步优化。

（三）机遇与挑战

山东省打造山东半岛蓝色经济区上升为国家发展战略，将会带来旅游服务等

8大行业的快速发展。淄博市文化旅游业融合发展受到政府重视。专业建设及发展面临诸多机遇和有利条件。

二、发展思路

（一）指导思想

按照学院《"十三五"事业发展规划》，坚持"巩固、提高、内涵发展"的办学思路，继续坚持以"培养学生就业竞争力和发展潜力"为核心目标，全面提升专业核心竞争力和综合实力。

（二）发展目标

建设成具有较高人才培养质量、较高科研实力、服务社会能力明显提升、特色比较突出的专业。

（三）基本思路

今后将实施开放性、为地方服务、加强学科交流和资源共享的发展策略，引导科研上档次、上水平，教学出质量、出成效，巩固提高旅游专业，努力把专业建设成为院内有一定地位和特色的教学研究与社会服务型专业。

三、目标与举措

（一）人才培养模式改革

1. 建设目标

根据学生个性化需求，创新中外合作育人模式，培养"有良好的外语能力、灵活的跨文化交流技能、德智体美全面发展的在旅行社、景区、酒店等部门从事一线服务和管理工作的高素质技能型人才"。毕业生总体就业率达到98%，就业对口率85%以上。

2. 主要举措

（1）提升人才培养方案质量，合作企业顶岗实习指导教师参与制定人才培养方案并在顶岗实习环节反馈、提高，探索实行"四模块驱动、工学交替递进"的人才培养模式。

（2）构建贯通培养体系。

（3）开展专业诊断，不断深化校企合作育人模式、创新中外合作育人模式。

（二）课程建设

1. 建设目标

推进优质课程建设。建设精品资源共享课 1 门,在线课程 1－2 门,国家规划教材 1－2 部,特色校本教材 1－2 本。以点带面,推进专业课程信息化、特色发展。

2. 主要举措

（1）深入行业、企业,请行企专家参与人才培养方案制定。

（2）优化课程体系,构建基于岗位（群）工作任务的工作过程系统化课程体系。

（3）推进优质课程建设,完成虚拟仿真项目和网络课程的制作并高效使用。

（4）推进教学模式和教学方法改革,探索实施翻转式学习与传统课堂教学模式相结合的混合式教学方法。

（5）推进教材的电子化和网络化建设。

（三）师资队伍建设

1. 建设目标

具有硕士以上学位教师达到 80%,具有副高以上职称的达到教师总数的30%。落实专业教师每五年企业实践时间累计不少于 6 个月。努力培养院级或省级教学名师 1 名。省部级课题立项 1－2 项,厅市级课题立项 1－3 项。厅市级成果获奖 1－3 项,专利授权 5－10 项,努力实现科技成果转化 1 项,技术服务到账经费 10 万元。

2. 主要举措

（1）全面更新教师教育观念,每年安排至少 2 名教师外出培训。

（2）加强教学研究和团队建设,优化师资结构和师资素质,提升教师的教学、科研、学历和实践锻炼水平。

（3）注重“双师”素质教师培养,利用指导学生顶岗实习以及寒暑假,鼓励教师积极赴企业实践锻炼,学习企业先进管理经验与技术工艺,更新知识结构,汇报锻炼心得体会,用于课程建设、教学模式改革中去。专业教师每五年企业实践时间累计不少于 6 个月,双师素质达 90% 以上。

（4）以“教学团队研讨课、系院级公开课、校级示范课”为教研平台,以“如何上好一堂课”为中心,提升教师教学基本功,创新课堂教学方式,改革教学内容、教学模式、教学手段方法和评价模式,切实把课程建设成果有效落实到课堂教学实践中。

（四）实训基地建设

1. 建设目标

在十三五期间争取创建 2 个新的实训基地,完成横向项目 5～8 项。

2. 主要举措

（1）充分发挥现有模拟导游实训室和形体实训室的作用。

（2）调研建立一个校内旅行社实训室、一个茶艺实训室。

（3）开拓 3～5 家高质量的校外合作基地。

（4）探索建立校内外实训基地管理机制,深化顶岗实习全过程课程化管理,充分用好校内、外实训基地及其他实践教学条件,向学生开放数量逐步增加;积极开展技术服务,为企业提供技术咨询,不断提高实训设施的利用率。

（五）专业教学资源建设

1. 建设目标

建设集教学设计、教学素材、虚拟实训及教学评价为一体的专业教学资源库。

2. 主要举措

构建专业资源库网站的基本框架,包括专业培养目标、教学计划、就业指导、课程资源等,建成 4 门专业核心课程的共享课程库,包括教学大纲、课程简介、在线教程、教学课件、实训指导、实训报告、习题解答、试卷分析、资源下载、学生自主学习多媒体资源、网上答疑与学习讨论平台等。

（六）专业文化建设

1. 建设目标

建设以专业或行业为主线,形成相对独立、有影响的专业物态文化、行为文化、制度文化与心态文化。

2. 主要举措

（1）对教室、办公室、功能教室、活动室内部设施进行全面的检修或升级;规范室内物品放置,强化室内外卫生要求;开展"绿色教室"、"绿色办公室"、"图书角"等评选活动。

（2）优化情境教学区外观布置,规范教学场地及设备的放置;在情境设置体现专业特色、专业文化的标示标牌,以加强职业素质培养。

工作任务分解表

序号	任务	完成目标	完成时限
1	人才培养模式改革	提升人才培养方案质量,合作企业顶岗实习指导教师参与制定人才培养方案并在顶岗实习环节反馈、提高,探索实行"四模块驱动、工学交替递进"的人才培养模式。	2018 年
2		构建贯通培养体系。	2020 年
3		开展专业诊断,不断深化校企合作育人模式、创新中外合作育人模式。	2018 年
4	课程建设	推进优质课程建设:建设精品资源共享课 1 门,在线课程 1 - 2 门,特色教材 1 - 2 本。	2019 年
5		国家规划教材 1 - 2 部,特色校本教材 1 - 2 本。以点带面,推进专业课程信息化、特色发展。	2020 年
6	师资队伍建设	具有硕士以上学位教师达到80%,具有副高以上职称的达到教师总数的30%。努力培养院级或省级教学名师 1 名。	2020 年
7		全面更新教师教育观念,每年安排至少 2 名教师去外出培训。	2016 年 - 2020 年
8	科技开发	省部级课题立项 1 - 2 项,厅市级课题立项 1 - 3 项。厅市级成果获奖 1 - 3 项,专利授权 5 - 10 项,努力实现科技成果转化 1 项,技术服务到账经费 10 万元。	2016 年 - 2020 年
9	实训基地建设	调研建立一个校内旅行社实训室、一个茶艺实训室。	2019 年
10		开拓 3 - 5 家高质量的校外合作基地。	2019 年
11		探索建立校内外实训基地管理机制。	2018 年
12	专业教学资源建设	建设集教学设计、教学素材、虚拟实训及教学评价为一体的专业教学资源库。	2020 年
13	专业文化建设	设以专业或行业为主线,形成相对独立、有影响的专业物态文化、行为文化、制度文化与心态文化。	2020 年
14	创新创业	毕业生总体就业率达到98%,就业对口率85%以上。	2016 年 - 2020 年

序号	任务	完成目标	完成时限
15	高素质师资队伍建设工程	落实专业教师每五年企业实践时间累计不少于6个月	2016年－2020年
16	技术服务提质增效行动计划	横向项目5－8项	2016年－2020年

四、保障措施

(一)资源条件保障

1. 组织保障。采用项目管理办法,成立专业建设领导小组。

2. 制度保障。建立项目建设领导责任制度和项目负责人制度,建立专业建设管理、教学督导教学检查等系列制度。

3. 经费保障。严格执行专业建设方案中经费支出,制订经费专项预算,专款专用。

4. 质量控制。依据目标管理方式,责任细分到人。

5. 引入预警机制,制定循环改进措施。

(二)专业诊断与改进

旅游管理专业经过14年发展,已经积累了专业发展经验。"四模块驱动、工学交替递进"工学结合的人才培养模式,突出学生职业能力的培养,真正实现"毕业与上岗的零过渡"。旅游管理专业注重学生能力的培养,学生多才多艺,在各类竞赛中的成绩骄人。

今后要结合大环境的发展方向,继续深化人才培养模式、课程改革。理论先行,教学中对岗位工作能力要求做出相应调整,对现有的课程体系进行改革,按照岗位分工进行学期模块化教学,创建多门优质课程,并制作专业课程系列化教案、课件。

(三)组织实施保障

1. 成立旅游管理专业建设领导小组,加强组织领导。

2. 健全执行落实工作机制,对规划实施情况进行绩效评价,建立规划实施年度报告和中期评估机制。

3. 积极整合资源,优化资源配置,做好各项工作的衔接和相关政策、制度、思路、目标、措施之间的协调。

4. 充分利用系网站、宣传栏、微信、球球等媒体,大力宣传,为规划实施营造良好环境。

旅游管理专业关于麦可思报告
问题整改工作报告

一、麦克斯报告中本部门优势和存在的问题

(一)优势

1. 有效邮箱数较多,问卷回收比例较高,样本比例占到44.6%,略低于学院的平均比例。说明报告中的数据具有一定的可参考价值。

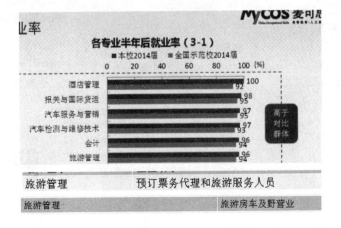

专业名称	毕业生总数(人)	有效邮箱数(个)	有效邮箱覆盖比例(%)	被采集邮箱数(个)	回收问卷数(份)	答题率(%)	样本比例(%)
总计	7304	7062	96.7	6903	3699	53.6	50.6
艺术设计(环境艺术设计)	57	52	91.2	51	25	49.0	43.9
旅游管理	56	55	98.2	53	25	47.2	44.6

各专业人数及样本回收情况(4-3)

2. 半年以后的就业率高于全国示范校就业率2个百分点。主要就业岗位为预订票务代理和旅游服务人员、旅游房车及野营业。

各专业半年后就业率(3-1)

■本校2014届 ■全国示范校2014届

专业	本校2014届	全国示范校2014届
酒店管理	100	92
报关与国际货运	98	95
汽车服务与营销	97	95
汽车检测与维修技术	97	93
会计	96	94
旅游管理	96	94

旅游管理	预订票务代理和旅游服务人员
旅游管理	旅游房车及野营业

3. 用人单位类型以民营企业、个体为主,用人单位规模小型、中型、大型分布较为均匀。

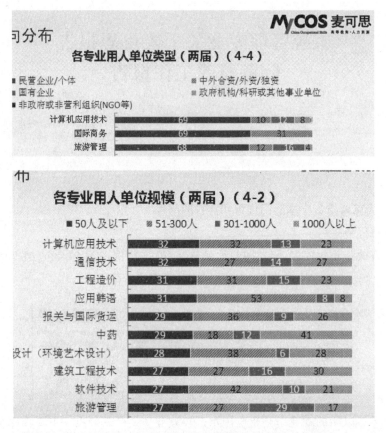

4. 各专业半年后的月收入 3472 高于示范校平均水平 3109。

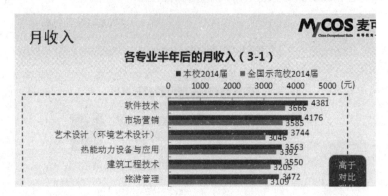

5. 校友满意度较高

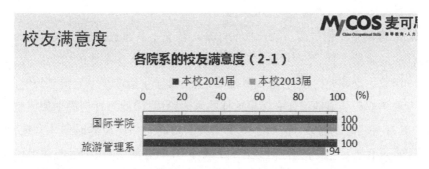

(二)问题

1. 专业相关度低,13届:33%,14届:30%。

旅游管理专业毕业生选择专业无关工作的主要原因是"达不到专业相关工作的要求"、"专业工作岗位招聘少"。

2. 与任课教师交流程度略低,愿意推荐母校比例较低的专业是旅游管理(65%)。

3. 职业期待吻合度低,12届:26%,13届:36%。13届学生离职率高达67%。

二、分析问题的成因

(一)"专业相关度低"的成因分析

旅游管理专业毕业生选择专业无关工作的主要原因是"达不到专业相关工作的要求"、"专业工作岗位招聘少"。

1. 高职旅游管理专业毕业生往往将自己的就业范围狭隘地限定在旅行社导游这个工作岗位上,其实旅游是综合性行业,旅游管理专业的毕业生应将自己的就业范围放大,积极从事与旅游相关的行业,像高层管理者、旅游规划、旅游电子商务、会展旅游等新兴职业,三百六十行,行行出状元,只要通过自身的努力,没有什么工作是不利于自身发展的。

2. 家庭的期望值过高。家长长期以来对社会上从事旅游管理人员的印象便是很体面的旅游主管、经理等高层职业。就旅游管理本身专业的名字而言,给人的第一印象也是职业白领、企业高管形象,这也给学生造成了一定的想象空间,认为本专业毕业后从事的工作必然是这样的高薪阶层,因此对社会的期望值也随之增高,具有一定的优越感。但当学生走出校园应聘工作岗位的时候才发现,理想与现实还是有一定差距的,这时候家庭还是抱有原有的观念,学生心理上便形成巨大的压力,就业时往往高不成低不就。

3. 学生的实践经验不够突出。由于服务类行业发展变化迅速,学校课程设置没有紧跟时代发展和市场需求变化步伐,校内教学条件无法达到良好的实训效果,校外实训因安全、经费等条件的限制,造成了学生在学习过程中只是进行了理论方面的学习,实践经验少,操作能力弱,在就业时自信心不强,在实际的工作中,达不到企业的要求。

(二)"职业期待吻合度低"的成因分析

1. 旅游行业虽然存在大量的人才需求,但旅游管理专业学生实际的工作能力不足而无法胜任。

2. 旅游行业需要先吃苦、坚持、从基层最辛苦的岗位做起,并且具有良好的抗打击心理,许多学生在遇到一次挫折后就放弃,自我认可度低、缺乏归属感等,形成旅游管理专业学生就业市场的一个特殊现状,全国皆如此。

(三)"与任课教师交流程度略低,愿意推荐母校比例较低"的成因分析

任课教师缺乏课下与学生的互动交流、情感交流,导致学生对本专业更加不认可,失去了很多毕业生情感上的支持。

三、解决和改进措施

(一)加强新生专业教育和就业指导,定期举办行业企业讲座

让学生一入学即能明确自己所学的旅游管理专业的性质、未来的就业方向、专业所需技能、从业人员所具备的品质等。邀请旅行社等企业到学校对学生进行宣讲,帮助学生明确社会和企业需要怎样的人才,对学生关心的就业择业问题排疑解惑。

(二)在教学中潜移默化地转变学生观念,培养吃苦耐劳、踏实敬业的工作

态度

高职学校毕业生就业中出现了一些盲目跟风的现象,盲目随大流,拜金心理、功利心理较强。降低自己的就业标准,提高自身思想境界,克服不良的就业思想,如享乐主义、功利主义等,努力培养自己的高尚思想,积极就业。

(三)加强教学相关内容与旅游行业工作的匹配度,增强学生的实践动手能力

1. 加强与专业相关行业的合作,以市场要求规划教学内容与教学模式

2. 选择行业中具有一定实力和信誉的单位,进行稳定合作

3. 企业调研,淘汰落后的知识,紧跟工作岗位要求,修订人才培养方案

4. 教学中全员始终向学生传递基层做起、踏实工作、合理定位自身的职业发展思路

5. 结合课程实际有针对性地培养学生的自我塑造能力,定期邀请行业一线工作人员为学生做讲座,增强学生对相关行业实际情况的了解和熟悉,激发学生的实践兴趣,培养积极的职业观。

6. 规范实践教学计划和教学内容设置,使学生实践贯穿整个教学过程。加强实践前动员,让学生更加明确专业实践活动对于能力培养和今后工作的重要意义,以及不积极参与的危害。实践课教师选用熟悉行业实际的任课教师负责,不断开拓本地与外地实习基地,增加学生的选择面,进一步提高自身的就业适应能力和实际工作技能。

(四)多种渠道为学生提供就业信息,丰富学生的就业选择

政府、教育部、学校等单位应该保持联系,加强就业信息的沟通扩散,共同构建毕业生人才信息网,尤其在毕业时应积极搜集、发布、更新企业招聘信息,实现毕业生方便地在网上搜寻工作。同时,政府和学校应开展定期或不定期的人才现场招聘会,让大学生可以与企业进行面对面的直接交流沟通。作为旅游管理专业的毕业生,可以积极从互联网、亲戚朋友、老师等这些渠道中搜寻工作。

(五)多方式加强教师与学生交流,以身示范,润物细无声

加强任课教师与学生的互动交流,采取课下作业指导、实践指导、各种比赛、讲座等方式方法,加强与学生的交流。

四、分解任务

序号	任务	责任人	完成时间
1	举办行业企业讲座	相关教师	每学期至少一次
2	专业调研顶岗实习学生	相关教师	寒暑假
3	专业调研淄博市旅行社	相关教师	寒暑假
4	调研人培修订,研讨开设新课	相关教师	2016.5
5	修订课程标准	教学团队成员	2016.8
6	实践课程设计及标准制定	相关教师	2016.8
7	设计各种活动,加强师生互动	相关教师	2016.5
8	提供就业信息	相关教师	2016.5

五、完成落实情况

序号	任务	责任人	完成时间	完成情况
1	举办行业企业讲座	相关教师	每学期至少一次	完成
2	专业调研顶岗实习学生	相关教师	寒暑假	完成
3	专业调研淄博市旅行社	相关教师	寒暑假	完成
4	调研人培修订,研讨开设新课	相关教师	2016.5	完成
5	修订课程标准	相关教师	2016.8	完成
6	实践课程设计及标准制定	相关教师	2016.8	完成
7	设计各种活动,加强师生互动	教学团队成员	2016.5	完成
8	提供就业信息	相关教师	2016.5	完成

具体见附件:麦可思报告问题整改完成情况自评统计表和作证材料

职业院校技能大赛高职学生组
"导游服务"赛项竞赛反思

摘　要:笔者从 2012 年第一次带学生参加全国高职学生组"导游服务"赛项,2016 年、2017 年两次带队参加山东省职业院校技能大赛高职学生组"导游服务"赛项竞赛,数次身临其境地感受到大赛竞争的激烈,作为指导教师应当进一步总结经验教训,以期达到以赛促教、以赛促学、提高人才培养质量的目的,结合五年来"导游服务赛项"比赛的情况进行了认真的总结和反思,提出个人的意见和建议。

关键词:技能大赛、训练、反思

一、几点变化

通过六年比赛的带队参与,体会到赛项的几点明显变化:

1. 高职学生组"导游服务"赛项讲解风格正在从学院派走向实践派;

2. 个人赛被团体赛取代,更能展现出一个专业的教育教学综合实力;

3. 各学校都十分重视大赛成绩,竞争越发激烈,选手水平普遍明显提高。

二、备赛与训练

(一)备赛时间

省赛每年从通知到比赛不到一个月的时间,竞赛分普通话导游服务和英语导游服务两个赛项。竞赛内容包括四部分(共三个环节):自选导游讲解、抽选项目讲解、导游职业能力测试、才艺展示。如果从接到通知开始备赛,显然很仓促,所以备赛时间需要调整,根据往年的内容将比赛可事先准备的自选导游讲解、才艺展示放到日常教学中,抽选项目讲解、导游职业能力测试也可利用第二课堂、导游资格证模拟考试等机会提前进行训练。

（二）选手的选拔

在选手的选拔方面,有些选手在日常表现中比较优秀,但参赛积极性不高;有些选手学习认真但形象、胆量欠佳;有才艺的学生学生成绩不好,选拔出来的选手普遍欠缺才艺等等问题。根据竞赛内容的占比情况,自选导游讲解占50%,抽选项目讲解占20%,导游职业能力测试占20%,才艺展示占10%,在2017届参赛学生中进行了特别注意:首先是选择热爱学习、参赛积极性高、自愿参加的学生。其次是选择普通话、英语基础好、发音标准的学生,最后考虑才艺。

（三）指导教师的选任

学生的积极性和主动性要靠指导教师去调动,学生的备赛全程要指导教师尽心尽力,学生的问题需要指导教师及时发现、解决。指导教师的水平、责任心、严格要求等直接关系着大赛的成绩。所以指导教师应选择专业水平高、责任心强、愿意带大赛的教师。

（四）制定训练计划,集中训练

集中训练是十分必要的,选手在指定地点进行强化,指导教师将大赛总目标分解成一个个小目标,阶段性布置目标,不定时抽查。导游职业能力测试部分千余道题先整体讲一遍,再反复测试,多套模拟题练兵;导游讲解观看往年优秀选手录像、熟悉训练、教师指导再提高。

（五）调整训练内容,量体裁衣

选手每个人的形象气质、整体状态、礼仪仪态都是独特的,因而导游词的撰写、讲解方式方法以及才艺项目设计都应该是因人而异的,限于时间精力,往往难以做到这点,而这点恰应是提高竞争力的关键点。

（六）锤炼心理素质,正常发挥

有些参赛选手台下准备得很好,上台后紧张到脑子空白,讲解变成了背诵,而且磕磕绊绊;有些选手上台后笑容全无,甚至眼睛不敢与评委对视等,均是上台胆怯,缺乏良好的心理素质。加强日常心理素质训练,以保证参赛选手在比赛中能够正常发挥自身的水平。

三、总结反思

备赛、训练我们摸索成长,同时我们也在总结反思与省内一类军团的差距:

（一）团队赛暴露了短板,整体英语水平亟待提高

2016年省赛放弃了英语组,只参加了汉语组比赛。2017年的省赛赛制修改,将个人赛改为团队赛,对我们冲击很大。汉语组与英语组实力悬殊,英语组成了决定水桶盛水量的短板。学生中英语发音标准、能流畅读一段文章的屈指可数。在2017级人才培养方案中设置了大赛方向,并针对学生的英语现实情况设置了课程,继续坚持在专业课程授课过程中实施双语渗透教学;同时在跬步晨读中增加英语阅读;计划在系2018年举办的导游大赛中增加英语导游大赛内容,对学生进行引导。

(二)导游词撰写需硬功,临阵磨枪非长久之计

作为一篇时长为4-5分钟的导游词,应当在有限的展示时间内兼顾结构的完整性、内容的层次性(点、线、面的结合)和对文化内涵的深度挖掘,给人以娓娓道来的感觉,有繁有简,有内涵。我们在仓促写导游词的时候更多地考虑结构性和语言的顺畅性及美感,缺少创新性和文化内涵的深度挖掘。英文导游词的翻译不够地道,由于中西方之间存在的文化差异,我们在翻译导游词的时候要考虑到西方人的接受程度和语言习惯,比如对于朝代的翻译最好加注年份,比如讲中国汉代的事情,要说明大约发生在距今多少年前,否则外国人是弄不明白的。还有对于历史人物的介绍,也要尽可能详细,比如李清照,一定要解释她是一位中国古代的著名女词人,生活在距今多少年前。以后在学院教师技能比赛项目设置上可以考虑导游词撰写赛项的设置,鼓励教师平时创作优秀的导游词。

(三)加深导游讲解三境界的理解,培养导游腔

导游讲解有三重境界,即背、演、讲,较差的选手在背,大部分选手在演,而导游语言语体即我们所说的"导游腔",它不是朗诵、演讲,也不是播音主持,是导游人员在宽松和谐的氛围中很自然地讲解给游客听,有互动感,由此拉近与游客的距离。而我们的学生讲解要么缺少感情,要么带有朗诵的感觉,缺少"导游味",导游语言语体的运用不够规范。这与学生没有实际带团经验有关,以后加强社会兼职教师的讲座、与学生交流等,鼓励学生假期带团实践。

(四)对学生才艺培养欠缺,绞尽脑汁难获佳绩

我们在选拔参赛学生时,才艺一项就很难选择,有能力的学生缺乏才艺,有才艺的学生缺乏能力。我们只好选择前者,绞尽脑汁地进行才艺设计,但是临时抱佛脚很难得到高分。作为旅游管理专业的学生应当是多才多艺,能够活跃旅游团气氛的,因此我们在教学中应当重视对学生艺术性的培养,适当开始导游表演与才艺课程,鼓励学生参加学校丰富多彩的社团活动、开阔眼界,增长本事。

（五）加强学生综合素质的全面培养，注意师生梯队建设

在我们的人才培养和日常教学过程中，重理论、轻实践的问题依然存在，造成了学生擅长理论考试，缺乏实践技能，综合素质不高的现象。因此在今后的教学中要扎扎实实地做好课程实训、综合实践、集中实习等实践环节，重视学生活动对学生综合素质的提升作用。同时，大赛指导教师和参赛学生的梯队建设也应充分考虑，起到良好的传帮带作用。

（六）打造过硬的专兼职指导教师团队，协作共赢

一次优异的比赛成绩背后往往不是一两个人的努力，而是凝结了整个团队的力量。从选手选拔、理论辅导、中英文导游词的创作以及才艺的量体裁衣，都需要有专门的指导教师刻苦钻研、深耕力作、深挖细节。因此指导教师的水平、经验积累和传承、团队之间的优势互补至关重要。社会兼职教师丰富的实践经验在大赛辅导上应该得到充分发挥。

比赛不是目的，而是促进教学的手段，2017级人才培养方案中的课程设置已经结合2016年比赛的得失进行优化，今后将在具体授课内容中进行完善，通过教研活动统一思想，争取明年的大赛中有更好的成绩。